narr studienbücher

Gert Hübner

Minnesang im 13. Jahrhundert

Eine Einführung

gnV Gunter Narr Verlag Tübingen

Dr. Gert Hübner ist apl. Professor für Ältere Deutsche Literatur an der Universität Leipzig.

Bibliografische Information der Deutschen Nationalbibliothek

Die Deutsche Nationalbibliothek verzeichnet diese Publikation in der Deutschen Nationalbibliografie; detaillierte bibliografische Daten sind im Internet über <http://dnb.d-nb.de> abrufbar.

Dischingerweg 5 · D-72070 Tübingen

Gedruckt auf chlorfrei gebleichtem und säurefreiem Werkdruckpapier.

Internet: http://www.narr-studienbuecher.de
E-Mail: info@narr.de

Druck: Gulde, Tübingen
Bindung: Nädele, Nehren
Printed in Germany

ISSN 0941-8105
ISBN 978-3-8233-6429-0

Inhalt

1

Zur Orientierung: Minnesang im 13. Jahrhundert

Minnesang bis Walther von der Vogelweide

Das Interesse der Älteren deutschen Literaturwissenschaft an den Liedern der ›nachklassischen‹ oder ›späteren‹ Minnesänger hat in jüngerer Zeit deutlich zugenommen. Lange Zeit war es eher gering ausgeprägt, während der ›frühe‹ und ›klassische‹ Minnesang seit den Anfängen der Germanistik ein bevorzugter Gegenstand war. Gut erforscht ist deshalb die Gattungsgeschichte von den ältesten erhalten Texten aus der Zeit um 1150 bis zu Walther von der Vogelweide in den ersten beiden Jahrzehnten des 13. Jahrhunderts.

Minnesang auf Deutsch hat es seit der Mitte des 12. Jahrhunderts, zunächst im bayerischen und österreichischen Donauraum, gegeben. Schon die Liebeslieder dieser ›donauländischen‹ Frühzeit, von denen nur sehr wenige erhalten geblieben sind, waren offensichtlich für ein Publikum an Adelshöfen gemacht und handelten von adeligen Liebenden, die ihr Liebesverhältnis vor ihrer gesellschaftlichen Umgebung verheimlichen müssen, von unerlaubter Liebe jenseits der sozialen Regeln also.

Seit ungefähr 1170 setzte die Orientierung deutschsprachiger Liederdichter am Vorbild der okzitanischen Trobadors aus dem heutigen Frankreich südlich der Loire und der französischen Trouvères nördlich davon ein. Im Westen des deutschen Sprachraums übernahmen Minnesänger, die sich von der heutigen Schweiz bis zum Niederrhein lokalisieren lassen, mit den Formen und Inhalten der romanischen höfischen Liebeslyrik auch das für die gesamte weitere Gattungsgeschichte konstitutive Liebeskonzept des Frauendienstes:

Ein adeliger Mann ›dient‹ einer adeligen Dame, indem er sich bedingungslos ihrem Willen unterwirft, aufrichtig und beständig allein um ihre Gegenliebe wirbt, ihre abweisende Haltung trotz des ihm dadurch zugefügten schweren Leids mit unerschütterlicher Bereitwilligkeit erträgt und als Minnesänger seine Lieder für sie singt. Der Minnesang selbst ist Frauendienst; wenn der Minnesänger vor seinem höfischen Publikum ein Lied singt, ist stets unterstellt, dass er damit als Liebender seiner Dame dient. Als ›Lohn‹ erhofft und fordert er die sexuelle Zuwendung der Dame; da sie nicht mit ihm verheiratet ist, erlauben ihr die gesellschaftlichen Normen jedoch nicht, ihn zu erhören.

Konstitutiv für das Frauendienst-Modell ist eine spezifische Grundspannung, die darin besteht, dass sich der Mann durch die moralische Qualität seiner aufrichtigen und beständigen Liebe, durch die mit dem ertragenen Leid verbundene emotionale Anstrengung und durch seine Leistungen als Minnesänger einerseits einen Anspruch auf – körperlich gemeinte – Gegenliebe erdient, dass die Gewährung des Lohns aber dennoch der Gnade der Dame, ihrem freien Willen, anheimgestellt ist. Die Dame kann sich, wie manche Lieder zeigen, auch gegen die gesellschaftliche Norm entscheiden und den Mann erhören (vgl. Kap. 2). Die Erfüllung des Begehrens ist nicht als prinzipiell unmöglich, aber immer als verboten gedacht; weil sie gegen die sozialen Regeln verstößt, muss sie stets verheimlicht werden.

Auf die Generation der ›rheinischen‹ Minnesänger folgte jene Etappe der deutschen Minnesanggeschichte, die seit der Frühzeit der Germanistik als ihr Höhepunkt gilt. In den Jahrzehnten um 1200 waren neben anderen Liederdichtern drei Autoren produktiv, von denen relativ viele und relativ komplexe Texte erhalten sind: der Thüringer Heinrich von Morungen sowie Reinmar der Alte und Walther von der Vogelweide, die beide zeitweise in nicht genau konkretisierbaren Beziehungen zum österreichischen Herzogshof in Wien standen. Der Wiener Hof blieb im 13. Jahrhundert ein Minnesangzentrum; man darf ihn sich als einen Ort ausgeprägter und anhaltender Kennerschaft vorstellen. Alle drei großen Liederdichter der ›Blütezeit‹ der Gattungsgeschichte zeichnen sich dadurch aus, dass sie die Regeln von Minne und Minnesang, des im höfischen Sinn ›richtigen‹ Liebens und Singens über die Liebe, zum ausdrücklichen Gegenstand ihrer traditionsbewussten und reflexionsgesättigten Texte machten.

Reinmar der Alte spitzte eine dieser Regeln – nämlich dass der vorbildliche höfische Liebende in bedingungsloser Leidensbereitschaft auch bei anhaltender Abweisung beständig am Dienst für die Dame festhalten muss – in einigen seiner Lieder in einer spezifischen poetologischen Gedankenfigur zu: Wenn sich die Vorbildlichkeit des Liebenden im Leid erweist, erweist sich die des Minnesängers im Singen vom Leid; das verständige höfische Publikum muss deshalb Leidgesang besonders hoch schätzen. Walther von der Vogelweide griff dieselbe Regel dagegen in einigen seiner Lieder an und versuchte, die ideale Liebe auf das Ziel beiderseitiger Freude in der körperlichen Erfüllung zu verpflichten. Viele moderne Interpreten verstanden diesen Einspruch als eine ›Überwindung‹ der gattungstypischen Idee von der Liebe. Die für den Minnesang grundlegende Vorstellung, dass die emotionale und moralische Anstrengung des Mannes im Frauendienst seine Lohnforderung rechtfertigt und seinem körperlichen Begehren erst einen Wert verleiht, hat jedoch auch Walther von der Vogelweide nicht aufgegeben.

Wenn die Minnesanggeschichte bis zu Walther auch recht gut erforscht ist, kann man nicht behaupten, dass über den Sinn und die Funktion des Minnesangs in der höfischen Adelsgesellschaft jener Zeit Einigkeit bestünde. Gerade die literaturwissenschaftlichen Kontroversen haben aber dazu geführt, dass viele der insgesamt nicht sehr zahlreichen Lieder aus der Zeit vor Walther, die in der Ausgabe ›Des Minnesangs Frühling‹ (MF; vgl. S. 179) versammelt sind, und Walthers Texte inzwischen eine ziemlich umfangreiche Interpretationsgeschichte aufweisen können. Aus den Jahrzehnten nach Walther ist eine erheblich größere Menge von Minneliedern erhalten geblieben, die nur teilweise zum Gegenstand intensiverer literaturwissenschaftlicher Bemühungen wurden. Dass sich in jüngerer Zeit immer mehr Blicke auch auf sie richten, kann für die Einschätzung des gesamten Phänomens Minnesang nur förderlich sein.

Dieses Buch soll keine Gattungsgeschichte dieses ›späteren‹ Minnesangs bieten, sondern eine Einführung in ihre meines Erachtens zentralen Aspekte. Ich möchte anhand beispielhafter Texte wichtiger Liederdichter das Spektrum der poetologischen Möglichkeiten skizzieren, innerhalb dessen der Minnesang nach Walther von der Vogelweide fortgeführt wurde. Dass dabei in textnaher Argumentation ein bestimmtes Bild vom Sinnangebot, das die Minnesänger ihrem Publikum mit ihren Liedern machten, von den poetischen Verfahrensweisen, mit denen sie es konstruierten, und von der Funktion des Minnesangs für das höfische Publikum entwickelt wird, gehört zu meinen Absichten. Die folgenden Abschnitte dieses ersten Kapitels haben die Aufgabe, eine Orientierung über den Gegenstand, den Aufbau des Buchs und die zentralen Argumentationslinien zu ermöglichen.

Historische Poetologie des späteren Minnesangs

»Minnesangs Wende« lautete Hugo Kuhns (1952, ²1967) Formel für die Veränderungen, die in der Geschichte der höfischen Liebeslyrik eine Grenze zwischen der ›klassischen‹ und der ›nachklassischen‹ Epoche, zwischen der ›Blütezeit‹ und der – nach Heinrich von Morungen, Reinmar dem Alten und Walther von der Vogelweide einsetzenden – ›späteren‹ Zeit markieren. Kuhn beschrieb die ›Wende‹ des Minnesangs als einen tiefgreifenden Wandel seiner historischen Poetologie; die Schlüsselbegriffe dafür heißen ›Objektivierung‹ und ›Formalismus‹. Weil Kuhns Buch einen kaum zu überschätzenden, bis heute grundlegenden Einfluss auf die Interpretation des späteren Minnesangs nahm, sollen die Grundlinien des Deutungsmodells eingangs kurz skizziert werden.

›Objektivierung‹ meint, dass die späteren Liederdichter das Konzept höfischer Liebe, um das es im Minnesang inhaltlich geht (und von dem in den Kapiteln 2–11 noch genauer die Rede sein wird), als feststehenden Gegenstand behandelten, zu dem sie ein bloß noch ›objektives‹ Verhältnis hatten. Kuhn zufolge konzentrierten sich die Minnesänger bis zu Walther von der Vogelweide darauf, am inhaltlichen Konzept zu arbeiten; gerade in den poetologischen Reflexionen etlicher Lieder Morungens, Reinmars und Walthers kulminierten diese Bemühungen in der ausdrücklichen Auseinandersetzung um die richtige Vorstellung von Minne und Minnesang. Danach war das Konzept, wie es bei Kuhn heißt, »errungen«; es stand nicht mehr zur Debatte. Das Interesse der Dichter richtete sich auf die kunstvolle Gestaltung des feststehenden Inhalts. Darauf bezieht sich der Begriff ›Formalismus‹: Das Minnelied macht nicht mehr ein bestimmtes Modell höfischer Liebe, sondern seine eigene Form zum eigentlichen Gegenstand; der Inhalt interessiert nur insoweit, als er eine Form trägt und Objekt kunstvoller Bearbeitung wird.

Der Formalismus äußert sich auf der Inhaltsseite des Liedtextes in der immer neu variierten Kombination der Versatzstücke aus dem traditionellen Motivrepertoire; Inhalt ist dabei als Spielwiese der Variationskunst stets reine Inhaltsform. Auf der Ausdrucksseite zeigt sich der Formalismus als sprachliche Formulierungskunst im stilistischen Sinn (Metaphorik, rhetorische Figuren) und als metrische Gestaltungskunst (Vers- und Strophenbau, Reimartistik). Kuhns Konzept der poetologischen ›Wende‹ des Minnesangs folgt dem Muster, nach dem die Kunstgeschichte seiner Zeit den Unterschied zwischen romanischer und gotischer Kunst beschrieb: Der damaligen Einschätzung nach zielte die Romanik darauf, Inhalte symbolisch zum Ausdruck zu bringen; die Ausdrucksform diente dabei der darzustellenden Idee. In der Gotik war die Form, der damaligen Deutung zufolge, dagegen kein strikt funktionales Darstellungsmittel mehr gewesen, sondern selbst zum Gegenstand der künstlerischen Gestaltung geworden.

Den Formalismus im Sinn einer Autonomie der Form brachte Kuhn mit zwei weiteren Entwicklungen im späteren Minnesang in Verbindung. Erstens sei es, gerade weil das Interesse an der inhaltlichen Substanz verloren ging, zu einem verstärkten Rückgriff auf realistische Versatzstücke gekommen, die in das Formspiel integriert wurden: Die Abwendung von der Idee äußert sich in einer Hinwendung zur Wirklichkeit. Hinter dieser Vorstellung, die Ingeborg Glier (1984) auf den Begriff der ›Konkretisierung‹ im späteren Minnesang brachte, stand bei Kuhn die Philosophiegeschichte seiner Zeit mit dem scharf akzentuierten Übergang vom hochmittelalterlichen Ideenrealismus, der an der Erkenntnis des Allgemeinen interessiert war, zum spätmittelalterlichen Nominalismus, der das Erkenntnisinteresse auf die Einzeldinge umlenkte.

Komplementär dazu habe sich – zweitens – eine Tendenz zur ausdrücklichen Lehrhaftigkeit entwickelt, die ebenfalls eine Konsequenz des Formalismus darstellt. Der klassische Minnesang musste nicht explizit lehrhaft sein, weil er implizit immer Vorbildlichkeit zum Ausdruck brachte: Er diente der Darstellung eines Ideals höfischen Erlebens und Verhaltens. Nachdem die Form zum eigentlichen Gegenstand geworden war, musste dieses Ideal, wenn es doch noch als Inhalt vermittelt werden sollte, als explizite Verhaltensanweisung formuliert werden. Das war ein notwendiges Signal, um den auf Formkunst eingestellten Rezipienten das konzeptionelle Anliegen nahe zu bringen. Ausdrückliche Lehrhaftigkeit ist in diesem Sinn eine Folge des Auseinandertretens von Form und Inhalt: Unter der Herrschaft der Form wird der Inhalt zur Angelegenheit der Didaxe.

Kuhns Deutungsmodell eröffnete einen produktiven Zugriff auf den späteren Minnesang, der in etlichen Büchern und Aufsätzen entfaltet und fortentwickelt wurde (insbesondere Ranawake 1976, Bolduan 1982, Glier 1984, Goheen 1984, Streicher 1984, Händl 1987, Mertens 1995). Zuvor hatten die späteren Minnesänger als bloße Epigonen gegolten, die die großen Vorgänger aus der Blütezeit um 1200 lediglich nachahmten; aus dieser Perspektive waren ihre Produkte ganz uninteressant gewesen. Im Gefolge Kuhns etablierte sich ein literaturgeschichtliches Konzept, das die Beschreibung des späteren Minnesangs bis heute weithin beherrscht.

Die Minnesänger des 13. Jahrhunderts stellten demnach vor allem die Artifizialität des Minnesangs als höfische Liedkunst zur Schau. Das diente zum einen der Präsentation der eigenen Könnerkompetenz. Indem sie die immer gleichen, traditionsgeprägten Muster immer neu kombinierten und dabei kunstvolle Ausdrucksformen einsetzten, erfüllten sie zum anderen das literarische Interesse eines Publikums von Kennern. Indem solche Rezeptionsexperten die Versatzstücke samt ihrer mehr oder weniger spezifischen Verwendung im Liedtext, die Formulierungs- und die Strophenbaukunst bemerkten, erfreuten sie sich an der eigenen Kennerkompetenz. Der gezielte Traditionalismus dient mit der Künstlichkeitsdemonstration dem Exklusivitätsbewusstsein der Rezipienten: Je besser sie die poetischen Regeln des höfischen Spiels Minnesang kennen, umso mehr stellen sie ihre höfische Kultiviertheit unter Beweis. Dies ist der eigentliche Kerngedanke der These von der ›Wende‹ des Minnesangs: Die höfische Exklusivität der Dichter und ihres Publikums konstituiert sich nicht mehr durch den Bezug auf die höfischen Ideale, sondern durch die kunstvollen Verfahrensweisen, mit denen diese Ideale thematisiert werden, und deshalb durch poetologische Kompetenz.

Freilich lässt sich gerade diese Funktion einer formalistischen Kunst zugleich als Ausdruck dafür interpretieren, dass die Rezipienten des Minnesangs an traditionellen höfischen Idealen festhielten, denen die Lebenswirklichkeit in ihrer eigenen Wahrnehmung immer weniger entsprach (Bremer 1996). Die exklusive Formkunst wäre dann der Gegenentwurf zu einer Welt, die man für nicht mehr hinreichend kultiviert hielt. Auch wenn eine solche Deutung des gesamten späteren Minnesangs eine nicht abzusichernde Verallgemeinerung ist, findet sie im ›Frauendienst‹ Ulrichs von Liechtenstein (vgl. Kap. 6) doch einen ausdrücklichen Rückhalt.

Problematisch an Kuhns literaturgeschichtlicher These ist vor allem die Unterstellung, dass die Minnesänger bis zu Walther an der inhaltlichen Substanz arbeiteten und das ›objektive‹ Verhältnis zu ihr erst mit der ›Wende‹ aufkam. Die an das Liebeskonzept geknüpften Ideale höfischen Erlebens und Verhaltens hatten im Minnesang spätestens seit der Generation von Liederdichtern, die sich seit etwa 1170 an romanischen – okzitanischen und französischen – Vorbildern orientierten, eine ziemlich feste Gestalt; sie wurden im Verlauf der Gattungsgeschichte zwar mit unterschiedlichen Akzentuierungen entfaltet, waren aber für alle Dichter eine – in Kuhns Sinn – ›objektive‹ Vorgabe. Das Liebeskonzept und die gattungsspezifischen Regeln seiner Thematisierung konstituierten den Wert des Minnesangs als einer gesellschaftlichen Einrichtung am Adelshof; ein Minnelied konnte überhaupt nur sein, was sich in irgendeiner Weise (und sei es parodierend oder satirisch) darauf bezog. Minnesang war deshalb immer ›formalistisch‹, insofern jedes Lied das ›objektiv‹ Vorgegebene in neuen Worten und mit einer neuen Melodie zum Ausdruck zu bringen hatte. Seine Exklusivität beruhte nie allein auf den höfischen Idealen, die er thematisierte, sondern zugleich immer auf der kunstvollen Weise, in der das geschah. Inhalt und Form gegeneinander auszuspielen, ist aus diesem Grund mit der historischen Eigenart des Minnesangs schwer vereinbar.

Zweifelhaft an Kuhns Konstruktion ist darum vor allem die Grenzziehung selbst, die er unverändert aus der alten Unterscheidung zwischen ›Klassikern‹ und ›Epigonen‹ übernahm. Diese bis heute angesetzte Scheidelinie hatte ihr eher verborgenes Fundament in der früh aufgekommenen germanistischen Legende vom großen Walther von der Vogelweide, der das Liebeskonzept des Minnesangs zugleich vollendet und überwunden haben soll. Denn für jeden, der daran glaubte, *konnte* es nach Walther keine produktive Arbeit an der Konzeption von Minne und Minnesang mehr geben: Der den Liederdichtern des 13. Jahrhunderts implizit unterstellte Makel bestand darin, dass sie Walthers angebliche Vollendungs- und Überwindungsleistung offenbar nicht bemerkten. Würde man die gattungsgeschichtliche Grenzziehung nicht schon voraussetzen, müssten die Kategorien schnell durcheinander geraten: Walther von der Vogelweide könnte dann beispielsweise mit seiner massiven Neigung zur ausdrücklichen Lehrhaftigkeit einen ›Wende‹-Dichter ersten Ranges abgeben.

Gerade die Lieder jener Minnesänger, die im früheren 13. Jahrhundert noch zu Walthers Lebzeiten oder wenig später produktiv waren, sind eher ein Ausdruck gattungsgeschichtlicher Kontinuität als markanter Neuansätze. Bei der ersten Generation der ›nachklassischen‹ Autoren, auch bei den dank größerer erhaltener Textkorpora gut profilierbaren wie Otto von Botenlauben, Rubin, Hiltbolt von Schwangau, Ulrich von Singenberg oder Rudolf von Rotenburg, betont die Forschung bis heute gern die traditionellen Züge: Sie nehmen den um 1200 erreichten gattungsgeschichtlichen Stand der Dinge auf und verarbeiten ihn weiter oder greifen sogar auf ältere Optionen wie das einstrophige Minnelied zurück, das seit der Rezeptionszeit ab 1170 gegenüber der Mehrstrophigkeit ins Hintertreffen geraten war. Es ist kein Zufall, dass Kuhn seine Wende-These nur an einem – mutmaßlichen – Vertreter dieser Generation, Burkhard von Hohenfels (vgl. unten, Kap. 4), und dann an den jüngeren Dichtern Gottfried von Neifen und Ulrich von Winterstetten entwickelte (vgl. unten, Kap. 5 und 8). In der Selbsteinschätzung der unmittelbar auf Walther folgenden Minnesänger kommt im Übrigen zwar ein festes Traditionsbewusstsein zum Ausdruck, in dem Walthers Platz der eines besonders hoch geschätzten Meisters ist; unterlegen fühlte man sich den Vorgängern aber nicht (Schiewer 2002).

Die ›Wende‹ des Minnesangs vom ›Erringen‹ der Inhalte zur Entfaltung der Formartistik in Zweifel zu ziehen, bedeutet wohlgemerkt nicht, den Rang der Formartistik zumindest für manche Teile des späteren Minnesangs zu bestreiten. Fragwürdig scheint mir jedoch die Vorstellung, das eine habe das andere abgelöst: Sie übersieht die Formartistik im früheren Minnesang ebenso gern wie die Arbeit am Liebeskonzept im späteren, und sie begnügt sich vorschnell damit, der Formartistik im späteren Minnesang stets dieselbe Funktion der Kunstdemonstration zuzuweisen. Die These vom überall gleichermaßen wirkenden ›Formalismus‹ steht der Erkenntnis im Weg, dass einzelne Dichter unterschiedliche poetische Verfahrensweisen zu verschiedenartigen Zwecken einsetzen.

Neben die fortgesetzte Entfaltung von Kuhns Konzept traten in jüngerer Zeit Versuche, die historische Poetologie des späteren Minnesangs anders zu beschreiben. Franz-Josef Worstbrock (1996) regte an, die »Veränderungen der Position und Konzeption der literarischen Ich-Rolle« in den Mittelpunkt zu stellen. Die traditionelle Rolle des Sängers, der mit seinem eigenen Liebeserleben für das gesellschaftliche Ideal der höfischen Minne einsteht, teilt sich demnach in zwei neue, einander gegensätzliche Muster auf. Auf der einen Seite stehen Dichter, die

die Ich-Rolle so weit schematisieren, dass sie schließlich verzichtbar wird; dadurch kippt die Rede des Minnesängers am Ende ins allgemein Lehrhafte. Die prototypischen Autoren sind Gottfried von Neifen für die Schematisierung und Konrad von Würzburg für die Lehrhaftigkeit (vgl. Kap. 5 und 9). Das andere Muster löst die Ich-Rolle aus der Interaktion mit dem Publikum und der Dame und verinnerlicht die Liebe zur reinen Imagination. Worstbrock hat das an einem Lied des Wilden Alexander gezeigt, Susanne Köbele (2003) an den Liedern Frauenlobs (vgl. Kap. 10). Von der Koppelung des gesellschaftlichen Geltungsanspruchs des Minnesangs an die Liebeserfahrung des Sängers bleibt beim ersten Modell nur der gesellschaftliche Geltungsanspruch, beim zweiten nur die Liebeserfahrung als eine imaginierte.

Problematisch ist an dieser These vor allem, dass die Verinnerlichung der Liebe zur Imagination, die als eine von zwei Entwicklungen im Mittelpunkt der Poetologie des späteren Minnesangs stehen soll, nur von sehr wenigen Texten getragen wird. Auch die andere Linie ist allein insofern historisch repräsentativ, als sie die Schematisierung der Ich-Rolle betrifft. Dies lässt sich an das große Liedkorpus Gottfrieds von Neifen knüpfen, dessen Wirkungsmacht in der Gattungsgeschichte unbestreitbar ist. Die vollständige Tilgung der Ich-Rolle als Zielpunkt der Entwicklung findet sich, außer bei Konrad von Würzburg, dagegen nur selten.

Mit unterschiedlichen Akzentuierungen rückten Jan-Dirk Müller (1996) und Peter Strohschneider (1999) eine Entritualisierung des Minnesangs ins Zentrum der späteren Gattungsentwicklung. Der Minnesang hätte seinen gesellschaftlichen Geltungsanspruch demnach anfänglich dadurch gesichert, dass der Liedvortrag die – stets höfische Vorbildlichkeit demonstrierende – Liebeswerbung des Sängers in der gesellschaftlichen Öffentlichkeit ritualartig vollzog. Müller zufolge unterlaufen spätere Dichter wie Neidhart und Johannes Hadlaub (vgl. Kap. 3 und 11) dies durch narrative Distanzierungsverfahren, die eine Literarisierung der Gattung zur Folge haben. An die Stelle des ritualartigen Vollzugs der Werbung durch das Lied tritt das distanzierende Erzählen über die Werbung im Lied. Strohschneider interpretierte einen Leich des Tannhäusers (vgl. Kap. 7) als »Entwurf einer Abkoppelung der Lyrik von den Gemeinschaftsritualen der höfischen Gesellschaft«. Der Liebende erzählt in diesem Lied, wie er seiner Geliebten in einer intimen Situation Minnelieder vorsang, und stellt das Lied, in dem er das erzählt, am Schluss als Tanzlied für die höfische Gesellschaft dar. Im Kontrast zu dieser rituellen Situation des Liedvortrags scheint zuvor ein »Intimraum« nichtrituellen Minnesangs vorgestellt, der sich dem narrativen Verfahren verdankt.

Auch bei dieser These liegt das Problem vor allem in der Reichweite: Narrative Verfahren treten im späteren Minnesang zwar vermehrt, aber keineswegs mit einer Häufigkeit auf, die nötig wäre, um sie zu Kronzeugen für das Kernphänomen seiner poetologischen Entwicklung zu machen. Die Entritualisierung müsste deshalb noch durch weitere Phänomene belegt werden. Ob man die These im Grundsatz für plausibel hält, hängt aber vor allem von der Bereitschaft ab, einen ritualähnlichen Status des früheren Minnesangs als wahrscheinlich anzunehmen. Mir scheint die Machart vieler Texte schon seit der zwischen 1170 und 1190 aktiven Dichtergeneration zu sehr auf argumentativ konstituierte Intellektualität und auf rhetorisch variationsreich konstruierte Problematisierung angelegt zu sein, als dass die gesellschaftliche Geltung des Minnesangs durch ritualähnliche Wiederholungspraktiken überzeugend zu erklären wäre.

Der folgenden Darstellung liegt die Überzeugung zugrunde, dass es in der Gattungsgeschichte zwar Veränderungen gibt, aber keine ausreichend gewichtigen, um die die Rede von einer Neuorientierung zu rechtfertigen. Die historische Poetologie des späteren Minnesangs unterscheidet sich nicht prinzipiell von derjenigen des vorangehenden. Die Gattung entfaltet sich ohne Zielgerichtetheit und ohne eine – wohin auch immer führende – ›Wende‹. Sie entfaltet sich innerhalb eines Spannungsverhältnisses, das ihre Poetologie von Anfang an bestimmte und das den einzelnen Dichtern, früheren wie späteren, unterschiedliche Profilierungen ihrer Texte erlaubte.

Am einen Pol dieses Spannungsverhältnisses steht die anstrengende Leidensbereitschaft, die der höfischen Liebe jenen Wert verleiht, der sie über das bloße Begehren hinaushebt. Im Kern dient diese Konstruktion dazu, ein Konzept kultivierter Männlichkeit zu entfalten: In der freiwilligen Selbstunterwerfung und Selbstbeherrschung des adeligen Mannes zeigt sich seine kulturelle Überlegenheit, die seinen gesellschaftlichen Führungsanspruch begründet. Am anderen Pol der gattungskonstitutiven Grundspannung steht die Freude, die die Minne dem Liebenden und, durch seine Vermittlung als Sänger, der höfischen Gesellschaft bringen soll. Minne und Minnesang können im Rahmen dieser Spannung eher als leidenswillige, in ihrer kulturellen Ambitioniertheit stets zugleich ständisch exklusive Leistungen oder eher als Freudevermittler erscheinen. Wenn es überhaupt eine generelle, den gesamten späteren Minnesang prägende Entwicklung gibt, dann besteht sie darin, dass die anfängliche Dominanz des Leistungsmodells durch eine wachsende Beliebtheit des Freudemodells ausgeglichen, nicht jedoch abgelöst wird.

Franz-Josef Worstbrock (2001) zufolge könnte die stärkere Gewichtung eines freudeorientierten Minnesangs seit Burkhard von Hohenfels und Neidhart auf einer nicht in die handschriftliche Minnesangüberlieferung eingegangenen, älteren volkssprachlichen Liedtradition beruhen, die Reflexe in der zeitgenössischen lateinischen Liebeslyrik hinterließ und deren Profil sich deshalb aus einem Liedtyp rekonstruieren lässt, der in der Sammlung der ›Carmina Burana‹ erhalten ist (vgl. unten, S. 55 und S. 64). Jenseits dieses von Worstbrock beschriebenen spezifischen, nur auf Latein belegten Typus gab es die prinzipielle Option des Freudengesangs freilich auch im überlieferten klassischen Minnesang (Albrecht von Johansdorf MF 92,14; Hartmann von Aue MF 215,14; Heinrich von Rugge MF 103,3; Heinrich von Morungen MF 144,32; Reimar der Alte MF 182,14); Walther von der Vogelweide hat sie programmatisch verstärkt. Doch auch wenn man dies in Rechnung stellt, wird es zu den künftigen Aufgaben der Minnesangforschung gehören, das Verhältnis zwischen der lateinischen und der volkssprachlichen Liebeslyrik stärker in den Blick zu nehmen und dabei nicht mehr allein die Unterschiede zu betonen.

Ich unternehme im Folgenden keinen Versuch, eine lineare Entwicklung des Minnesangs im 13. Jahrhundert – zu mehr ›formaler‹ Artistik mit einer einheitlichen Funktion, zu ›konkreteren‹ Wirklichkeitsbezügen, zu mehr ›literarischer‹ Selbstbezüglichkeit, zu einer Auflösung der Rollenkonventionen oder wozu auch immer – aufzuzeigen, weil es eine solche meiner Überzeugung nach nicht gibt. Jede Vorstellung von der einen Geschichte des Minnesangs, die alle Lieder in den Zusammenhang eines großen Entwicklungsgangs stellt, geht an den historischen Verhältnissen ohnedies vorbei. Der einzige Minnesänger, der eine ähnlich breite Materialbasis überschauen konnte wie wir heute, war Johannes Hadlaub, der um 1300 weite Teile des uns überlieferten Minnesangs in Zürich schriftlich vor sich hatte (vgl. Kap. 11). Ansonsten aber fanden sich, um es mit Hadlaubs Worten zu sagen, nirgendwo im Reich so viele Lieder an einem Ort, wie in Zürich in Büchern geschrieben standen. Es war nicht so, dass, wer Minnelieder produzierte, sämtliche Werke sämtlicher Vorgänger im Regal stehen hatte und sich dann überlegte, wie er die Gattungsgeschichte voranbringen konnte. Minnesang hatte überall, wo er betrieben wurde, seine spezifische Vorgeschichte, die heute bestenfalls noch zu erahnen ist. Erst mit der Anlage größerer schriftlicher Sammlungen (Holznagel 1995), in wirklich umfassendem Sinn erst in Zürich, fügten sich die verschiedenen Minnesanggeschichten zu dem einen Zusammenhang, den uns die Manessische Liederhandschrift präsentiert (vgl. Kap. 11). Vorher und andernorts war die Lage der Dinge erheblich unübersichtlicher, lokaler und deshalb auch pluraler.

Konzeption der Darstellung

Die Kapitel 2–11 erläutern an Beispielen, wie Minnesänger ihre Lieder innerhalb der erwähnten gattungspoetologischen Grundspannung situierten. Exemplarisch wird dies zunächst anhand des Tagelieds beschrieben, eines Liedtyps, der der Überlieferung nach erst im 13. Jahrhundert Karriere gemacht hat. Wegen des strengen Aufbauschemas eignen sich Tagelieder besonders gut dazu, den für den gesamten Minnesang fundamentalen Zusammenhang zwischen den poetologischen Vorgaben des Liedtyps und den Variationsmöglichkeiten der Bedeutungskonstruktion im einzelnen Lied zu veranschaulichen.

Die Auswahl der im Anschluss daran ungefähr chronologisch behandelten Autoren orientiert sich am traditionell für besonders wichtig Gehaltenen, bezieht es jedoch auf das Konzept der Darstellung. Neidharts Lieder konstruieren das massivste Modell ständischer Exklusivität im Minnesang der ersten Hälfte des 13. Jahrhunderts, indem sie die Kultiviertheit von höfischem Lieben und Singen anhand der satirischen Verkehrung bestätigen. Bei Burkhard von Hohenfels dient angestrengte Sprachkunst nicht nur der Dichterprofilierung, sondern zugleich der fortgesetzten Arbeit am Konzept der anstrengenden Liebe. Die gattungsgeschichtlich höchst erfolgreichen Lieder Gottfrieds von Neifen bewerkstelligen mit ihrer spezifischen Kombination von formaler Verfahrensweise und thematischem Aufbau eine Art historischen Kompromiss zwischen Leistungs- und Freudemodell. Ulrich von Liechtenstein entfaltet um die Mitte des 13. Jahrhunderts systematisch die verschiedenen Optionen des Minnesangs. Der Tannhäuser bietet zu Beginn der zweiten Jahrhunderthälfte mit einigen raffiniert gebauten Liedern, die die Liebe entproblematisieren und auf ihre eindeutige ständische Situierung verzichten, Modellfälle eines konsequent freudeorientierten Minnesangs. Zwei Lieder Ulrichs von Winterstetten und Steinmars geben Beispiele für die kunstvolle parodistische Belustigung über die Ambitioniertheit des Frauendienstes ab. Konrad von Würzburg liefert neben einer vor allem der Dichterprofilierung dienenden Sprachartistik einen zweiten markanten Fall freudeorientierter Entproblematisierung. Frauenlob und Hadlaub arbeiten um 1300 dagegen erneut, auf sehr verschiedenartige Weise, die in der Leiderfahrung verbürgte Qualität der Minne heraus; bei Frauenlob dient diesem Unternehmen zudem noch einmal eine enorme, hochreflektierte sprachliche Anstrengung. Durchweg kommt es mir auf die Beobachtung an, dass die Sprachkunst der Liederdichter im 13. Jahrhundert mit unterschiedlichen Profilierungen der konzeptionellen gattungspoetologischen Vorgaben einhergeht und deshalb wechselnde Funktionen trägt; von einem generellen und stets gleichen ›Formalismus‹ kann keine Rede sein.

Die Darstellung endet in der Zeit um 1300, weil man das 14. Jahrhundert meines Erachtens als eine eigene Epoche der Liebeslyrik behandeln sollte. Zwar gab es noch bis weit über die Jahrhundertmitte hinaus geradezu dezidiert traditionellen Minnesang. Daneben traten nun aber unterschiedliche neue Versuche, aus dem alten Motivrepertoire heraus Liedtexte zu konstruieren, die auf eine unproblematischere Art eine unproblematischere Liebe thematisieren. Das 14. Jahrhundert wäre deshalb als Zeit mehr oder weniger experimenteller Auseinandersetzungen mit der zunächst weiter fortbestehenden Minnesangtradition zu beschreiben, die schließlich beim Mönch von Salzburg in ein neues, seinerseits traditionsstiftendes liebeslyrisches Modell mündeten (vgl. Brunner 1978, Wachinger 1999, Hübner 2005).

Die Gattungsgeschichte des Minnesangs endet, langsam und diskontinuierlich, in dem Maß, in dem der Zusammenhang zwischen der Vorbildlichkeit einer ambitionierten Liebe und der streng geregelten Kunst des Singens über diese Liebe gelockert wird. Für den Minnesang ist dieser Zusammenhang zwischen Lieben und Singen konstitutiv, und er hat einschneidende Konsequenzen. Minnelieder müssen stets voraussetzen, dass die wertvolle Liebe, von der sie handeln, zwar nicht prinzipiell unerfüllbar ist (andernfalls gäbe es keine Tagelieder), aber doch prinzipiell illegitim. Ohne die Illegitimität wäre dem historischen Publikum die leidenswillige Leistungsbereitschaft des Mannes unplausibel geblieben; die Zuwendung der eigenen Ehefrau brauchte sich niemand leidend zu erdienen. In Verbindung mit der typischen Konstruktion der Sängerrolle führt die unterstellte Illegitimität dazu, dass der Minnesänger kaum Lieder über den Erfolg seiner Werbung singen kann: Da es dem vorbildlichen Liebenden mit Rücksicht auf die Ehre der Dame verboten ist, sich seines Erfolgs zu rühmen, gilt die Regel auch für den vorbildlichen Sänger.

Für die Geschichte der Liebeslyrik im 14. Jahrhundert sind vor diesem Hintergrund nicht allein verschiedene Versuche von Bedeutung, eine weniger schwierige, in ihrer Gegenseitigkeit für beide Beteiligte beglückende Liebe zu konzipieren.

Der eigentliche Kern des poetologischen Wandels, der das Ende des Minnesangs bringt, besteht darin, dass erfüllte Liebe von einem männlich gedachten Ich im Lied problemlos thematisiert werden kann: Dies löst nämlich den Zusammenhang zwischen den Regeln der Liebe und den Regeln des Singens über die Liebe auf. Damit vollzieht sich der Abschied von der Gattungspoetologie des Minnesangs, weil dadurch der konzeptionelle Weg von der komplizierten und anstrengenden zu einer einfacheren Liebe erst ermöglicht wird. Vielleicht macht diese Entwicklung die Bedeutung, die der Zusammenhang zwischen der Kunst des Liebens und der Kunst des Redens (respektive Singens) über die Liebe für den Minnesang hat, erst in ihrer ganzen Tragweite erkennbar.

Da sich die Qualitäten des Minnesangs meiner Überzeugung nach allein dem Blick auf das einzelne Lied erschließen, rücken die Kapitel 2–11 aus der großen Menge der überlieferten Texte einige wenige in den Mittelpunkt. Der Preis dafür – in Gestalt des in den folgenden Teilen dieses Einleitungskapitels nur sehr überblicksartig zur Sprache Kommenden – ist hoch. Die Abstraktion vom konkreten Einzeltext verfehlt indes meines Erachtens die Funktionsweise einer hochreflektierten Variationskunst, weil die Variation immer nur am Einzeltext erkennbar wird.

Das alte Klischee, wonach im Minnesang des 13. Jahrhunderts allenthalben die Eintönigkeit des stets Wiederholten herrsche, ist ein Effekt der Generalisierung; es schmilzt mit dem Interesse für spezifische Textkonstruktionen wie Schnee in der Sonne. Wer genau hinzuschauen bereit ist, erkennt schnell, dass nach Walther von der Vogelweide etliche um Profilierung bemühte Autoren ihre eigenen Spielarten der Gattung konstruierten. Daneben gab es freilich stets eine Art Durchschnittsminnesang, der auf Traditionsbewahrung ausgerichtet war und dem Eigentümliches schwer abzulesen ist. In diesem Teil der Produktion war die Gattung vielleicht tatsächlich ein Phänomen der langen, kaum Veränderungen unterworfenen Dauer. Eine Geschichte hat der Minnesang im 13. Jahrhundert vor allem in Gestalt jener profilierten Autorleistungen, die aus der Menge des eher Gleichbleibenden herausragen.

Lieder aus größeren Autorkorpora sind ausgewählt, weil sich das Exemplarische bestimmter Sinnkonstruktionen hier am leichtesten profilieren lässt. Dass auch viele Dichter aus dieser Gruppe nicht behandelt sind – etwa Otto von Botenlauben, Hiltbolt von Schwangau, Ulrich von Singenberg, Rubin, Konrad von Landeck – liegt an der Notwendigkeit zur Auswahl. Aus der großen Menge kleiner Korpora Beispiele herauszulesen, erschien mir trotz (oder wegen) zu vieler bemerkenswerter Texte als zu willkürlich. Die gattungsgeschichtlichen Leistungen der in diesen kleinen Korpora überlieferten Lieder genauer zu erfassen, gehört zu den offenen Forschungsaufgaben.

Textbestand, Ausgaben, Anthologien

Vom Minnesang nach Walther sind Lieder unter nahezu hundert Autornamen erhalten (vgl. S. 18-21); ein beträchtlicher Teil der Autorkorpora besteht aus weniger als zehn, viele aus weniger als fünf Liedern. Eine programmatische Profilierung wie bei den größeren Korpora ist hier zumeist kaum möglich. Gleichwohl wäre es dringend geboten, die im Vergleich zum früheren Minnesang erheblich größere und deshalb schwerer überschaubare Textmenge durch interpretatorische Strukturierungsmaßnahmen zugänglicher zu machen. Denn die relative Unbeliebtheit des späteren Minnesangs beruhte nicht zum wenigsten auf seiner Unübersichtlichkeit.

Ihr Inbegriff ist die wichtigste Ausgabe, Carl von Kraus' »Deutsche Liederdichter des 13. Jahrhunderts« (KLD), deren Massivität im Verein mit dem teilweise nicht hinreichend überlieferungsnahen Editionsverfahren fast schon abschreckend wirkt: Dem universitären Unterricht wäre am besten gedient, wenn sie in Einzelausgaben aufgelöst würde. Die zweite wichtige, aus wissenschaftsgeschichtlichen Gründen eigenständige Sammelausgabe sind die 1990 von Max Schiendorfer neu und überlieferungsnah edierten »Schweizer Minnesänger« (SMS), die mangels der politischen Existenz einer Schweiz vor 1291 freilich keine historisch abgrenzbare Gruppe darstellen, sondern zusammen mit dem schwäbischen zum alemannischen Minnesang gehören. Einige Liederdichter – Neidhart, der Tannhäuser, der Marner, Konrad von Würzburg, Frauenlob – sind in den Sammelausgaben nicht vertreten, sondern in Autorausgaben ediert. Was zum über die verschiedenen genannten Editionen verstreuten Typus Tagelied gehört, versammeln die Ausgaben von Freund und Hausner (vgl. S. 179 im Literaturverzeichnis).

Mehrere zweisprachige Anthologien, die indes gewöhnlich neben Minneliedern auch die beiden anderen Typen höfischer Lyrik – Sangsprüche und religiöse Lieder – enthalten, ermöglichen Einstieg und Überblick anhand einer Textauswahl samt neuhochdeutschen Übersetzungen und erläuternden Kommentaren (vgl. S. 179 f. im Literaturverzeichnis). Auch hier ist das Tagelied eigens vertreten (Martina Backes). Die umfangreichste Auswahl (mit Übersetzungen, aber ohne Erläuterungen) stammt von Werner Höver und Eva Kiepe, eine kleinere, dafür mit Erläuterungen versehene von Ulrich Müller. Am aktuellsten ist die 2006 erschienene, ausführlich kommentierte Anthologie spätmittelalterlicher Lyrik aus dem 13. und 14. Jahrhundert von Burghart Wachinger.

Textüberlieferung

Die Liedtexte der meisten Minnesänger des 13. Jahrhunderts sind allein in der Großen Heidelberger oder Manessischen Liederhandschrift (C) überliefert. Der großformatige, repräsentative Prachtcodex, der heute in der Universitätsbibliothek Heidelberg (cpg 848) aufbewahrt wird, entstand seit dem Anfang des 14. Jahrhunderts in Zürich im Zusammenhang mit einem Liedsammelprojekt der stadtadeligen Familie Manesse (vgl. Kap. 11). Die Entstehungszeit erstreckte sich über mehrere Jahrzehnte, in denen immer wieder Ergänzungen und Nachträge vorgenommen wurden, bis um 1340. Die Texte (über 5200 Liedstrophen und 36 Leiche, vgl. dazu S. 102) sind in 140 Autorkorpora geordnet, die Autorkorpora nach der Ständehierarchie vom Kaiser und den Fürsten über die Adeligen bis zu den fahrenden Berufsdichtern. Vor fast jedem Autorkorpus steht ein ganzseitiges

Autorbild; oft ist der jeweilige Minnesänger in einer Szene dargestellt, die aus dem literarischen Repertoire der Gattungsgeschichte, manchmal auch aus seinen eigenen Liedern stammt.

Liedtexte vergleichsweise weniger Minnesänger des 13. Jahrhunderts sind außerdem auch in den beiden anderen wichtigsten Sammelhandschriften höfischer Lyrik überliefert. Die heute ebenfalls in der Universitätsbibliothek Heidelberg (cpg 357) aufbewahrte Kleine Heidelberger Liederhandschrift (A) entstand vor 1280 vermutlich im Elsass. Die etwa 800 Strophen sind in 34 Autorsammlungen angeordnet; dazu kommen einige Nachträge aus dem frühen 14. Jahrhundert. Die heute in der Württembergischen Landesbibliothek in Stuttgart (HB XIII 1) aufbewahrte Weingartner Liederhandschrift (B) entstand im ersten Viertel des 14. Jahrhunderts im Bodenseeraum, vielleicht in Konstanz. Sie versammelt etwa 850 Strophen in 30 Autorkorpora, denen wie in der Manessischen Liederhandschrift jeweils ein Autorbild vorangestellt ist. Alle drei Sammlungen überliefern nur Texte und keine Melodien.

Von geringer Bedeutung für die Minnesangüberlieferung ist die heute in der Thüringer Universitäts- und Landesbibliothek (El. f. 101) aufbewahrte Jenaer Liederhandschrift (J), die vermutlich um 1330 im mitteldeutschen Raum entstand und in der neben Texten auch Melodien, allerdings fast ausschließlich aus der Gattung Sangspruchdichtung (vgl. S. 26-28), aufgezeichnet sind. Für die reiche Neidhart-Überlieferung (vgl. Kap. 3) sind außer der Manessischen zwei weitere Handschriften besonders wichtig, nämlich die gegen Ende des 13. Jahrhunderts in Niederösterreich entstandene Riedegger Handschrift (R; Staatsbibliothek zu Berlin – Preußischer Kulturbesitz, mgf. 1062) und die in der zweiten Hälfte des 15. Jahrhunderts vermutlich in Nürnberg entstandene Riedsche Handschrift (c; Staatsbibliothek zu Berlin – Preußischer Kulturbesitz, mgf. 779). Ebenfalls in der zweiten Hälfte des 15. Jahrhunderts und vermutlich in Nürnberg entstand die heute in der Herzogin Anna Amalia Bibliothek in Weimar (Q 564) aufbewahrte Weimarer Liederhandschrift (F), in der die Texte von Frauenlobs Minneliedern überliefert sind (vgl. Kap. 10).

Sieht man von der nicht sehr umfangreichen verstreuten Überlieferung einzelner Strophen oder Lieder sowie kleinerer Strophen- oder Liedergruppen ab (vgl. dazu Holznagel 1995), so sind Minnelieder in Sammelhandschriften erhalten, in denen sie zu Autorkorpora zusammengestellt sind. Dabei variieren die Zuschreibungen unter den Handschriften zum einen teilweise, zum andern gibt es kaum Möglichkeiten, ihre Richtigkeit zu überprüfen. Die Handschriften präsentieren Minnesang als Kunst einzelner Autoren, aber sie zeigen uns nicht einfach historische Autoren und ihr Werk, sondern Liedersammlungen.

Die Beweglichkeit und Unfestigkeit sowohl von Liedtexten wie auch von Autorkorpora, die sich in der variierenden handschriftlichen Überlieferung äußert, gehört zu den bevorzugten Gegenständen der jüngeren Minnesangforschung. Den Prototypus einer stark variierenden Überlieferung, die eher auf eine bewegliche Tradition unfester Texte als auf einen historischen Autor und sein Werk führt, stellt die mit dem Namen Neidhart verbundene dar (vgl. Kap. 3); im Minnesang des 13. Jahrhunderts gibt es allerdings keinen zweiten Extremfall dieser

Art. Der weitaus größte Teil des späteren Minnesangs ist ganz im Gegenteil allein in der Manessischen Liederhandschrift und deshalb ohne Varianz überliefert. Mit zunehmender zeitlicher und geographischer Nähe der Liederdichter zu ihr nimmt auch die Brisanz der Frage nach den Wegen ab, die von Produktion und Vortrag der Lieder zum schriftlichen Wortlaut der erhaltenen Überlieferung führen (Holznagel 1995). Dies betrifft einen beträchtlichen Teil des Textbestands, weil das Zürcher Sammelprojekt einen deutlich erkennbaren Schwerpunkt auf zeitgenössischen Minnesängern aus der Region hatte.

Zwischen dem Ausnahmefall extrem hoher Überlieferungsvarianz und dem häufigen Fall der Einfachüberlieferung liegen Autorkorpora, die in zwei oder drei Handschriften vertreten sind, darunter etwa Hiltbolt von Schwangau, Markgraf von Hohenburg, Leuthold von Seven, Rubin, Rudolf von Rotenburg, Otto von Botenlauben, Ulrich von Singenberg, Wachsmut von Künzingen, Walther von Mezze oder Wilhelm von Heinzenburg. Dabei lässt sich zumindest ein Teil der Überlieferungsvarianzen mit dem mutmaßlichen Entstehungsprozess der Handschriften (Holznagel 1995) plausibel erklären. Einen Sonderfall stellen Korpora dar, die ausschließlich oder überwiegend aus Texten bestehen, die in anderen Handschriften anderen Dichtern zugeschrieben sind (Gedrut, Niune, Kunz von Rosenheim, Rubin und Rüdeger). Sie gehen möglicherweise gar nicht auf einen Autor zurück, sondern auf die nachträgliche Zusammenstellung von Texten unterschiedlicher Herkunft unter einem woher auch immer stammenden Namen. Vielleicht gehören auch die unter den Namen Geltar, Leuthold von Seven und Waltram von Gresten überlieferten Korpora zu dieser Gruppe.

Die folgende Liste verzeichnet diejenigen Korpora der Liederhandschriften, die wenigstens ein Minnelied enthalten und deren Entstehung zwischen der Zeit Walthers von der Vogelweide und den Jahren um 1300 zumindest wahrscheinlich ist. Die Namensformen sind die des ›Verfasserlexikons‹ (vgl. S. 180). Die Handschriftensiglen beziehen sich ausschließlich auf die Überlieferung der Minnelieder des jeweiligen Korpus, nicht etwa auch von Sangsprüchen oder religiösen Liedern. (Zu Rudolf von Rotenburg im Budapester Fragment vgl. Hausmann 2001.) Jahreszahlen signalisieren stets, dass die Identifikation einer urkundlich belegten Person mit dem in der Liederhandschrift genannten Autor vorgeschlagen wurde. Alle Identifikationen können nur eine mehr oder weniger große Wahrscheinlichkeit beanspruchen, weil die in den Urkunden belegten Personen dort nicht als Minnesänger erscheinen. Zeitspannen beziehen sich immer auf urkundliche Belege, nicht auf Geburts- und Sterbejahre. Mehrere nacheinander angeführte Zeitspannen signalisieren, dass der Minnesänger mit verschiedenen Trägern desselben Namens, gewöhnlich innerhalb einer Familie, identifiziert werden könnte. Zeitangaben ohne genaue Jahreszahlen signalisieren, dass der Minnesänger nicht oder nur sehr vage mit einer urkundlich belegten Person identifizierbar, eine ungefähre Datierung jedoch relativ plausibel ist.

Albrecht von Haigerloch	C	bei Rottenburg (Neckar)	1258-1298
Albrecht von Raprechtswil	C	Rapperswil (Zürichsee)	spätes 13. Jh.
(Wilder) Alexander	C/J	Fahrender	Mitte / späteres 13. Jh.

Bruno von Hornberg	C	bei Freiburg i. Br.	1219-1244 / 1275-1310
Brunwart von Augheim	C	Breisgau	1272-1303
von Buchein	C	Odenwald	1251-1282
Burkhard von Hohenfels	C	bei Sipplingen (Bodensee)	1216-1242 / 1263-1292
Christan von Hamle	C	Thüringen	unsicher
Christan von Luppin	C	bei Nordhausen (Thüringen)	1292-1311
Düring	C	unsicher/Thüringen	2. Hälfte 13. Jh.
Dürner	C	unsicher	unsicher
Engelhart von Adelnburg	C	Parsberg (Oberpfalz)	1180-1202 / 1224-1230
Frauenlob (Heinrich von Meißen)	s. S. 148	Fahrender	gest. 1318
Friedrich der Knecht	C	unsicher	1. Hälfte 13. Jh.
Friedrich von Leiningen	C	bei Worms	1207-1237
Gedrut	A	vermutlich kein Autorkorpus	
Geltar	C	unsicher	unsicher
von Gliers	C	Elsass/Sundgau	1267-1308
Goeli	C	Basel	1254-1276
Gösli von Ehenhein	C	Elsass	1242-1276
Gottfried von Neifen	C	Neuffen (Schwaben)	1234-1255
Günther von dem Forste	A/C	unsicher	unsicher
Hadlaub, Johannes	C	Zürich	um 1300
Hartmann von Starkenberg	C	unsicher	unsicher
Hawart	A/C	unsicher	unsicher
Heinrich von Anhalt	A/C	Anhalt	1195-1244
Heinrich von Breslau	C	Breslau	spätes 13. Jh.
Heinrich von Frauenberg	C	bei St. Gallen	1257-1266 / 1288-1305
Heinrich von Meißen, Markgraf	C	Sachsen/Thüringen	1218-1288
Heinrich von der Mure	C	unsicher	unsicher
Heinrich von Sax	C	bei St. Gallen	1235-1258
Heinrich von Stretelingen	C	Thuner See	1250-1263 / 1258-1294
Heinrich von Tettingen	C	unsicher	2. Hälfte 13. Jh.
Herrand von Wildonie	C	Steiermark	1248-1278
Hesso von Rinach	C	Aargau	1196-1210 / 1239-1265
Hetzbold von Weißensee, Heinrich	C	bei Erfurt	1319-1345
Hiltbolt von Schwangau	B/C	bei Füssen	1221-1257
von Hohenburg, Markgraf	A/C	Oberpfalz	1205-1225 / 1230-1254
Hugo von Mühldorf	A	unsicher	unsicher
Hugo von Werbenwag	C	bei Sigmaringen (Schwaben)	1258-1279
Jakob von Warte	C	Thurgau/Zürich	1274-1331

Johann von Brabant	C	Brabant	1268-1294
Junger Meißner	C	Fahrender	um 1300
Kanzler	C	unsicher	spätes 13. Jh.
Kol von Niunzen	C	unsicher	unsicher
Konrad von Altstetten	C	bei St. Gallen	um 1300
Konrad der Junge (Konradin)	C	Bayern/Schwaben	1252-1268
Konrad von Kirchberg	C	bei Ulm	1255-1276 / 1275-1326 / 1281-1326
Konrad von Landeck	C	bei St. Gallen	1271-1306
Konrad von Würzburg	C	unsicher/Basel	gest. 1287
Kraft von Toggenburg	C	Thurgau oder Zürich	1228-1252 / 1260 / 1286-1339
Kunz von Rosenheim	C	vermutlich kein Autorkorpus	
Leuthold von Seven	A/B/C	unsicher	unsicher
von Lienz, Burggraf	C	Osttirol	1231-1258 / 1251-1269
von Limburg, Schenk	C	bei Schwäbisch Hall	1226-1249 / 1255-1280
Marner	C	Fahrender	Mitte 13. Jh.
Neidhart	s. S. 46	Bayern/Wien	1. Hälfte 13. Jh.
Niune	A/C	vermutlich kein Autorkorpus	
von Obernburg	C	unsicher	unsicher
Otto von Botenlauben	A/B/C	bei Kissingen (Franken)	1197-1234
Otto von Brandenburg, Markgraf	C	Brandenburg	1266-1308
Otto zum Turm	C	Vierwaldstätter See	1275-1330
Püller	C	Elsass	1262-1312
Reinmar von Brennenberg	C	bei Regensburg	1220-1236 / 1238 / 1272-1276
Reinmar der Junge	A	unsicher	unsicher
Rost zu Sarnen, Heinrich	C	Zürich	1313-1330
Rubin	A/B/C	unsicher	1. Hälfte 13. Jh.
Rubin und/von Rüdiger	C	vermutlich kein Autorkorpus	
Rudolf von Rotenburg	A/C/Bu	Vierwaldstätter See	1. Hälfte 13. Jh.
Rudolf der Schreiber	C	unsicher	unsicher
Rumelant (von Sachsen)	C	Fahrender	spätes 13. Jh.
von Sachsendorf	C	Österreich	Mitte 13. Jh.
von Scharfenberg	C	Krain	2. Hälfte 13. Jh.
Schulmeister von Esslingen	C	Esslingen	2. Hälfte 13. Jh.
von Stadegge	C	Steiermark	Mitte 13. Jh.
von Stamheim	C	unsicher	unsicher
Steinmar	C	unsicher	2. Hälfte 13. Jh.
von Suonegge	C	Steiermark	unsicher

Taler	C	unsicher	2. Hälfte 13. Jh.
Tannhäuser	C	Fahrender/Wien	Mitte 13. Jh.
Teschler, Heinrich	C	Zürich	1286-1301
von Trostberg	C	unsicher	unsicher
Tugendhafter Schreiber	C	unsicher	1. Hälfte 13. Jh.
Ulrich von Baumburg	C	Riedlingen (Schwaben)	1289-1305
Ulrich von Liechtenstein	s. S. 84	Steiermark	1227-1274
Ulrich von Munegiur	B/C	unsicher	unsicher
Ulrich von Singenberg	A/B/C	bei St. Gallen	1209-1228
Ulrich von Winterstetten	C	bei Biberach (Schwaben)	1241-1280
Wachsmut von Künzingen	A/B/C	unsicher	1. Hälfte 13. Jh.
Wachsmut von Mühlhausen	C	unsicher	unsicher
Walther von Breisach	C	Breisach/Freiburg i. Br.	1256-1269 / 1264-1300
Walther von Klingen	C	Thurgau/Elsass/Basel	1252-1284
Walther von Mezze	A/C	unsicher	1. Hälfte 13. Jh.
Waltram von Gresten	C	unsicher	unsicher
Wenzel von Böhmen	C	Prag	1271-1305
Wernher von Hohenberg	C	Zürichsee	1283-1320
Wernher von Teufen	C	bei Zürich	unsicher
Wilhelm von Heinzenburg	B/C	bei Kreuznach (Rheinland)	1206-1224 / 1232-1253 / 1262-1293
Winli	C	Schweiz	spätes 13. Jh.
von Wissenlo	C	unsicher	unsicher

Minnesanggeographie

Die in den Kapiteln 2 bis 11 vorgestellten Autoren und Texte repräsentieren in etwa die geographische Verteilung des späteren Minnesangs, wie sie sich in der handschriftlichen Überlieferung ausnimmt. Minnesang wurde im 13. Jahrhundert im ganzen hochdeutschen Sprachgebiet produziert, im niederdeutschen zumindest auch rezipiert. Aus dem niederländischen Sprachraum stammen die Lieder Herzog Johanns I. von Brabant, die auf Hochdeutsch überliefert sind, aber im späten 13. Jahrhundert wohl auf Mittelniederländisch gedichtet wurden (Ausgabe: Goosens/Willaert; Literatur: Willaert 1994, 1997, 2003), aus dem niederdeutschen Sprachraum die im früheren 14. Jahrhundert auf Mitteldeutsch gedichteten eines Berufsdichters namens Wizlaw, die jedoch jenseits der hier angesetzten Zeitgrenze liegen.

Während die Liederhandschriften A und B trotz ihrer Entstehung im alemannischen Sprachraum keinen südwestlichen Sammelschwerpunkt haben, war der Blick der Zürcher Sammler ungeachtet eines im Prinzip weit gespannten Interesses an höfischer Liedkunst offensichtlich in besonderem Maß auf die alemannische Produktion gerichtet. Die durch die Manessische Handschrift bestimmte Überlieferungslage verzerrt die tatsächliche Geographie der späteren Gattungsgeschichte deshalb zugunsten des Südwestens, wo auch die meisten der unten näher behandelten Dichter wirkten: Burkhard von Hohenfels, Gottfried von Neifen, Ulrich von Winterstetten, Konrad von Würzburg und Johannes Hadlaub.

Innerhalb des über den alemannischen Sprachraum verbreiteten späteren Minnesangs fallen zwei regionale Schwerpunkte besonders auf: Zum einen gab es in der Umgebung von St. Gallen anscheinend eine recht kontinuierliche und lange Tradition, die zu Beginn des Jahrhunderts mit Ulrich von Singenberg einsetzt (der sich seinerseits in vielfältiger Weise auf Walther von der Vogelweide bezog; Schiendorfer 1983) und die über Heinrich von Frauenberg und Heinrich von Sax bis zu Konrad von Altstetten und Konrad von Landeck in der Zeit um 1300 reicht. Zum andern häufen sich in und um Zürich in den Jahren um 1300 die Minnesänger; außer Johannes Hadlaub gehören Jakob von Warte, Rost zu Sarnen und Heinrich Teschler hierher, möglicherweise auch Albrecht von Raprechtswil, Kraft von Toggenburg und Wernher von Hohenberg. Die Vorstellung von einem eng vernetzten Zürcher Dichterkreis (Renk 1974) um Hadlaub und den Minnesang-Sammler Rüdiger Manesse ist zwar kaum zu halten (Schiendorfer 1993; vgl. unten, Kap. 11); immerhin wurden aber zu der Zeit, als man in Zürich ältere Minnelieder sammelte, in der Stadt und ihrer Umgebung von etlichen Autoren auch neue produziert.

Nicht abzusichern ist desgleichen die Existenz des in der Forschung lange Zeit prominenten ›spätstaufischen Dichterkreises‹ um Burkhard von Hohenfels, Gottfried von Neifen und Ulrich von Winterstetten (Kuhn 1952, [2]1967) am deutschen Königshof Heinrichs (VII.) und Konrads VI. in Schwaben. Ob die drei Dichter ihre Lieder tatsächlich dort vorgetragen haben, ist ganz unsicher; dass sie dies zur selben Zeit taten, ist eher unwahrscheinlich.

Schon aus dem bayerisch-österreichischen Raum gelangte, wie die Neidhart-Überlieferung zeigt (vgl. Kap. 3), vieles nicht zu den alemannischen Sammlern. Vertreten ist der Südosten in den folgenden Kapiteln mit Neidhart, Ulrich von Liechtenstein und dem Tannhäuser, die alle drei Beziehungen zum Wiener Herzogshof hatten; Neidhart hat dort ziemlich sicher, der Tannhäuser wahrscheinlich, Ulrich von Liechtenstein möglicherweise Lieder vorgetragen. Eine größere Anzahl von Minnesängern – außer Ulrich von Liechtenstein auch Herrand von Wildonie, von Scharfenberg, von Stadegge, von Suonegge, der Burggraf von Lienz, vielleicht auch von Sachsendorf – war, vermutlich um die Mitte des 13. Jahrhunderts, in der Steiermark und benachbarten Regionen aktiv (Hofmeister 1987).

Am schlechtesten steht es um die Überlieferung des ostmitteldeutschen Minnesangs, aus dem zwar einige, indes durchweg nur kleine Korpora nach Zürich kamen. Die Qualität etlicher Texte lässt erahnen, dass es an ostmitteldeutschen Höfen im 13. Jahrhundert eine viel umfassendere Minnesangtradition gegeben haben muss. Hier wirkte lange das Vorbild des Thüringers Heinrich von Morungen fort, der neben Walther und Reinmar zu den bedeutendsten Minnesängern der Zeit um 1200 gehörte. Viele seiner Lieder thematisieren mit einem charakteristischen Repertoire metaphorischer Ausdrucksweisen die überwältigende Wirkung der weiblichen Schönheit auf den Liebenden. Zum Modell nahm sich das offensichtlich Christan von Hamle, der vielleicht in die erste Hälfte des 13. Jahrhunderts gehört. Typische Morungen-Motive finden sich in Thüringen noch spät bei Christan von Luppin in der Zeit um 1300 und bei Heinrich Hetzbold von Weißensee im früheren 14. Jahrhundert. Unter der Dichterbezeichnung ›Der Düring‹ (Der Thüringer) ist in der Manessischen Handschrift freilich auch ein kleines Liedkorpus wohl aus dem späten 13. Jahrhundert erhalten geblieben, das einen anderen Charakter hat; mit seiner Betonung der Freude und seinem hohen sprachartistischen Anspruch hat es eher Ähnlichkeiten mit den Liedern Konrads von Würzburg.

Zum östlichen Minnesang gehören zudem mehrere durchweg kleine Korpora fürstlicher Autoren: König Wenzel II. von Böhmen, ein unter den verschiedenen Trägern des Namens nicht genau identifizierter Herzog Heinrich von Schlesien, Markgraf Otto IV. von Brandenburg, Markgraf Heinrich III. von Meißen und Graf Heinrich I. von Anhalt. Zwischen diesen Fürsten bestanden Verwandtschaftsbeziehungen, mit denen sich ihre Neigung zum Dichten vielleicht erklären lässt; ihre Minnesangproduktion steht im Zusammenhang mit der gezielten Förderung höfischer Kultur an den ostmitteldeutschen Höfen in der zweiten Hälfte des 13. Jahrhunderts. An dieser späten Blüte der Hofkultur im Osten hatte auch der fahrende Dichter Frauenlob seinen Anteil, ohne dass seine Minnelieder genauer zu lokalisieren wären.

Autorentypen

Von den verschiedenen Autorentypen des Minnesangs fehlen in den Kapiteln 2 bis 11 die Fürsten, weil von ihnen stets nur kleine Korpora überliefert sind. Neben dem Stauferkönig Konradin (König Konrad der Junge) und Herzog Johann I. von Brabant besteht die sogenannte ›Fürstenreihe‹ des Minnesangs am Beginn der nach der Ständehierarchie geordneten Manessischen Liederhandschrift aus den im vorigen Abschnitt genannten östlichen Hochadeligen des späteren 13. Jahrhunderts. Minnesang betreibende Mitglieder gräflicher oder markgräflicher Familien verzeichnet die Manessische Handschrift außerdem für den alemannischen Raum (Albrecht von Haigerloch, Kraft von Toggenburg, Konrad von Kirchberg, Wernher von Hohenberg), das Rheinland (Friedrich von Leiningen), Franken (Otto von Botenlauben) und die Oberpfalz (Markgraf von Hohenburg).

Die weitaus meisten Minnesänger des 13. Jahrhunderts waren keine hochadeligen Fürsten, sondern ›einfache‹ adelige Herren wie Gottfried von Neifen, die vom familiären Grundbesitz lebten, oder Ministeriale wie Ulrich von Liechtenstein, die im politischen oder militärischen Dienst eines Fürsten standen. Obwohl Freiherren und Ministeriale, nicht anders als die Hochadeligen, Minnesang nur als Nebenbeschäftigung betrieben, brachten sie einige der größten und literaturgeschichtlich bedeutendsten Liedkorpora hervor.

Neben dem Typus des adeligen oder ministerialen Amateurdichters stehen die Berufsdichter, die außerhalb der literarischen Überlieferung gewöhnlich gar nicht oder nur sehr ausnahmsweise belegt sind und deren Lebensform unterschiedlich gut konturierbar ist. Der Tannhäuser gehörte wohl zu den Fahrenden, die von Hof zu Hof zogen und vor allem Sangspruchdichtung vortrugen; am Wiener Hof könnte er freilich längere Zeit als Minnesänger gewirkt haben. Fahrende Sangspruchdichter, die nebenbei auch Minnesang im Repertoire hatten, waren der Wilde Alexander, der Marner, der Junge Meißner, Rumelant und Frauenlob. Besonders schlecht ist der Typus des offenbar nicht herumziehenden, sondern länger an einem Hof engagierten professionellen Minnesängers greifbar, zu dem wahrscheinlich Neidhart gehörte. Konrad von Würzburg ist als – zumindest in der späteren Phase seines Lebens – städtischer Berufsdichter mit einem breiten Gattungsrepertoire ein Einzelfall. Über Johannes Hadlaub in Zürich ist – außer dass er Liederdichter und Hausbesitzer war – nichts bekannt.

Gelegentlich sind Minnelieder unter Autornamen überliefert, die Kleriker oder andere amtsbedingt Schriftkundige als Dichtertypus möglich erscheinen lassen. Heinrich Rost zu Sarnen, der aus einer Zürcher Adelsfamilie stammte, war Chorherr am Zürcher Fraumünsterstift, ebenso wie der jüngste unter den drei Männern aus der Familie der Grafen von Toggenburg mit dem Vornamen Kraft, die möglicherweise mit dem Minnesänger identifiziert werden können. Solche vornehmen Kleriker aus Adelsfamilien gehörten zur städtischen Elite, die die Trägerschicht höfischer Kultur in der Stadt war. Burkhard von Hohenfels könnte nicht, wie gewöhnlich angenommen, ein Ministerialer aus der ersten Jahrhunderthälfte, sondern ein Kleriker aus der zweiten gewesen sein (vgl. S. 62). Der nicht identifizierte Heinrich von der Mure (vgl. aber Walther 1988) ist auf der Autorminiatur der Manessischen Handschrift als Dominikaner-Novize dargestellt. Walther von Breisach, von dem neben Sangsprüchen ein Tagelied überliefert ist, könnte identisch sein mit einem der beiden *magistri* (Schulmeister) Waltherus de Brisacho (belegt 1256-1269) und Walterus de Friburg (belegt 1264-1300), bei denen es sich womöglich um ein und dieselbe Person handelt. Zwei Minnelieder stehen neben Sangsprüchen im Korpus des Schulmeisters von Esslingen, der nicht identifiziert ist, aber wohl ein Kleriker in der Reichsstadt gewesen sein muss. Ebenfalls nicht identifiziert sind der Kanzler, der Tugendhafte Schreiber und Rudolf der Schreiber, deren Dichternamen Berufsbezeichnungen sein könnten.

Liedtypen

Minnesang existierte stets als Ensemble von quantitativ äußerst ungleich verteilten Liedtypen (vgl. zum 13. Jahrhundert Weber 1995). Die Minnekanzone, in der der Sänger sein eigenes Ergehen als Liebender thematisiert, die Qualität seiner Liebe beteuert und den Lohn für seinen Dienst einfordert, sein Liebesleid beklagt, seine Dame preist, die Frauen und die Minne im Allgemeinen rühmt, war immer der zentrale und bei weitem häufigste Liedtyp, weil nur sie den gattungspoetologisch grundlegenden Zusammenhang von vorbildlichem männlichen Lieben und vorbildlichem männlichen Reden (respektive Singen) über die Liebe entfalten kann.

Andere Typen wie der Wechsel (strophenweise abwechselnde monologische Rede einer Dame und eines Liebenden übereinander), das Frauenlied (monologische Rede der Minnedame) oder das Tagelied (Erzählung von der Trennung eines Liebespaars am Morgen nach gemeinsam verbrachter Nacht) flankieren die Minnekanzone, um das Bild von der höfischen Liebe zu vervollständigen: Sie ermöglichen es, in der Rede der Minnedame oder eines Er-Erzählers die Erfüllbarkeit der Liebe zu thematisieren; in der Minnekanzone ist dies wegen der Verpflichtung des Sängers auf die Regeln der Liebe schwer möglich. Dialoglieder führen im inszenierten Gespräch zwischen dem Liebenden und seiner Dame gern vor, wie sich die Dame der Werbung mit argumentativem Geschick entzieht. Kreuzlieder konfrontieren in der Rede des Minnesängers den Frauendienst mit dem Kreuzzug als ritterlichem Gottesdienst und bieten dadurch unter anderem eine Möglichkeit, den unsicheren Minnelohn gegen den sicheren Gotteslohn abzuwägen.

Die Typen Wechsel und Frauenlied kamen nach Walther schnell außer Mode. Die Funktion, die Liebesbereitschaft der Dame und mit ihr die Erfüllbarkeit der Liebe zu thematisieren, übernimmt das Tagelied, das im 13. Jahrhundert zum wichtigsten Komplementärtypus der Minnekanzone avanciert (vgl. Kap. 2). Wechsel oder wechselähnliche Lieder finden sich nur noch vereinzelt: Einen fünfstrophigen Wechsel hat Burkhard von Hohenfels (KLD 6.XIII) gedichtet, Kombinationen aus Wechsel und Kreuzlied gibt es bei Otto von Botenlauben (KLD 41.XII) und Rubin (KLD 47.XXII). Die schon im 12. Jahrhundert belegte Kombination aus Minnekanzone und Wechsel (mehrere Strophen Rede des Sängers, eine Frauenstrophe am Ende) griff Heinrich von der Mure (KLD 22.II) nochmals auf. Kombinationen aus Wechsel und Dialoglied nach dem Vorbild Walthers (L 70,22) haben Ulrich von Singenberg (SMS 12.1 und 2) und Wachsmut von Mühlhausen (KLD 61.II) produziert. Den Typus des dilemmatischen Frauenlieds, in dem die Minnedame zwischen der Forderung des Sängers nach dem Minnelohn und den der Minneerfüllung entgegenstehenden gesellschaftlichen Regeln abwägt, gibt es nach Walther gar nicht mehr; selten finden sich noch einzelne Frauenstrophen ähnlicher Art (Otto von Botenlauben KLD 41.VIII; Niune KLD 39.II und IV).

Gelegentlich begegnen von Ulrich von Singenberg an (SMS 12.5, 24, 36) Dialoglieder mit dem Zwiegespräch zwischen höfischem Frauendiener und Minnedame (vgl. Kap. 8). Kreuzlieder, die Gottesdienst und Frauendienst in eine Beziehung zueinander setzen, wurden nurmehr selten produziert (Hiltbolt von Schwangau KLD 24.XVII; Rubin KLD 47.VII). Der Burggraf von Lienz hat das Kreuzzugsthema an ein Tagelied angehängt (KLD 36.I), Neidhart (Sappler SL 11 und 12) hat es zur Inszenierung der Sehnsucht nach heimatlicher Minnefreude benutzt.

In den meisten Autorkorpora aus dem 13. Jahrhundert beherrscht die Minnekanzone mehr oder weniger allein das Feld; sie wird deshalb auch in den meisten der folgenden Kapitel im Mittelpunkt stehen. Aus ihr abgeleitet ist der Typ des generalisierten Minnelieds, den Konrad von Würzburg zu seinem Markenzeichen machte (vgl. Kap. 9), der sich zuvor indes schon bei Ulrich von Liechtenstein (KLD 58.XXIX und XXXI), Christan von Hamle (KLD 30.IV) und Reinmar von Brennenberg findet (KLD 44.III). Der Junge Meißner, der Kanzler und Rumelant übernahmen ihn von Konrad.

Pastourellen – sie erzählen bei den französischen Trouvères, wo der Liedtyp besonders beliebt war, ebenso wie bei den okzitanischen Trobadors von Begegnungen zwischen Ritter und Schäferin im Freien – sind in der deutschen Textüberlieferung nur in Gestalt so weniger und dazu stets bloß eingeschränkt typischer Exemplare vertreten, dass man zögern muss, von der Existenz des Liedtyps im deutschen Minnesang zu sprechen. Motive aus dem Repertoire der Pastourelle allerdings begegnen immer wieder (vgl. Kap. 7).

Zum erfolgreichsten Liedtyp neben Minnekanzone und Tagelied wurden im 13. Jahrhundert Neidharts *dörper*-Lieder, die unhöfisches Personal in Gestalt von Bauernburschen und Bauernmädchen in den Minnesang einführen (vgl. Kap. 3). In der Neidhart-Sammlung der Riedegger Handschrift wird die Bauernliebe entwertet, so dass im satirischen Spiegel die Werthaftigkeit der höfischen Liebe aufscheint. In anderen Zweigen der Neidhart-Überlieferung und bei anderen Dichtern ist die Bauernliebe manchmal auch ohne Abwertung als unproblematisches Glück dargestellt; das implizite Kontrastmodell dazu bleibt aber stets die Leidensleistung, die die höfische Liebe fordert. Den Erfolg der *dörper*-Lieder dokumentiert die umfangreiche Neidhart-Überlieferung: Ein Teil davon dürfte auf unbekannte Dichter zurückgehen, die Neidharts Texte verändert oder erweitert und neue nach seinem Vorbild produziert haben. Lieder vom *dörper*-Typus finden sich außerdem auch in anderen Autorkorpora, etwa bei Burkhard von Hohenfels, Goeli, Geltar, Johannes Hadlaub, Konrad von Kirchberg, Steinmar, dem Taler, von Scharfenberg, von Stamheim oder Ulrich von Winterstetten.

Minnesang und Sangspruchdichtung

Nicht erst seit Walther von der Vogelweide, seit ihm jedoch in größerem Ausmaß kam es zu Berührungen zwischen Minnesang und Sangspruchdichtung, die zuvor zwei voneinander unterschiedene Gattungen waren und es im Prinzip auch im 13. Jahrhundert blieben. Sangspruchdichtung ist die literaturwissenschaftliche Bezeichnung für die Lieder fahrender Berufsdichter, die von Hof zu Hof zogen und ihre Kunst dort gegen materielle Entlohnung vortrugen. Die Themen der Sangspruchdichtung sind vielfältig; im Mittelpunkt stehen traditionelle religiöse und moralische Wissensbestände, die der Gattung einen lehrhaften Charakter verleihen. Das Premiumprodukt des Sangspruchdichters war das Fürstenlob, mit dem er gegen Lohn den Ruhm seines Gönners verkündete – ein Tauschgeschäft, das die Sangspruchdichter selbst mit der Redewendung *guot umbe êre nemen* (Lohn für Ehre nehmen) bezeichneten.

Aus der Zeit vor Walther sind nur wenige Sangsprüche erhalten, weil es sich zunächst offenbar um eine gegenüber dem Minnesang weniger hoch geschätzte Art von Liedern handelte, die kaum der Verschriftlichung für würdig befunden wurde. Walther brachte die beiden Gattungen Minnesang und Sangspruchdichtung einander näher, indem er die musikalische und dichterische Ambitioniertheit der Sangspruchdichtung der des Minnesangs anpasste; dadurch wuchs das Ansehen des Sangspruchs als höfischer Liedkunst. Die wichtigsten Effekte der Gattungskontamination begegnen bereits bei ihm: Die für die Sangspruchdichtung charakteristische ausdrückliche Lehrrede, die das Publikum über richtiges und falsches Verhalten informiert sowie direkte Verhaltensanweisungen erteilt, tritt als Formulierungsregister häufiger als zuvor auch im Minnesang in Erscheinung. Im offensichtlichen Anschluss an das Vorbild Walthers wird sie später beispielsweise wieder von Ulrich von Liechtenstein aufgegriffen (vgl. Kap. 6). Umgekehrt hält das Thema Minne Einzug in die Sangspruchdichtung.

Die Sangspruchdichter behandelten die Liebe im 13. Jahrhundert nach dem Vorbild der inhaltlichen Konzeptionen im Minnesang und in der höfischen Epik. Minnesprüche sind meistens, den generellen Gepflogenheiten der Sangspruchdichtung gemäß, im Unterschied zu den typischerweise mehrstrophigen Minneliedern einstrophige Texte. Sie thematisieren die Liebe fast immer in verallgemeinerter Weise, statt eine spezifische Liebesbeziehung zu behandeln, wie es – mit Ausnahme der generalisierten Minnelieder (vgl. Kap. 9) – für den Minnesang grundlegend ist. Bei vielen Sangspruchdichtern finden sich einzelne Minnesprüche; größere Mengen davon sind nur von Reinmar von Zweter, der im 2. Viertel des 13. Jahrhunderts produktiv war, und von Frauenlob erhalten.

Im Lauf des 13. Jahrhunderts bildeten sich innerhalb einer breiten Themenpalette drei Typen von Minnesprüchen heraus, die mit einiger Regelmäßigkeit immer wieder aufgegriffen wurden (Egidi 2002): Beliebt war bei den Sangspruchdichtern der allgemeine Frauenpreis, ein auch im Minnesang weit verbreitetes thematisches Muster (vgl. Kap. 9). Seltener behandeln Minnesprüche den Vorgang der Liebesentstehung und die Macht der Liebe. Am charakteristischsten für die Sangspruchdichter ist die Belehrung über höfische Liebe in Strophen, die auf der Grundlage der im Liebeskonzept verankerten Regeln – insbesondere der grundlegenden Leitnormen *triuwe* (Aufrichtigkeit) und *stæte* (Beständigkeit) – ausdrücklich über richtige und falsche Verhaltensweisen informieren und entsprechende Anweisungen für Männer und Frauen formulieren. Dies ist jenes Formulierungsmuster, das als Lehrrede gelegentlich auch in Minnekanzonen benutzt wird. Nur ganz selten, etwa bei Reinmar von Brennenberg (KLD 44.IV,19) und bei Reinmar von Zweter (Roethe 24-29), begegnet in Sangspruchtönen die ›subjektive‹ Rollenkonstruktion der Minnekanzone mit der Reflexion des Sängers über sein eigenes Ergehen als Liebender.

Aus dem 13. Jahrhundert sind einige Autorkorpora überliefert, die neben Sangsprüchen auch Minnelieder enthalten und damit die Grenze zwischen den beiden Gattungen überbrücken. Aufgehoben wurde sie im 13. Jahrhundert freilich keineswegs; auch prototypische Unterschiede in Versbau- und Reimtechnik blieben bestehen (Rettelbach 2007). Gelegentlich hatten fahrende Sangspruchdichter am Rand auch Minnelieder im Repertoire (Wilder Alexander, Marner, Junger Meißner, Rumelant, Frauenlob); nur sehr wenige der ›gemischten‹ Korpora – nach demjenigen Walthers von der Vogelweide die des Tannhäusers, Konrads von Würzburg und des Kanzlers (vgl. zu diesem Haustein 2007) – enthalten Minnelieder und Sangsprüche in größerem und dabei halbwegs ähnlichem Ausmaß. Bei diesen drei Dichtern handelte es sich nicht um Adelige oder Ministeriale; dass ein Ministerialer wie Ulrich von Singenberg sowohl Minnesang als auch Sangsprüche in größeren Mengen produzierte, ist eine Ausnahmeerscheinung, die sich am ehesten mit der ausdrücklichen Orientierung am Modell Walthers von der Vogelweide erklären lässt (Schiendorfer 1983). Denn Sangspruchdichtung galt auch im 13. Jahrhundert weithin als Fahrendenkunst, für die es materiellen Lohn gab, Minnesang als Adelskunst, die ihrer eigenen Prätention nach ausschließlich durch die Gnade höfischer Damen und die Anerkennung des Publikums belohnt wurde. Mancher vornehmere Dichter hielt die Fahrenden, die einer weit verbreiteten Redewendung zufolge mit getragener Kleidung belohnt wurden, des Minnesangs generell für unwürdig, wie sich etwa einer Bemerkung in einem Minnelied Ulrichs von Baumburg (SMS 28.6,III) entnehmen lässt: *swer getragener kleider gert, / der ist nicht minnesanges wert*. Ebenso dürften viele Adelige und Ministeriale die Produktion von Sangsprüchen für mit ihrem Status nicht vereinbar gehalten haben.

Melodieüberlieferung und Minnesang als Musik

Melodieüberlieferung (Brunner 1997, Diehr 2004, Kragl 2005 und 2007) bleibt auch beim Minnesang des 13. Jahrhunderts eine extrem seltene Erscheinung. In den ›Carmina Burana‹, der um 1230 entstandenen wichtigsten Sammelhandschrift lateinischer Lieder aus dem 12. und 13. Jahrhundert (Bayerische Staatsbibliothek München, Clm 4660), finden sich mehrere lateinische Liedtexte, an deren Ende jeweils eine deutsche Strophe steht, die ohne Autornennung eingetragen ist und auf dieselbe Melodie wie die vorangehenden lateinischen Strophen gesungen werden kann. In einigen dieser Fälle ist mit Neumen eine Melodie notiert; betroffen davon sind unter anderem zwei Lieder mit einer Strophe Neidharts (Sappler SL 11,1) und einer Ottos von Botenlauben (KLD 41.XIII,2). Die lateinischen Texte sind wahrscheinlich Kontrafakturen auf die entsprechenden Minnesang-Melodien. Die Neumen lassen indes die Rekonstruktion einer Melodie nicht zu, weil sie als Notationszeichen nur den ungefähren Melodieverlauf anzeigen, aber keine Intervalle und Tonhöhen festlegen.

Deutbare Melodieüberlieferung größeren Ausmaßes gibt es zu den Liedern Neidharts; allerdings sind von den insgesamt 55 erhaltenen Liedmelodien nur fünf in einer Handschrift des 14. Jahrhunderts bezeugt, die übrigen bei ungewisser ›Echtheit‹ ausschließlich in jüngeren Handschriften (vgl. Kap. 3). Das einzige strophische Minnelied aus dem 13. Jahrhundert, zu dem – in der Jenaer Liederhandschrift – sonst noch eine Melodie überliefert ist, stammt vom Wilden Alexander (KLD 1.VI). In derselben Handschrift stehen zwölf Melodien zu Liedern Wizlavs, der indes jenseits des hier zugrunde gelegten zeitlichen Rahmens im früheren 14. Jahrhundert produktiv war. Aus dem späteren 14. Jahrhundert und darüber hinaus sind dann zahlreiche Melodien von Liederdichtern erhalten, deren Texte im oben angedeuteten Sinn der langsamen Neuorientierung noch von der Minnesangtradition beeinflusst waren (Hugo von Montfort, Eberhard von Cersne, der Mönch von Salzburg, Oswald von Wolkenstein).

Melodien sind außerdem zu einigen Leichen überliefert (März 1996), vor allem in der Wiener Leichhandschrift aus dem 14. Jahrhundert. Der Leich steht als Formtyp der höfischen Lyrik im 12. und 13. Jahrhundert neben dem Strophenlied (vgl. Kap. 7): Leiche bestehen nicht aus Strophen, die auf eine stets identisch wiederholte Melodie gesungen werden, sondern aus variablen metrischen Einheiten, die musikalisch durchkomponiert sind. Sie behandeln entweder religiöse Themen oder die Liebe. In der Wiener Leichhandschrift aus der Mitte des 14. Jahrhunderts (Österreichische Nationalbibliothek Wien, cod. 2701) sind neben mehreren religiösen Leichen zwei Minneleiche samt Melodien eingetragen (Wilder Alexander KLD 1.VII; Frauenlob GA III, vgl. Kap. 10). Fragmentarisch ist die Melodie zu einem Minneleich Ulrichs von Winterstetten (KLD 59.IV; Faksimile bei Kuhn ²1967) erhalten; die Melodie zu einem Minneleich des Tannhäusers (Siebert IV; Faksimile bei Kuhn ²1967) ist durch eine lateinische Kontrafaktur belegt, das heißt durch einen lateinischen Text in derselben metrischen Gestalt, zu dem eine Melodie überliefert ist.

So sehr man es bedauern muss: Die musikalische Seite auch des späteren Minnesangs bleibt uns mangelnder Quellen wegen so gut wie ganz verborgen. Der beste Weg, eine wenigstens ungefähre Vorstellung vom höfischen Liebeslied des 13. (wie ebenso des 12.) Jahrhunderts als einem musikalischen Phänomen zu gewinnen, führt über die reiche Melodieüberlieferung der okzitanischen Trobador- und der französischen Trouvèrelieder (Überblick bei Räkel und Aubrey 1998), die sich in einem relativ breiten Angebot moderner Einspielungen niederschlägt. Freilich bleibt das Verhältnis zwischen den musikalischen Formen der romanischen und der deutschen Lieder gerade im 13. Jahrhundert (vgl. dazu Ranawake 1976) ganz ungewiss, weil sich nur die ›rheinischen‹ Minnesänger der Rezeptionsphase zwischen 1170 und 1190 in mehreren Fällen, seltener auch noch die Liederdichter der ›Blütezeit‹ um 1200, an konkreten okzitanischen und französischen Liedvorbildern orientierten. Vor allem bei den rheinischen Minnesängern lassen sich Kontrafakturen nachweisen, deutsche Texte also, die angesichts der identischen metrischen Form und gelegentlich auch der Nachdichtung des Textinhalts erkennbar auf die Melodie eines romanischen Lieds gemacht sind. Bei den Liederdichtern nach Walther kam diese Praxis offenbar außer Mode, auch wenn sie bei Ulrich von Liechtenstein einmal ausdrücklich erwähnt wird (vgl. Kap. 6).

Außerdem hat der Informationsgehalt der Melodieaufzeichnung auch in der romanischen Überlieferung deutliche Grenzen. Die benutzten Liniennotationen zeichnen nur eine Singstimme auf; die auf Einspielungen beliebte Instrumentalbegleitung ist stets eine Zutat. Die Notationen machen in der Regel keine Tonalität und keine Rhythmisierung oder Taktierung nach Längen und Kürzen oder nach schweren und leichten Akzenten erkennbar, wie es der vor allem auf Einspielungen aus dem deutschen Sprachraum beliebte Mittelalter-Folk suggeriert. Seit langem umstritten ist das Verhältnis der einstimmigen weltlichen Liedmelodien zu den Kirchentonarten und zu der auf Mehrstimmigkeit bezogenen Modalrhythmik. In einem noch viel grundsätzlicheren Sinn fraglich ist die generelle Festigkeit von Melodieführung, Tonalität, Rhythmus- und Taktphänomenen beim Gesangsvortrag. Mit modernen Vorstellungen von einer festen musikalischen Gestalt hatte die Vortragspraxis höfischer Liebeslieder im 13. Jahrhundert möglicherweise wenig zu tun.

Liedvortrag

Gerade was die musikalische Aufführung anbelangt, bleiben die romanischen Quellen im Übrigen ähnlich stumm oder uneindeutig wie die deutschen. Als halbwegs sicher kann nur gelten, dass höfische Liebeslieder auch im 13. Jahrhundert einstimmig und solo vorgetragen wurden. Unklar sind dagegen die Regelmäßigkeit und das Ausmaß von Instrumentalbegleitung; höfische Liebeslieder könnten durchaus auch a cappella gesungen worden sein. Unbestritten ist die Existenz von höfischer Instrumentalmusik als solcher; auf der Frauenlob-Miniatur der Manessischen Liederhandschrift ist beispielsweise ein ganzes Orchester dargestellt (vgl. S. 147). Ob es einen Liedvortrag begleitet, lässt sich aber nicht erkennen.

Ebenso schwer ist die Frage zu beantworten, ob bestimmte Lieder zum reinen Gesangsvortrag oder zum Vortrag beim Tanz gedacht waren. Dass die Hofgesellschaft zeremonielle Tänze pflegte, ist sicher, dass Minnelieder dabei Verwendung fanden, mehr als wahrscheinlich. Die Liedüberschriften im ›Frauendienst‹ Ulrichs von Liechtenstein (Kap. 6) etwa unterscheiden zwischen *sincwîse* (Melodie zum Singen) und *tanzwîse* (Melodie zum Tanzen). Manche Liedtexte aus dem 13. Jahrhundert stilisieren sich selbst durch entsprechende Aufrufe ans Publikum zu Tanzliedern. Bei Neidhart gehört das freilich zur fiktionalen Dorfszenerie, in der der Minnesänger die Bauern zum Tanz führt. Dass Neidharts Lieder zugleich tatsächlich Tanzlieder für den Hof waren, wird zwar oft mit Zuversicht unterstellt, ergibt sich aber keineswegs aus dem Textarrangement als solchem. Selbst der Tanzcharakter, der den Melodien wegen des geringen Umfangs ihrer Gliederungseinheiten attestiert wird (Diehr 2004, S. 108-112), könnte sich der Textfiktion verdanken und eine Tanzszenerie bloß simulieren. Der direkte Schluss von Textprätentionen auf Gebrauchsfunktionen bleibt im Einzelfall prinzipiell unsicher; dass Minnelieder generell auch zum Tanz gesungen wurden, braucht man deshalb nicht zu bestreiten. Gerade die seriell anmutende Machart der Texte mancher Autorkorpora – Neidhart, Gottfried von Neifen, Ulrich von Winterstetten, Konrad von Würzburg – weckt diesen Verdacht, ohne ihn beweisen zu können.

Schriftlichkeit, Liedlyrik und Leselyrik

Ob nun zum reinen Gesangsvortrag oder zum Tanz bestimmt – die höfische Liebeslyrik blieb, wie im Folgenden entgegen anderen Überzeugungen (insbesondere Cramer 1998, kritisch dazu Schiendorfer 2003a) angenommen wird, im 13. Jahrhundert prinzipiell Liedlyrik: Alle überlieferten Texte waren zum Singen gemacht.

Das Gewicht der Schriftlichkeit kann gleichwohl groß gewesen sein (vgl. Kap. 9). Der komplizierte thematische Aufbau und das Ausmaß der Sprachartistik vieler Liedtexte sind schwer anders denn als Ergebnis schriftlicher Textproduktion vorstellbar. Auch für rezeptionsseitige Schriftlichkeit gibt es Indizien: Wenn schon nicht die Praxis selbst, so ist im 13. Jahrhundert doch zumindest die Vorstellung belegt, dass Minnelieder gelesen wurden (vgl. S. 94); in einzelnen Fällen scheint das Raffinement von Textarrangements mehr auf Leser als auf Zuhörer berechnet (vgl. Kap. 9).

Gegen alle Thesen, die einen Abschied vom Liedvortrag zugunsten der Lektüre als primärer Rezeptionsform anvisieren (neben Cramer 1998 auch Mertens 1998, 1998a und 1998b zu Hadlaub), steht als Standardargument indes die eiserne Herrschaft der Stollenstrophe als metrischer Form des Minnesangs. Ihr dreiteiliger Aufbau aus den beiden metrisch identischen Stollen im Aufgesang, die auf dieselbe Melodie gesungen werden, und dem auf eine andere Melodie gesungenen und deshalb metrisch anders gebauten Abgesang verdankt sich der musikalischen Gestalt. Zwar könnte die Form bei einem Übergang zur Leselyrik aus Traditionalismus beibehalten worden sein; gerade die beiden einzigen größeren metrischen Innovationen, die die Stollenstrophe im Minnesang des späteren 13. Jahrhunderts erfuhr, dokumentieren jedoch die anhaltende Bindung der Texte an die Musik: Die neu aufkommende und bald weit verbreitete Wiederholung der Stollenstruktur am Ende des Abgesangs mittels des – auch von Hadlaub geschätzten – dritten Stollens (vgl. S. 138) und die reihenweise Verwendung von Refrains vor allem bei Ulrich von Winterstetten, Steinmar und Konrad von Würzburg sind nur als zum Singen, nicht als zum Lesen bestimmte Formen verstehbar. Minnelieder blieben Lieder; Liedtexte konnte man freilich auch lesen.

Im Folgenden sind Liedtexte so abgedruckt, dass die Strophenstruktur erkennbar wird: Der zweite Stollen im Aufgesang ist jeweils um eine Stufe eingerückt, ebenso – gegebenenfalls – der dritte Stollen am Ende der Strophe; Refrains sind jeweils um zwei Stufen eingerückt.

Übergreifende Literatur: Kuhn [2]1967, Ranawake 1996, Adam 1979, Hausner 1980, Glier 1984, Goheen 1984, Wallmann 1985, Händl 1987, Eikelmann 1988, Tervooren (Hg.) 1993, Heinzle [2]1994, Knapp 1994, Holznagel 1995, J.-D. Müller 1995, Weber 1995, Obermaier 1995, Schweikle [2]1995, Eikelmann 1996, J.-D. Müller 1996, Wolf 1996, Worstbrock 1996, Zeyen 1996, Brunner 1997, Cramer 1998, Räkel u. Aubrey 1998, Kern 1999, Strohschneider 1999, Tomasek 1999, Wachinger 1999, Hübner 2000, Worstbrock 2001, Egidi 2002, Schiewer 2002, Birkhan 2003, Brunner [3]2003, Schiendorfer 2003a, Diehr 2004, Janota 2004, Holznagel 2005, Stolz 2005, Wachinger 2006.

Eine Auswahl deutschsprachiger Einspielungen spätmittelalterlicher deutscher Lyrik auf CD findet sich bei Wachinger 2006, S. 1030 f. Zum Minnesang insbesondere: Minnesang. Auswahl und Einführung von Volker Mertens. 1. Die Blütezeit. 2. Die Spätzeit. Diverse Gruppen (Christophorus); Troubadours – Trouvères – Minstrels. 2 CDs, Thomas Binkley / Studio der frühen Musik (Teldec). Empfehlenswertes Romanisches: The Spirits of England and France 2. Songs of the Trouvères, Christopher Page / Gothic Voices (Hyperion); The Courts of Love, Stevie Wishart / Sinfonye (Hyperion); The Dante Troubadours, Martin Best Ensemble (Nimbus); Amours & Desirs. Lieder der Trouvères, ensemble für frühe musik augsburg (Christophorus).

2

Tagelieder
Liedtyp und Sinnkonstruktionen

In der Zeit um 1200 hatten die deutschen Minnesänger ein System von Liedtypen ausgebildet, in dem neben der Minnekanzone als weitaus häufigstem Typus die selteneren Frauenlieder und Wechsel eine wichtige Rolle spielten. Beide boten die Möglichkeit, eine liebesbereite Dame vorzuführen, und erfüllten damit eine Funktion, die die der Minnekanzone ergänzte. Denn in der Minnekanzone beklagt der männliche Sänger zumeist die abweisende Haltung seiner Dame, ohne für ihre Liebesunwilligkeit andere Gründe anzuführen als ihre eigene Einstellung. Frauenlieder dagegen lassen die Dame über das Dilemma reflektieren, das durch den Gegensatz zwischen der Verpflichtung zur Belohnung des Minnedienstes und der Wahrung der gesellschaftlichen Ehre entsteht. Dabei zeigt sich oft, dass die Dame die Werbung nicht aus fehlender eigener Neigung, sondern nur aus Rücksicht auf die gesellschaftliche Norm abweist. Frauenlieder können entfalten, wie sie sich für die Minne entscheidet oder wie sie an ein auch für sie selbst glückliches Treffen mit ihrem Verehrer denkt. Wechsel können vorführen, wie die beiden Liebenden einander in einer Situation des Getrenntseins im Sinn haben, und dabei den beiderseitigen Wunsch nach Nähe oder auch die Erinnerung an ein glückliches Zusammensein zum Ausdruck bringen.

In Frauenliedern und Wechseln konnte sowohl weibliche Liebesbereitschaft als auch die Erfüllbarkeit des männlichen Begehrens dargestellt werden. Umstandsloser und schlagkräftiger wird diese Funktion freilich mit Tageliedern bedient, denn sie erzählen davon, dass sich die Dame gegen das Verbot außerehelichen Geschlechtsverkehrs für die Liebeserfüllung entschieden hat. Wolfram von Eschenbach, der zur selben Zeit wie Walther von der Vogelweide produktiv war, etablierte den Liedtyp endgültig im deutschen Minnesang und diente den späteren Tagelied-Dichtern als Vorbild. Im 13. Jahrhundert avancierte das Tagelied zum zweithäufigsten Liedtyp nach der Minnekanzone. Der quantitative Abstand ist zwar groß, aber das Tagelied nahm in der Zeit nach Wolfram und Walther schnell den funktionalen Platz ein, den zuvor Frauenlied und Wechsel besetzt hatten. Die Karriere des Tagelieds ist, abgesehen vom Erfolg der *dörper*-Lieder Neidharts (Kap. 3), die wichtigste Entwicklung im Liedtypensystem des späteren Minnesangs; das Interesse an Frauenliedern und Wechseln erlosch mit seinem Aufstieg.

Ich stelle ein Tagelied-Kapitel an den Anfang der Darstellung zentraler Aspekte des Minnesangs im 13. Jahrhundert, weil sich anhand dieses Liedtyps am leichtesten erkennen lässt, wie die Dichter bei der Produktion neuer Texte an einem

Abb. 1: Höfisches Liebespaar auf dem Bett. Miniatur zu den Liedern Hugs von Werbenwag, Manessische Liederhandschrift.

vorgegebenen Schema arbeiten und dabei die gattungspoetologische Grundspannung zwischen dem Leid, das der höfischen Liebe ihren exklusiven Wert verleiht, und der Freude, die sie vermitteln soll, in unterschiedlich akzentuierten Sinnkonstruktionen entfalten. Das Tagelied ist in diesem Sinn ein Modellfall für die praktizierte Poetologie des Minnesangs.

Das Tagelied-Schema trägt einen relativ festen Bedeutungskern: Die unerlaubte höfische Liebe des Minnesangs bleibt auch im Fall der Erfüllung eine anstrengende Ambition, weil sie Freude nur in der nächtlichen Heimlichkeit gewährleisten kann und den ebenso unbedingten wie leidbesetzten Respekt vor der Öffentlichkeit des Tages erfordert, die die Öffentlichkeit der gesellschaftlichen Normen ist. Diesen Bedeutungskern greifen Tagelieder jedoch in unterschiedlicher Weise auf. Sie können beispielsweise zeigen, dass das Ausmaß der Freude, die die Liebeserfüllung bringt, dem Ausmaß des Abschiedsschmerzes entspricht, den man um dieser Freude willen zu ertragen bereit sein muss. Nach Wolfram von Eschenbach hat beispielsweise Konrad von Würzburg (vgl. zum Autor Kapitel 9) dieses Modell in der zweiten Hälfte des 13. Jahrhunderts noch einmal ziemlich gekonnt umgesetzt (Schröder 14; zur Strophenform mit drittem Stollen im Abgesang vgl. S. 138):

1 Dô daz liehte morgenrôt
was durch den grüenen hag gedrungen
und die vogel sungen,
dô rief ein wahter an der zinnen:
»swer nâch senelicher nôt
an liebes herze lît betwungen,
dem sî gnuoc gelungen:
er wache und île balde hinnen.
von liebe scheide er sich enzît,
daz dicke leit dem friunde gît,
der im ze lange bî gelît.
wil er niht hinnen balde kêren,
sô wil er versêren
sîn trût an êren unde an sinnen.«

2 Von der stimme ein frouwe guot
begonde jâmer unde trûren
in ir herze mûren.
si sprach zir friunde ûz rôtem munde:
»liep, getriuwez herzebluot,
mîn trôst ob allen nâchgebûren,
fröude muoz mir sûren,
dîn scheiden sêret mich ze grunde.
diu minne ist wunderlich gemuot:
in übel kêret si daz guot,
daz si ze liebe mangem tuot.
daz wirt an mir vil wol bewæret:
mich hât sorge erværet,
nâch fröiden swæret mir diu stunde.«

3 Mit den worten unde alsus
zeinander twungen sich mit leide

diu gelieben beide.
der tac si nôt und angest lêrte.
mangen herzesüezen kus
enphiengens ûf der minne weide
dicke ân underscheide.
darnâch ir trûren sich dô mêrte.
der gast der gab den morgensegen.
liep wart mit leide widerwegen,
ir hôchgemüete was gelegen,
ze sorgen wart ir muot gespannen,
fröude in wart verbannen.
der ritter dannen trûrec kêrte.

1. Als das helle Morgenrot durch den grünen Garten gedrungen war und die Vögel sangen, rief ein Wächter auf der Zinne: »Wer nach der Zeit des Liebesleids überwältigt am Herzen des Liebesglücks (oder: der Geliebten) liegt, der gebe sich mit seinem Erfolg zufrieden: Er soll aufwachen und schnell forteilen. Er soll rechtzeitig vom Glück Abschied nehmen, das demjenigen Liebenden oft Leid bringt, der zu lange bei ihm liegen bleibt. Wenn er nicht schnell fortgeht, wird er die Ehre seiner Geliebten verletzen und auch die Klugheit.«
2. Diese Stimme brachte eine edle Dame dazu, Jammer und Trauer in ihr Herz zu mauern. Mit ihrem roten Mund sagte sie zu ihrem Geliebten: »Geliebter, treues Herzblut, mein Trost vor allen anderen, die Freude muss mir bitter werden, dein Abschied verletzt mich im Innersten. Die Liebe hat eine merkwürdige Einstellung: Zum Schlechten verkehrt sie das Gute, das sie vielen zur Freude tut. Das zeigt sich an mir ganz genau: Mich hat der Schmerz in Gefahr gebracht, nach der Zeit der Freude wird mir die Stunde schwer.«
3. Bei diesen Worten und in dieser Lage drückten sich die beiden Liebenden im Leid aneinander. Der Tag lehrte sie Not und Gefahr. Viele herzenssüße Küsse nahmen sie auf der Weide der Liebe in Empfang in vollkommener Einigkeit. Danach vermehrte sich ihre Trauer. Der Gast sprach zum Abschied den Morgensegen. Die Freude wurde mit Leid aufgewogen, ihre Hochgestimmtheit lag am Boden, ihr Herz wurde ins Joch des Leids gespannt, die Freude wurde ihnen verboten. Der Ritter ging traurig davon.

Der Text arbeitet das traditionelle Handlungsschema des Tagelieds in überaus ordentlicher Weise ab. Jede Strophe bringt einen der drei typischen Handlungsschritte: Strophe 1 die Zeichen für den heranbrechenden Morgen und das Warnlied des Wächters, Strophe 2 die Klage der Dame als Reaktion darauf, Strophe 3 das *morgentriuten* – so nannte der Minnesänger von Wissenlo in einem seiner Lieder (KLD 68.III) den Geschlechtsverkehr der Liebenden am Morgen – und den Abschied.

Alle drei Teile haben mit der Ablösung der Freude durch das Leid beim Abschied denselben thematischen Schwerpunkt. Schon in der Warnung des Wächters stehen die affektiven Gegensätze im Mittelpunkt: Die Freude der Liebeserfüllung folgt auf das sehnsüchtige Leid, das man zuvor ertragen musste; die Freude wird im Leid der Entdeckungsfolgen enden, wenn man nicht rechtzeitig geht. Von der 2. Strophe an konzentriert sich der Text darauf, wie der notwendige Abschied die Freude in Leid verkehrt. Konrad entfaltet das Thema vor allem mittels metaphorischer Ausdrucksweisen, die in einer Reihe variierter Formulierungen immer wieder dasselbe zum Ausdruck bringen: Als Reaktion auf den Wächtergesang mauert die Dame das Leid in ihr Herz (eine von Konrads Lieblingsmetaphern, die die Massivität des Affekts zum Ausdruck bringt); die Freude beginnt, bitter zu schmecken; der Abschied ist eine innere Verwundung; die personifizierte Minne verkehrt das Gute zum Schlechten. Die 3. Strophe spitzt die Konfrontation von Abschiedsleid und Glück der Liebeserfüllung weiter zu: Während der Tag mit der Gefahr der Entdeckung droht, wird auf der Weide der Liebe noch einmal das Begehren gestillt; eine letzte Reihe metaphorischer Ausdrücke fasst erneut das Umschlagen der Gefühlslage in Sprache: Auf der Waage steigt die Schale mit dem Leid, während die mit der Freude sinkt; die Freude wird auf den Boden gelegt; das Leid ist wie ein Joch, an das das Innere angeschirrt wird; vom Bann getroffen, wird die Freude recht- und schutzlos.

Mit seiner thematischen Konzentration und seiner auf Steigerung angelegten Ausdrucksweise führt das Lied vor, wie hoch der affektive Preis für das heimliche nächtliche Glück ist. Auch im Erfolgsfall bleibt die Liebe, von der der Minnesang handelt, im größtmöglichen Ausmaß leidbehaftet. Das erfordert eine affektive Leistung, die den exklusiven Anspruch der höfischen Liebe sichert: Nur die Vornehmen können bereit und fähig sein, für das Liebesglück solchen Schmerz auf sich zu nehmen. Auch im Tagelied bekommt das Publikum seine Exklusivität vorgeführt, die sich in den affektiven Wechselbädern der anstrengenden höfischen Liebe beweist. Als zu entrichtender Preis rechtfertigt die Leidensbereitschaft dabei das heimliche Glück: Qualität und Problematik der Liebe werden bei dieser Variante der Bedeutungsentfaltung in der affektiven Spannung verankert. Die Sprachkunst des Dichters besteht darin, diese Spannung in den Metaphernkaskaden auf anschauliche und zugespitzte Weise in eine Rede zu fassen, die zugleich ihre eigene stilistische Brillanz zur Schau stellt.

Eine zweite Variante der Bedeutungsentfaltung bieten Tagelieder, die den Trennungsschmerz reduzieren und den Wert der sexuellen Freude durch die ethische Qualität der Liebe absichern. Ein Modellfall dafür aus der Mitte des 13. Jahrhunderts ist ein Tagelied Ulrichs von Liechtenstein (vgl. zum Autor Kapitel 6), das vergleichsweise viel vom nächtlichen Liebesglück erzählt (KLD 58.XXXVI):

1 »Got willekomen, herre,
mîn friunt, geselle, lieber man.
    mîn trûren, daz ist verre,
    sît ich dich umbevangen hân.
dû bist mir vor allen dingen süeze,
dâ von ich dich herzenlîchen grüeze.
nu küsse tûsentstunden mich,
so küsse ich zwir als ofte dich.«

2 »Dîn wîplîch friundes grüezen,
dîn küssen und dîn umbevanc
  kan sich sô lieplîch süezen,
  daz mir diu wîle nimmer lanc
bî dir wirt, vil herzenliebiu frouwe.
al mîn fröide ich an dir einer schouwe.
dîn lieber man, mîn liebez wîp,
daz sî wir beidiu unde ein lîp.«

3 Nâch disem friundes gruoze
mit triuten wart geküsset vil.
  diu selbe süeze unmuoze
  in beiden riet ein minnespil.
in dem spil ir beider herze jâhen,
dô sî in den ougen rehte ersâhen
ir lieplîch minnevarwen schîn,
daz er wær ir und sî wær sîn.

4 Nâch disem spil sie lâgen
geslozzen wol nâch friundes site.
  ir beider münde pflâgen
  dâ sich diu liebe erzeiget mite.
ir vil lûter liebe slôz diu minne
mit der triuwe vaste zeinem sinne
innerhalp ir herzen tür;
dâ rigelt sich diu stæte für.

5 In minnen paradîse
ir beider lîp mit fröiden lac.
  dar sleich ein maget lîse,
  diu sprâch: »nu wol ûf, ez ist tac.«
von dem worte ir ougen über wielen,
daz in die treher ûf diu wängel vielen.
dâ wart geküsset tûsent stunt
ir ougen, kinne, wengel, munt.

6 Sus wolt der tac si scheiden,
daz tet in herzenlîchen wê.
  dô riet diu minne in beiden
  ein süezez spil verenden ê.
ein ander sîz niht baz erbieten mohten:
mit armen und mit beinen lac geflohten
ir beider lîp. dô sprâch diu maget:
»iu beiden ez ze leide taget.«

7 Mit linden wîzen armen
beslozzen lac des ritters lîp.
sî sprach: »lâ dich erbarmen,
guot friunt, mich fröiden armez wîp:
füere mich in dînem herzen hinnen!«
»frouwe, ich minne dich mit friundes sinnen.
du bist vogt in dem herzen mîn,
sam bin ich in dem herzen dîn.
got müeze dîner êren pflegen,
dîn wîplîch güete sî mîn segen.«

1. »Grüß Gott, Herr, mein Geliebter, Freund, lieber Mann. Mein Leid ist fern, weil ich dich umarmt habe. Du bist für mich süßer als alles andere, deshalb begrüße ich dich herzlich. Nun küsse mich tausendmal, dann küsse ich dich zweimal so oft.«
2. »Dein liebevoller Frauengruß, dein Kuss und deine Umarmung vermögen auf so liebenswerte Weise süß zu sein, dass mir die Zeit bei dir nie lang wird, von Herzen geliebte Herrin. Meine ganze Freude erblicke ich allein in dir. Dein lieber Mann, meine liebe Frau, das sollen wir beide sein, und ein Leib.«
3. Nach dieser liebevollen Begrüßung gab es viele Umarmungen und Küsse. Diese süße Beschäftigung riet den beiden zu einem Liebesspiel. Bei diesem Spiel bekannten ihre beiden Herzen – als sie sahen, wie sich die vor Liebe blühende Schönheit des einen in den Augen des andern spiegelte –, dass er ihr gehörte und sie ihm.
4. Nach diesem Spiel lagen sie eng umschlungen nach der Art von Geliebten beieinander. Mit ihrem Mund taten die beiden das, womit sich die Liebesfreude zu erkennen gibt. Die Liebe schloss ihre ganz reine Freude mit der Aufrichtigkeit fest zu einer einzigen Sinneshaltung zusammen, hinter der Tür ihres Herzens, die die Beständigkeit verriegelte.
5. Im Paradies der Liebe lagen die beiden voll Freude. Da kam leise eine Zofe herbeigeschlichen. Sie sprach: »Auf jetzt, es ist Tag.« Bei diesem Wort liefen ihre Augen über, so dass die Tränen auf die Wänglein fielen. Da wurden tausendmal Augen, Kinn, Wänglein, Mund geküsst.
6. Auf diese Weise wollte der Tag sie trennen, das tat ihnen im Herzen weh. Da riet die Liebe ihnen beiden, zuvor das süße Spiel zu Ende zu spielen. Sie konnten einander keinen besseren Dienst leisten: Mit eng verflochtenen Armen und Beinen lagen sie beieinander. Da sagte die Zofe: »Zu euer beider Leid wird es Tag.«
7. Von sanften weißen Armen umschlossen lag der Ritter. Sie sagte: »Erbarme dich, guter Geliebter, über mich freudlose Frau: Nimm mich in deinem Herzen mit dir.« »Herrin, ich liebe dich aufrichtig. Du bist die Schutzherrin meines Herzens, ebenso bin ich der Schutzherr des deinen. Gott möge deine Ehre behüten; für mich sei deine weibliche Vollkommenheit der Abschiedssegen.«

Ulrich von Liechtenstein hat in diesem Text das übliche Handlungsschema des Tagelieds erweitert: Das Geschehen beginnt bereits am Abend, als die Dame den

Liebenden in ihrem Schlafzimmer empfängt und die beiden einander freudig begrüßen. Für die Darstellung dieser Situation verfügten die okzitanischen Trobadors über einen eigenen, allerdings sehr selten belegten Liedtyp, die Serena (Abendlied). Die Kombination der Serena-Situation (Str. 1-2) mit der Tagelied-Situation (Str. 5-7) bot Liechtenstein die Möglichkeit, auch von der Zeit zwischen abendlicher Begrüßung und morgendlichem Abschied zu erzählen (Str. 3-4).

Die Liebesnacht erscheint als Zeit höchster Glückseligkeit; die aus der religiösen Sprache übernommene Paradies-Metapher bringt das zu Beginn der fünften Strophe pointiert zum Ausdruck. Zuvor wird freilich, ebenfalls in einer metaphorischen Ausdruckweise, der ethische Wert der Liebe betont, der ihren affektiven Wert begründet: Es handelt sich um eine Liebe (*minne*), bei der die Freude (*liebe*) der körperlichen Erfüllung fest mit Aufrichtigkeit (*triuwe*) und Beständigkeit (*stæte*) verbunden ist – um eine ehrliche und dauerhafte Liebe, nicht um eine einmalige körperliche Vereinigung.

Willkommen und Abschied sind ganz darauf ausgerichtet, diese Eigenschaften der Liebe hervorzuheben: Die Liebenden begrüßen sich eingangs nicht nur wie alte Freunde; sie titulieren einander sogar wie Eheleute (*dîn lieber man, mîn liebez wîp* am Ende der zweiten Strophe; das Ende der dritten Strophe spielt auf die traditionelle Verlobungsformel *ich bin dîn, dû bist mîn* an). Wären sie tatsächlich miteinander verheiratet, müsste sie die Zofe am Morgen freilich nicht auseinandertreiben. Diese Zofe ersetzt als Vertraute der Dame den Wächter, der die Liebenden in Tageliedern seit Wolfram von Eschenbach üblicherweise zur Trennung bewegt. Der Abschied verdeutlicht mit der Bitte der Dame und dem Gruß des Ritters, dass die innere Verbundenheit über die körperliche Trennung hinweg anhalten wird: In ihren Herzen bleiben die beiden beieinander.

Weil die ethische Qualität der Liebe dergestalt klar zur Sprache kommt, ist es möglich, auch Körperlichkeit in zwar dezenter Diktion, aber sachlicher Deutlichkeit darzustellen. Das Vornehme der Ausdrucksweise besteht darin, dass der Geschlechtsverkehr stets nur durch Umschreibungen bezeichnet wird (*minnespil, geslozzen ligen*) und dass unter den erwähnten Körperteilen keine Geschlechtsorgane auftauchen. Dadurch bleibt die Diktion höfisch; prüde ist diese höfische Rede jedoch nicht. Von den Umarmungen und Küssen bei der Begrüßung über das nächtliche Lager im Minneparadies bis zum süßen Spiel am Morgen ist es die körperliche Aktivität, die Freude stiftet; wertvoll kann diese Freude jedoch nur sein, weil die Liebe nicht allein körperlich ist. So bleibt im Lied die Ambitioniertheit der höfischen Liebe zwar präsent; das Spannungsverhältnis zwischen Anstrengung und Freude verschiebt sich jedoch zugunsten der Freude. Das ist eine Option, die der spätere Minnesang auch jenseits des Tagelieds häufiger aufgreift als der frühere.

Eine dritte Variante der Bedeutungsentfaltung im Tagelied besteht in der thematischen Konzentration auf die Klugheit des Handlungskalküls. Ein Beispiel dafür bietet ein Lied des Marners, eines um die Mitte des 13. Jahrhunderts aktiven Berufsdichters, von dem sowohl Sangsprüche als auch Minnelieder überliefert sind (Strauch III; für die Interpretation des Wortlauts einiger Stellen des Textes gibt es unterschiedliche Vorschläge. Ich folge, ohne dies hier im Einzelnen zu begründen, eher der Deutung in der Tagelieder-Anthologie von Backes als der von Wachinger 1985 und Haustein 1995):

1 »Guot wahter wîs,
dû merke wol die stunt,
sô die wolken verwent sich
und werdent grîs.
die zît tuo mir kunt«,
sprach ein frouwe minneclich.
»warne, ob ich entslâfen bin,
sô daz der ritter vor der argen huote kume hin.
kius den morgensterne,
sanc der kleinen vogellîn.
ich sæhe in gerne
langer hie, des mac niht sîn.
er liebet wol dem herzen mîn.«

2 Der wahter schiet
oben ûf die zinne dan.
dô der tac die wolken spielt,
ein tageliet
in der wîse vienc er an:
»sælde ir beider mâze wielt.
Troie wart zerstœret ê,
Tristranden wart von minne dur Isalden dicke wê.
noch hât minne werden
man, der wirbet frouwen gruoz.
dem sol er werden,
ob ich alsus warten muoz.
ez ist vor tage nicht einen vuoz.«

3 Diu liebe entslief,
wan si was vermüedet sô,
daz diu frouwe zuo dem man
sich umbeswief.
wahte dâ diu minne dô,
sô kumt wol der ritter dan.
minne lache, unminne habe
unminne. entsliuz dû, minne, tuo daz slôz mit fuogen abe.
»diu zît meldet: melde
kumt, diu selten ie gelac.
an minne gelde
hât unminne noch ir bejac.
nû wol ûf, ritter, ez ist tac.«

1. »Guter, kluger Wächter, gib genau Acht auf die Stunde, in der sich die Wolken färben und grau werden. Den Zeitpunkt melde mir«, sprach eine liebenswerte Dame. »Gib Warnung, wenn ich eingeschlafen bin, damit der Ritter den schlimmen Aufpassern entkommt. Achte auf den Morgenstern, den Gesang der kleinen Vögelchen. Ich sähe ihn gern länger hier; das kann nicht sein. Er bereitet meinem Herzen große Freude.«
2. Der Wächter ging hinauf auf die Zinne. Als der Tag die Wolken spaltete, begann er, ein Tagelied in der folgenden Weise zu singen: »Die Mäßigung der beiden behielt die Herrschaft über das Glück. Troja wurde einst zerstört, Tristan erfuhr wegen der Liebe zu Isolde oft Leid. Noch hat die Liebe einen edlen Lehnsmann, der um den Gruß einer Dame wirbt. Er soll ihn bekommen, wenn ich auf diese Weise aufpassen muss. Es ist kurz vor Tagesanbruch.«
3. Die Freude (auch: die Geliebte) war, weil sie müde geworden war, so eingeschlafen, dass die Dame den Mann (im Schlaf) umarmte. Wenn die Liebe selbst dort Wache hielt, kommt der Ritter gewiss heil davon. Lache, Liebe! Unliebe, du sollst Unliebe bekommen! Schließ du das Schloss auf, Liebe, nimm es mit klugem Anstand weg! »Die Tageszeit kündigt an: Die Entdeckung naht, die niemals ruhte. Am Liebeslohn macht die Unliebe noch ihre Jagdbeute. Jetzt aber auf, Ritter, es ist Tag!«

Der Text ist kompliziert formuliert; gerade für Berufsdichter war das eine Möglichkeit, sich als Sprachartisten zu profilieren. Schon das gespannte Verhältnis zwischen syntaktischen und metrischen Grenzen in Gestalt der zahlreichen Enjambements und Zäsuren sorgt für den Eindruck von Komplexität; dazu kommen schwer verständliche Satzstrukturen und, in der dritten Strophe, ein nicht leicht durchschaubares allegorisches Szenario.

Auch dieses Lied erweitert das übliche Handlungsschema, nämlich durch eine Szene, in der die Dame den Wächter abends beauftragt, sie und ihren Liebhaber am Morgen rechtzeitig zu warnen (Str. 1). Die drohende Gefahr wird dabei mit dem alten Minnesang-Motiv der *huote*, der Aufpasser, die am Hof als Hüter der gesellschaftlichen Normen den Liebenden im Weg stehen, in Verbindung gebracht. Im Unterschied zu anderen Tageliedern ist die Dame von vornherein bereit, die morgendliche Trennung zu akzeptieren; obwohl es ihr schwer fällt, sieht sie keine andere Möglichkeit (1,11-12). Die kluge Selbstbeherrschung steht gleich am Anfang, und sie bleibt auch weiter das Kernthema. Denn das Morgenlied, das der Wächter beim Tagesanbruch singt (Str. 2), bringt das entscheidende Handlungsprinzip auf den Begriff der *mâze*. Das rechte Maß zu halten bedeutet, das eigene Handeln zu beherrschen. Wo zwei Liebende *mâze* halten, haben sie die *sælde*, die Glückseligkeit, im Griff (2,6). Wer die Selbstkontrolle aufbringt, die nächtliche Freude rechtzeitig aufzugeben und dadurch die Heimlichkeit zu wahren, kann das Glück langfristig sichern.

Die Notwendigkeit der *mâze* wird bekräftigt durch zwei Beispiele für Liebesgeschichten mit einem katastrophalen Ende. Das Publikum des Marners kannte die beiden Fälle aus der höfischen Dichtung, dem Troja-Roman und dem Tristan-Roman. Troja wurde wegen einer ehebrecherischen Liebe zerstört, die nicht dem

Handlungsprinzip der *mâze* folgte; Paris nämlich raubte Helena ihrem Ehemann – zehn Jahre Krieg, eine zerstörte Stadt. Tristan und Isolde, dem berühmtesten aller ehebrecherischen höfischen Liebespaare, gelang es nicht dauerhaft, ihre Liebe klug zu verheimlichen; am Ende gingen sie an ihr zugrunde. Bei unserem Tagelied-Paar aber verhält es sich anders: Hier passt ein Wächter auf (2,12), weil die Liebenden selbst zu maßvollem Verhalten bereit sind. Unter dieser Bedingung kann der Frauendiener trotz der Illegitimität des Geschlechtsverkehrs als ein wertvoller Mann gelten (2,9), der die Zuwendung der Dame mit Recht erhält. Wenn die Liebe in nächtlicher Heimlichkeit erfüllt wird und wenn das Paar die Regeln des Tags respektiert, muss keine Stadt untergehen und niemand muss sterben: Sowohl die Gesellschaft als auch die Liebenden können ihr jeweiliges Recht behalten.

In der dritten Strophe wird angesichts des vom Geschlechtsverkehr erschöpften, im Morgenschlaf versunkenen Liebespaars die eigentliche Warnung formuliert, die die Dame in kluger Voraussicht abends beim Wächter bestellt hatte. Dabei lässt sich dem (interpunktionslos) überlieferten Text die beim Liedvortrag vielleicht gestisch oder stimmlich markierte Verteilung von Erzählerrede und Wächterrede nicht mehr eindeutig ablesen. Möglicherweise beginnt die Wächterrede früher oder später als im Textabdruck angezeigt; eventuell ist auch die ganze Strophe als Erzählerrede gedacht. Die Kompliziertheit der Ausdrucksweise beruht auf den Personifikationen, die eine allegorische Szene ergeben: Der Erzähler (oder der Wächter, je nach Deutung) stellt sich auf die Seite der Liebe (*minne*) und erklärt der Feindschaft (*unminne*) seine Feindschaft. Was das zu bedeuten hat, zeigen die folgenden Formulierungen.

Die *minne* selbst soll das Schloss aufschließen, das die Liebenden in der nächtlichen Vereinigung zusammenschließt: Im Interesse ihrer Liebe sollen sich die beiden trennen; der Abschied muss sein, damit die Liebe weiter Bestand haben kann. Deshalb wird das Schloss mit *fuoge*, also durch ein der Situation angemessenes Verhalten, aufgesperrt. Die *fuoge* (was sich fügt: der Anstand) ist wie die *mâze* ein höfisches Handlungsprinzip. Die *melde* ist eine Personifikation der drohenden Entdeckung, eine Entsprechung zur *huote* in der ersten Strophe. Die Tageszeit (und deshalb wohl der Wächter als Sprecher) kündigt diese Gefahr an (3,9): Am Tag liegt die *melde* auf der Lauer. Sie, die drohende Entdeckung, ist die *unminne*, die Feindin der Liebe; und sie ist wie ein Jäger hinter dem Lohn der Liebe (*minne gelde*) her: Sie will die Liebenden in ihrem Glück zur Strecke bringen und dabei selbst Beute machen; ihre Beute ist die Entdeckung der Liebenden samt dem Schaden, der den beiden dadurch entstehen würde. Die liebesfeindliche Umwelt lauert geradezu bösartig, um den Liebenden das Glück zu nehmen. Ihnen bleibt nur, dieser Gefahr durch kluges Verhalten zu entgehen; der Ritter muss fort.

Dieser Text ist ganz auf die Handlungsprinzipien konzentriert, die die unerlaubte höfische Liebe erfordert. Die in Konrads von Würzburg Lied in den Mittelpunkt gerückte Emotionalität und die bei Ulrich von Liechtenstein gefeierte Körperlichkeit spielen dagegen nur im Hintergrund eine Rolle; weder vom Abschiedsschmerz noch vom Geschlechtsverkehr ist ausführlich die Rede. Vorgeführt wird, wie höfisch kultivierte Menschen mit dem unaufhebbaren Problem der verbotenen Liebe klug umgehen und sich dadurch Freude sichern.

Tagelieder zeigen mit ihren Variationen der Grundkonstruktion, wie der einzelne Dichter ein vorgegebenes Textschema mit unterschiedlichen Akzentuierungen entfalten und dabei wichtige Eigenschaften der höfischen Liebe behandeln kann. Dabei lässt sich eher die affektive und die ethische Leistungsbereitschaft in den Vordergrund rücken, die der Liebe ihren Wert verleiht, oder eher die Freude, die die Liebe verspricht und die sie im Erfüllungsfall auch zu bieten hat. Insofern die Ambitioniertheit der höfischen Liebe die Voraussetzung für den Wert der Freude darstellt, stehen die beiden Aspekte selbstverständlich nicht im Gegensatz zueinander; aber man kann eben mehr das eine oder mehr das andere betonen. Jenseits des Tagelieds ergibt das dann durchaus unterschiedliche Arten von Minnesang.

Tagelieder zeigen besonders gut, wie Minnesang als Kunst nicht erst, sondern auch im 13. Jahrhundert generell funktioniert: Das Lied des Minnesängers zielt auf ein Publikum, das im bekannten Schema die Tradition erkennt – eine aristokratische Tradition, die als solche einen Wert hat und die auch den Wert des einzelnen Textes sichern hilft. Minnesang ist eine vornehme Kunst, weil das im Kern immer gleiche und deshalb von vornherein vornehme Thema ›höfische Liebe‹ anhand kunstvoller Text- und Sprachmuster entfaltet wird. Dieses Thema bleibt auch im 13. Jahrhundert konstitutiv für den gesellschaftlichen Wert des Minnesangs: Weil Minnesang nur im Bezug auf das Liebeskonzept existieren kann, täuscht man sich, wenn man es als bloße Spielwiese der Formartistik versteht. Texte wie die eben behandelten bieten keinen Anlass, an der Ernsthaftigkeit der fortgesetzten inhaltlichen Arbeit am Konzept zu zweifeln.

Zugleich zielt das einzelne Lied auf ein Publikum, das das Besondere an der jeweiligen Entfaltung des Themas und der Sprachkunst erkennt, die das ihre zum Wert des Minnesangs beiträgt. Wenn der Sänger sein Lied mit dem Vers *Do daz liehte morgenrot* einleitet, erwarten alle, dass nun ein Tagelied kommt; und die Minnesangkenner sind gespannt darauf, was diesmal aus dem Schema wird. Die Kennerschaft hat etwas Exklusives, genau wie die höfische Liebe selbst. Man darf sich das ideale Publikum des Minnesängers als eine Gemeinde vorstellen, die die Spielregeln genau kennt und die das Spezifische an jedem Lied mitverfolgen und beurteilen kann. Minnesang muss unvermeidlich immer wieder dasselbe sein: Nur das konstituiert die Gemeinde, die sich anhand ihrer Kompetenz einer kulturellen Exklusivität versichern kann. Und Minnelieder müssen zugleich immer wieder ein bisschen anders sein: Nur das fordert die Kompetenz heraus, anhand derer die Gemeinde ihre kulturelle Exklusivität unter Beweis stellen kann. Ohne die kunstvolle Form gibt es diese Exklusivität ebenso wenig wie ohne das höfische Liebeskonzept.

Tagelied-Ausgaben: Hausner, Freund; Tagelied-Anthologie: Backes (Auswahl mit neuhochdeutscher Übersetzung).

Literatur zum Tagelied im 13. Jahrhundert: Kühnel 1980/81, Leppin 1984/85, Heinen 1984a, Hoffmann 1985, Breslau 1987, Mertens 1988, Beloiu-Wehn 1989, Mehler 1990, Weber 1995, Behr 1996, Schnyder 1998, Greenfield 2006.

Literatur zu Konrad von Würzburg und Ulrich von Liechtenstein: Vgl. Kap. 9 und 6; zum Marner: Wachinger 1985, Haustein 1995.

3

Höfische Liebe im satirischen Spiegel
Neidhart

Neidhart war, wenn man dem Umfang der Textüberlieferung glauben darf, der erfolgreichste unter allen deutschen Minnesängern nach Walther von der Vogelweide. Er erfand eine neue Variante des höfischen Liebeslieds, die das adelige Ideal der höfischen Liebe mit einer bäuerlichen Dorfwelt konfrontiert. Die Attraktivität dieser Konstruktion zeigt sich nicht allein in Gestalt der zahlreichen Handschriften seiner Lieder, sondern ebenso in der Übernahme des Modells durch andere Liederdichter. Neidhart bescherte dem Minnesang damit einen neuen Typus von Liedern, die *dörper*-Lieder.

Alles Wissen über den Minnesänger Neidhart stammt aus den unter seinem Namen überlieferten Texten und aus Erwähnungen bei anderen Dichtern. Im zweiten Jahrzehnt des 13. Jahrhunderts muss er bereits bekannt gewesen sein, denn in dieser Zeit entstand der ›Willehalm‹ Wolframs von Eschenbach, in dem sein Name erstmals genannt wird. Formulierungen in Neidharts Liedtexten selbst ermöglichen die Annahme, dass er zunächst für den bayerischen Herzogshof in Landshut gesungen haben könnte; denkbar sind außerdem Beziehungen zum erzbischöflichen Hof in Salzburg.

Einen Wechsel nach Österreich erwähnt ein Liedtext ausdrücklich (Sappler WL 24); ziemlich sicher ist mehreren Lob- und Bittstrophen zu entnehmen, dass Neidhart dort für den Wiener Herzogshof Friedrichs II. (genannt Friedrich der Streitbare) sang, der von 1230 bis 1246 regierte. In einigen Liedern erscheinen Orts- und Flussnamen, die den bäuerlichen Handlungsraum des fiktiven Geschehens in einer realen Landschaft westlich von Wien ansiedeln, dem Tullner Feld. Das können nur Rezipienten mit entsprechenden geographischen Kenntnissen verstanden haben. Neidharts Publikum war ein höfisches wie das der anderen Minnesänger auch; die Lieder von der Liebe auf dem Dorf sind nicht für Bauern gemacht. Den Wiener Hof darf man sich als Ort besonders hoher Minnesangkompetenz vorstellen; dort hatten vor Neidhart Reinmar und Walther von der Vogelweide gewirkt.

Neidhart könnte vor 1246 gestorben sein, weil in keinem seiner Lieder vom Tod Herzog Friedrichs die Rede ist. Seine Schaffenszeit hätte demnach einen großen Teil der ersten Hälfte des 13. Jahrhunderts umfasst. Über seinen Geburtsstand ist mangels historischer Belege nichts bekannt; die Dichterkollegen, die ihn im 13. Jahrhundert erwähnten, bezeichneten ihn mit dem Adelsprädikat *her*. Dies könnte sich jedoch der Anrede *her Nîthart* in den sogenannten Trutzstrophen mancher Lieder – Strophen, die fiktiven Figuren in den Mund gelegt sind, die die Minnesänger-Figur angreifen – verdanken. Auch der Name selbst (*Nîthart*: feindseliger Mensch) könnte auf die Rolle des Bauernfeinds in den Liedern bezogen, also ein Dichterpseudonym sein. Dem Autortypus nach gehörte Neidhart wahrscheinlich zu denjenigen Berufsdichtern, die nicht wie die Fahrenden von Hof zu Hof zogen, sondern über längere Zeit von einem Hof gefördert wurden.

Die Überlieferung der Neidhart zugeschriebenen Lieder (Holznagel 1995; SNE Bd. 3) unterscheidet sich in mancherlei Hinsicht von den üblichen Verhältnissen im Minnesang: Erstens liegen außergewöhnlich viele Handschriften aus einem außergewöhnlich langen Zeitraum vor; zweitens bieten sie außergewöhnlich stark voneinander abweichende Textbestände; drittens enthalten einige von ihnen auch Melodieaufzeichnungen. Alles in allem stehen in etwa 30 Handschriften vom 13. bis zum 15. Jahrhundert über 150 Lieder mit etwa 1500 Strophen. Davon finden sich etwa 90 Lieder mit etwa 800 Strophen in älteren Handschriften bis um 1350. Jüngere Handschriften aus dem 15. Jahrhundert liefern sowohl weitere Strophen zu diesen schon vorher bezeugten Liedern als auch vorher nicht bezeugte Lieder. Fünf Handschriften verzeichnen Melodien zu insgesamt 55 Liedern; allerdings sind nur fünf davon in lediglich einer älteren Handschrift (Fragment O vom Anfang des 14. Jahrhunderts) bezeugt.

Drei Handschriften überliefern besonders große Neidhart-Sammlungen: Die nach einem früheren Aufbewahrungsort, Schloss Riedegg in Oberösterreich, benannte Riedegger Handschrift (R) liegt heute in der Staatsbibliothek zu Berlin – Preußischer Kulturbesitz (mgf. 1062). Sie enthält neben einer Reihe epischer Texte 56 Neidhart-Lieder und entstand gegen Ende des 13. Jahrhunderts wahrscheinlich in Niederösterreich, also in Neidharts ursprünglichem Wirkungsraum.

41 Lieder stehen in der Manessischen Liederhandschrift (C) unter Neidharts Namen; kleinere Neidhart-Sammlungen enthalten auch die beiden anderen alemannischen Minnesanghandschriften A und B. Die Riedegger und die Manessische Handschrift zusammen bieten den größten Teil des älteren Überlieferungsbestands. Nur 23 Lieder stehen jedoch in beiden Handschriften; bei diesem gemeinsamen Liedbestand gibt es wiederum erhebliche Unterschiede im Strophenbestand der einzelnen Lieder.

Die größte Neidhart-Sammlung ist die nach einem früheren Besitzer benannte Riedsche Handschrift (c), die heute wie R in der Staatsbibliothek zu Berlin – Preußischer Kulturbesitz (mgf. 779) aufbewahrt wird. Sie entstand in der zweiten Hälfte des 15. Jahrhunderts wahrscheinlich in Nürnberg und verzeichnet 131 Lieder mit fast 1100 Strophen. Darunter findet sich der größte Teil sowohl der in R als auch der in C überlieferten Lieder, allerdings mit einer erheblichen Anzahl zusätzlicher Strophen. Mit 45 Melodien bietet die Handschrift c ebenso den größten Teil der Melodieüberlieferung.

Die komplizierte Überlieferungslage machte Neidhart zu einem Modellfall für die Einschätzung, dass man beim Minnesang mit weniger festen Begriffen von Text und Autorschaft operieren sollte. Liedtexte waren variabel: Sie wurden im Gebrauch verändert oder erweitert und hatten deshalb keine ein für allemal feste Gestalt. Dafür kann der Autor verantwortlich sein, etwa wenn er ein Lied nicht immer mit demselben Bestand an Strophen vorträgt. Es kann aber auch eine Folge des späteren, vom Autor unabhängigen Gebrauchs des Textes durch andere Sänger oder eine Konsequenz des wiederholten Abschreibens der Texte sein.

Variabel und offen stellt sich ebenso manches Autor-Œuvre dar: Verschiedene Handschriften ordnen einem Dichter unterschiedliche Textbestände zu und zeigen dabei womöglich unterschiedliche Profile dieses Autors. Andere Dichter produzieren in der Manier eines Vorbilds Texte, die im Überlieferungsprozess an die Vorbildtexte angelagert und unter dem Namen ihres Autors aufgezeichnet werden. Man dichtet in der Façon Neidharts, und der Text ist dann ›ein Neidhart‹. Im 15. Jahrhundert wurde die Liedüberschrift ›ein Neidhart‹ tatsächlich im Sinn einer solchen Typenbezeichnung benutzt, so dass der aufgezeichnete Text damit weniger einem Autor, sondern eher einem Liedtyp zugewiesen wird. In diesem Sinn liegt in der Sammlung c eher eine Liedtypsammlung vor, die freilich auch die Textbestände der älteren Autorsammlungen von R und C umfasst.

Um einen Normalfall von Minnesangüberlieferung handelt es sich bei Neidhart indes nicht. Dass er vielmehr einen besonderen Fall darstellt, liegt an seinem großen und lang anhaltenden Erfolg. Dieser ließ Neidhart seit dem 14. Jahrhundert selbst zur literarischen Figur werden, zum Protagonisten von Schwankerzählungen und weltlichen Spielen, die an die Rolle des Bauernfeinds anknüpfen. Die Existenz solcher Texte zeigt, wie berühmt der Name Neidhart im späteren Mittelalter war. Dass an diesen Namen so viele Liedtexte angelagert wurden, steht im Zusammenhang damit. Bei den meisten anderen Minnesängern des 13. Jahrhunderts nehmen sich die Überlieferungsverhältnisse wesentlich einfacher aus; in vielen Fällen sind ihre Lieder ausschließlich in der Manessischen Handschrift aufgezeichnet. Hier kann die Überlieferung weder unfeste Texte noch unfeste Œuvres zeigen.

Auch bei Neidhart ist die Offenheit der Texte und des Autorwerks ein Phänomen, das wir heute sehen, wenn wir auf die Textüberlieferung in den verschiedenen Handschriften blicken. Um ein Phänomen der historischen Vortrags- und Rezeptionssituationen handelt es sich deshalb noch lange nicht: Wenn Neidhart seinem Publikum ein Lied vortrug, sang er es in der konkreten Situation wohl kaum in mehreren Versionen. Hier gab es keinen variablen Text, sondern einen im Vortrag festen Wortlaut, und das historische Publikum hatte den Sänger Neidhart als Autor seiner Lieder vor sich. Für diese Rezipienten ›gab‹ es deshalb sehr wohl den Autor Neidhart und sein Liedœuvre.

Uns ist es dagegen nicht mehr möglich, das Autorwerk Neidharts im Sinn von ›echten‹ im Unterschied zu ›unechten‹ Liedern und Strophen aus der Textüberlieferung zurückzugewinnen. Man kann nur zwischen den Beständen der einzelnen Handschriften und ihrem jeweiligen Profil unterscheiden. Dass im Zusatzbestand der jüngeren Handschriften auch altes Textmaterial steht, lässt sich keineswegs ausschließen. Ziemlich offensichtlich ist immerhin, dass die Riedegger Handschrift ein klar umrissenes Bild von Neidharts Lieddichtung vorführt, das programmatisch auf die Konfrontation von höfischer Liebe und Bauernwelt und damit auf Neidharts wichtigste gattungsgeschichtliche Innovation konzentriert ist. Aus diesem Grund beschränke ich mich im Folgenden auf den ›R-Neidhart‹;

der Blick auch auf andere Handschriftenkorpora ergäbe ein komplexeres Bild, bedürfte jedoch einer erheblich längeren Darstellung.

Die in den verschiedenen Handschriften unter Neidharts Namen überlieferten Lieder beginnen fast alle mit einem Natureingang, der als Winter- oder Sommereingang konstruiert ist. Der Natureingang mit seinen beiden Typen begegnet gelegentlich schon im Minnesang vor Neidhart als stets ähnlich konstruierter Vorlauf zur Entfaltung der Lage, in der sich der Minnesänger befindet. Dabei funktioniert der Sommereingang üblicherweise kontrastiv: Im anbrechenden Sommer sind alle fröhlich, nur der Sänger leidet, weil ihn seine Dame nicht erhört. Der Wintereingang dagegen funktioniert überbietend: Im anbrechenden Winter leiden alle, aber der Sänger leidet doppelt, weil ihn seine Dame nicht erhört. Selten gibt es auch kontrastive Wintereingänge: Im anbrechenden Winter leiden alle, aber der Sänger freut sich über die langen Nächte, weil seine Dame sich als zugänglich erweist.

Neidhart hat den Natureingang zu einem nahezu obligatorischen Element seiner Lieder gemacht. In der Riedschen Handschrift (c) sind die Lieder anhand der Differenz zwischen Winter- und Sommereingang in zwei Gruppen aufgeteilt; nach diesem Vorbild unterscheidet die Neidhart-Forschung Winter- und Sommerlieder (WL, SL). Die Winterlieder der Riedegger Handschrift (R), die alle die traditionelle Form der Stollenstrophe benutzen, haben ein gleichbleibendes inhaltliches Profil; die Konstruktion gleicht der einer Minnekanzone: Die Rede des Sängers, der über seine Probleme mit der Umworbenen reflektiert, füllt das ganze Lied. Die ersten beiden Strophen des folgenden Beispiels halten sich, wie viele andere Winterlieder, ohne jede Abweichung an den für die Minnekanzone charakteristischen Motivbestand (Sappler WL 27, ohne die Konjekturen gegenüber R; SNE Bd. 1, S. 57-67):

1 Mirst von herzen leide,
daz der küele winder
verderbet schœner bluomen vil.
sô verderbet mich ein senelîchiu arebeit.
dise sorge beide
dringent mich hin hinder
ze ende an mîner vreuden zil.
owê, daz diu guote mit ir willen daz vertreit,
sît si wol geringen mac
alle mîne swære!
owê, gelebte ich noch den tac,
daz sî genædic wære!

2 Swenne ich mich vereine
unde an sî gedenke –
wær inder wîbes güete dâ,
diune hæte sich sô lange bî ir niht verholn.

sît si lônet kleine
mîner niuwen klenke,
mag ich dienen anderswâ?
nein, ich wil mit willen disen kumber langer doln.
waz, ob noch ein sælic wîp
gar den muot verkêret
und vreut mîn herze und ouch den lîp?
diu zwei diu sint gesêret.

3 Zuo dem ungemache,
den ich von ir lîde,
sô twinget mich ein ander leit,
daz vor allem leide mich sô sêre ie betwanc,
swiech dar umbe lache
und gebâr sô blîde:
mir hât ein dörper widerseit
umb anders niht wan umbe den mînen üppeclîchen sanc.
derst geheizen Adeltir,
bürtic her von Ense.
zallen zîten drôt er mir
als einer veizten gense.

4 Hiwer an einem tanze
gie er umbe und umbe.
den wehsel het er al den tac:
glanziu schapel gap er umb ir niuwen krenzelîn.
Etzel und Lanze,
zwêne knappen tumbe,
die phlâgen ouch, des jener phlac.
Lanze der beswæret ein vil stolzez magedîn:
eine kleine rîsen guot
zarte er ab ir houbet,
dar zuo einen bluomenhuot.
wer het im daz erloubet?

5 Owê sîner hende,
daz si sîn verwâzen!
die vinger müezen sîn verlorn,
dâ mit er gezerret hât den schedelîchen zar!
hiete er ir gebende
ungezerret lâzen,
daz kränzel hiete ouch sî verkorn.
er ist ungevüeger danne wîlen Engelmâr,
der gewalticlîchen nam
den spiegel Vriderûne.

des bin ich dem dörper gram,
dem selben Walberûne.

6 Die mîn vil alten schulde
wecket mir diu niuwe:
ez hât ein geiler getelinc
hiwer an mir erwecket, swaz mir leides ie geschach.
  ê ichz langer dulde,
  sêt des mîne triuwe,
  gespringe ich zuo zim in den rinc,
  er bestât sîn buoze, daz er ir ze vrouwen jach,
der ich lange gedienet hân
her mit ganzer stæte.
wolde er sî geruowet lân,
wie rehte er danne tæte!

7 Wê, waz hât er muochen!
si kumt im niht ze mâze.
zwiu sol sîn pîneclîch gebrech?
im enmac gehelfen niht sîn hovelîch gewant.
  er sol im eine suochen,
  diu in werben lâze.
  diu sînen rôten buosemblech
  diu sint ir ungenæme, dar zuo sîn hiufelbant.
enge ermel treit er lanc,
die sint vor gebræmet,
innen swarz und ûzen blanc.
mit sîner rede er vlæmet.

1. Es tut mir im Herzen weh, dass der kalte Winter viele schöne Blumen zugrunde richtet. Genauso richtet mich das Liebesleid zugrunde. Diese beiden Nöte drängen mich weit zurück an das dem Ziel meiner Freude entgegengesetzte Ende. O weh, dass die Vollkommene das willentlich geschehen lässt, wo sie doch gewiss all mein Leid verringern kann. O weh, erlebte ich den Tag noch, an dem sie mir gnädig wäre!
2. Wenn ich mich allein zurückziehe und an sie denke – gäbe es bei ihr überhaupt weibliche Güte, dann hätte die sich nicht so lange bei ihr versteckt. Da sie meine neuen Lieder nicht belohnt – kann ich nicht anderswo dienen? Nein, ich will dieses Leid willentlich weiter ertragen. Was wäre, wenn sie als eine beglückende Frau ihre Einstellung noch völlig ändert und mein Herz und meinen Körper glücklich macht? Die beiden sind verwundet.
3. Zusätzlich zu dem Kummer, den ich von ihr erleide, bedrängt mich noch ein weiteres Leid, das mich immer schon mehr bedrängte als jedes andere Leid, auch wenn ich darüber lache und mich fröhlich gebe: Ein Bauerntölpel hat mir den Krieg erklärt allein wegen meines übermütigen Gesangs. Der heißt Adeltir und ist in Enns geboren. Immerzu droht er mir wie einer fetten Gans.

4. Heuer beim Tanz ging er immerzu herum. Folgenden Tausch trieb er den ganzen Tag lang: Funkelnden Kopfschmuck gab er für ihre frischen Blumenkränzlein. Etzel und Lanze, zwei dumme Burschen, taten dasselbe wie er. Lanze belästigte ein prächtiges Mädchen. Einen kleinen schönen Schleier riss er von ihrem Kopf und einen Blumenkranz. Wer hatte ihm das erlaubt?
5. Verflucht sollen seine Hände sein! Die Finger soll er verlieren, mit denen er den schädlichen Riss gerissen hat! Hätte er ihr das Kopftuch nicht herabgerissen, hätte sie das Kränzlein trotzdem verloren. Er ist unanständiger als damals Engelmar, der mit Gewalt Friederun den Spiegel raubte. Deshalb bin ich dem Bauertölpel gram, diesem Hans Wurst.
6. Meine alte Anklage wird durch die neue wieder geweckt. Es hat jener Bauernrüpel heuer in mir geweckt, was mir jemals an Leid widerfuhr. Bevor ich es länger ertrage, das verspreche ich euch, springe ich zu ihm in den Tanzring. Er wird es mir büßen, dass er sie als Herrin beanspruchte, der ich bisher lange gedient habe mit ganzer Beständigkeit. Würde er sie in Ruhe lassen, wie richtig er sich dann verhielte!
7. Was hat er nur für Flausen! Sie passt gar nicht zu ihm. Wozu soll sein quälendes Lärmen dienen? Sein höfisches Kleid kann ihm nichts helfen. Er soll sich eine suchen, die ihn um sich werben lässt. Sein roter Brustpanzer gefällt ihr nicht, auch nicht sein Helmband. Enge lange Ärmel trägt er, die sind vorn mit Pelz besetzt, innen schwarz und außen weiß. Beim Reden flämelt er.

In den ersten beiden Strophen stellt der Sänger neben das allgemeine Winterleid sein eigenes Liebesleid. Die Unzugänglichkeit der Umworbenen evoziert Zweifel an ihrer *güete*, die der vorbildliche Liebende jedoch, wie es sich gehört, abweist (Str. 2). Dabei wird das Dienst-Lohn-Modell ausdrücklich aufgerufen, und zwar in seiner minnesangtypischsten Gestalt: Die Umworbene belohnt den Sänger nicht dafür, dass er ihr mit seinen Liedern dient. Nichts weicht bis dahin von den Minnesangkonventionen ab.

Die dritte Strophe bricht sie jedoch radikal, indem sie über die traditionelle Abweisung hinaus ein weiteres Leid und mit ihm Neidharts typisches Personal, die *dörper*, ins Spiel bringt. *dörper* ist ein ins Mittelhochdeutsche entlehntes mittelniederdeutsches Wort (von *dorp* für Dorf). Es bedeutet ›Bauer‹ und wird in mittelhochdeutschen Texten auch benutzt, um unhöfische Menschen jeder Art zu bezeichnen (ähnlich wie wir abwertend zu jedem ›Bauernrüpel‹ sagen könnten); das Abstraktum *dörperheit* diente schon vor Neidhart als Gegenbegriff zu *hövescheit*. Neidharts *dörper* sind sowohl Rüpel als auch Bauern auf dem Dorf, im Gegensatz zu den kultivierten Adeligen am Hof; der Kontrast zielt auf die ständische Differenz und auf das Gefälle an Kultiviertheit gleichermaßen.

Die *dörper* erscheinen in den Winterliedern als Konkurrenten des Sängers um die Gunst der Umworbenen und deshalb als steter Anlass seines Leids. Der Konkurrenz wegen passt im Beispieltext (Str. 3) dem Bauernburschen Adeltir der Gesang des Sängers nicht. Wie in den meisten Winterliedern werden die *dörper* mit Namen belegt; oft gibt es ganze Namenkataloge, die einen komischen Effekt haben, die Bauern aber auch als Haufen präsentieren, der als Gegensatz zum kultivierten Einzelnen in der höfischen Gesellschaft gedacht ist. Konkurrenten des Sängers können die *dörper* nur sein, weil die Umworbene eine der ihren ist, ein Bauernmädchen. So stellt sich die Grundkonstellation in Neidharts Winterliedern dar: Der Minnesänger wirbt auf dem Dorf um ein Mädchen, als ob es eine adelige Dame wäre, und kommt dabei in Konflikt mit den Bauernburschen.

Das Geschehen konzentriert sich zumeist auf das Verhalten der bäuerlichen Konkurrenten des Sängers (Str. 4-5). Auch sie beschäftigen sich mit Liebeswerbungen und lassen sich dabei nicht lumpen: Adeltir und zwei weitere *dörper* schenken dem Mädchen beim Tanz anstelle der einfachen Blumenkränzchen glitzernden Kopfschmuck. Das rückt die Bauern, auf die Neidharts adeliges Publikum ohnehin aus großer Höhe herabsah, in ein schlechtes Licht: Geschenke lassen sich als Versuch verstehen, die Liebe zu kaufen, und Käuflichkeit steht im eklatanten Gegensatz zu den Idealen der höfischen Liebe.

Eine ebenso rüpelhafte Eigenschaft der Bauern ist ihr rabiates Auftreten gegenüber den Mädchen. Immer geht es schnell handgreiflich zu, und die Bezeichnungen der Handgreiflichkeiten klingen oft – wie hier (Str. 4) das Herunterreißen von Schleier und Blumenkränzlein – nach verhüllenden Ausdrücken für sexuelle Gewalt. In zahlreichen Liedern erinnert sich der Sänger daran, wie der *dörper* Engelmar dem Mädchen Friederun ihren Spiegel raubte (Str. 5) – eine Aktion, die als prototypische Gewalttat, als das schlechthin Ungehörige und als Ursache für den Verlust aller Freude erscheint. So oft der Spiegelraub auch erwähnt ist, wird doch nie eindeutig aufgedeckt, ob man ihn als verhüllende Metapher für eine Vergewaltigung verstehen soll. Die Empörung des Sängers darüber jedenfalls gründet, wie man in manchen Liedern erfährt, nicht zuletzt darauf, dass er es selbst auf Friederun abgesehen hatte.

Zusammen mit einigen weiteren Motiven erfüllt der Spiegelraub eine wichtige intertextuelle Funktion: Indem er in verschiedenen Liedern immer wieder erwähnt wird, verbindet er die Texte miteinander und bezieht sie auf dieselbe Dorfszenerie. Das Publikum soll sich Neidharts Lieder stets als von derselben Dorfwelt handelnd denken, deren Personal in Gestalt einiger besonders erinnerungswürdiger Protagonisten die Rezipienten ebenso kennen wie bestimmte erinnerungswürdige Ereignisse. Umgekehrt sind die einzelnen Lieder nur für diejenigen ganz verständlich, die Neidharts dörperliche Kunstwelt kennen. Was auf den ersten Blick nach ›realistischer‹ Konkretisierung ausschaut, ist in Wahrheit reine Artifizialität.

Dass der Bauer Lanze (der Name ermöglicht eine obszöne Assoziation) dem Mädchen Schleier und Kranz herunterreißt, stellt für den Sänger eine verabscheuungswürdige Gewalttat dar, die allen höfischen Vorstellungen vom kultivierten Verhalten gegenüber Frauen widerspricht. Mit der Ankündigung, Lanze dafür zur Rechenschaft ziehen zu wollen, enthüllt der Sänger schließlich das Konkurrenzverhältnis (Str. 6): Der *dörper* beansprucht als seine Herrin just jene, um die der Sänger lange und beständig, aber vergeblich dient.

Die siebte Strophe belässt es dann allerdings bei der Klage darüber, dass das Mädchen dem *dörper* Lanze nicht angemessen sei. Da der Bauernbursche und das Bauernmädchen durchaus denselben sozialen Rang haben, wirft das indirekt die

Frage auf, ob das Mädchen denn ein passendes Werbungsobjekt für den Sänger darstellt. Das Lied schließt mit der Beschreibung des höfischen Auftretens des *dörpers,* das Neidharts adeliges Publikum als Standesanmaßung beurteilen musste:

Abb. 2: Neidhart und die Bauern. Miniatur zu den Liedern Neidharts in der Manessischen Liederhandschrift.

Dass Bauern höfische Kleider trugen, verbot in der Lebenswirklichkeit die Kleiderordnung; auch die Rüstung war ein Privileg des Adels. Lanze besitzt darüber hinaus vornehme, modisch zweifarbige Ärmel mit Pelzbesatz. Der Gipfel ist freilich, dass er flämelt: *vlæmen* bezeichnete eine Ausdrucksweise, die Hochdeutsch mit niederdeutschen Wörtern und Wortformen vermischt (zum Beispiel *liebe soete kindekîn* statt *liebe süeze kindelîn*). Die Bezeichnung rührt daher, dass das flämische Sprachgebiet in Flandern und Brabant ein früher Vermittlungsraum französischer Hofkultur in die deutschsprachigen Länder war. Zusammen mit einer großen

Zahl französischer Lehnwörter gelangten seit dem 12. Jahrhundert deshalb auch einige niederdeutsche (wie etwa *dörper*) in die mittelhochdeutsche höfische Sprache, so dass das *vlæmen*, ähnlich wie die als *strîfeln* bezeichnete Verwendung französischer Wörter (vgl. S. 109), eine Option adeligen Sprachgebrauchs war.

Das Konstruktionsprinzip der *dörper*-Figuren ist leicht zu erkennen: Sie verfügen über materiellen Wohlstand und tun, als ob sie höfisch wären; ihr Verhalten ist jedoch, ihrem tatsächlichen Stand entsprechend, ungehobelt. Das Konstruktionsprinzip der Minnesänger-Figur entfalten andere Winterlieder deutlicher. In einigen Texten ist der Sänger als verarmter Adeliger dargestellt, dessen Grundbesitz den sprechenden Namen *Riuwental* (Jammertal) trägt. Die Situierung dieser Sängerheimat stammt nach Auskunft eines Liedtexts (Sappler WL 24) aus Neidharts bayerischer Zeit. Aus dem Dichternamen *Nîthart,* der in den Handschriften als Autorname erscheint und mit dem der Minnesänger in den Trutzstrophen einiger Lieder gelegentlich angesprochen wird, und der Herkunftsbezeichnung *Riuwental* ist der Name ›Neidhart von Reuental‹ kombiniert, der in der Textüberlieferung des 13. und 14. Jahrhunderts nie vorkommt, aber immer noch durch manche moderne Darstellung geistert. Einen historischen Dichter ›Neidhart von Reuental‹ hat es nie gegeben; es gab einen Dichter Neidhart, der als fiktive Figur seiner Lieder in einem Jammertal wohnt und in einem spezifischen Strophentypus ebenfalls Neidhart heißt.

Dieser fiktive Sänger singt seine Lieder nicht am Hof bei den Adeligen, sondern für die Bauern auf dem Dorf; gewöhnlich spielt er ihnen damit zum Tanz auf. Mit seinen Liedern und seiner höfischen Verhaltenskompetenz versucht er einerseits, in Konkurrenz zu den Bauernburschen Bauernmädchen zu verführen. Dabei agiert er entweder nach dem Unterwerfungsmuster der höfischen Liebe (was auch auf dem Dorf nicht zum gewünschten Erfolg führt) oder nach dem Handgreiflichkeitsmuster der Bauern (was sein eigenes Verhalten unhöfisch macht). Andererseits dienen seine Lieder, genau wie am Hof, als Vortragskunst dazu, der Gesellschaft Freude zu vermitteln – allerdings eben einer Gesellschaft von Bauernburschen und Bauernmädchen. (Die Autorminiatur der Manessischen Handschrift betont den Standesunterschied: Ein dem höfischen Schönheitsideal entsprechender Neidhart steht zwischen höfisch gekleideten und mit Schwertern behängten, aber durch ihre Gesichtszüge – Nase, Kinn – als hässlich gekennzeichneten und wegen der gebeugten Haltung etwas kleineren Bauern.)

Grundlagen für den Bedeutungsaufbau der Winterlieder sind der Bezug auf das monologische Textmodell der Minnekanzone und die Verwendung typischer Minnekanzonenmotive wie des Minnesangs als Frauendienst, der beständigen Werbung oder der Vermittlung gesellschaftlicher Hochstimmung. Die Winterlieder evozieren das Konzept von höfischer Liebe und höfischem Minnesang, um es mit dem Bauernmädchen als erotischem Objekt und den Bauern als Liedpublikum kontrastieren zu können: Die traditionellen Muster des Minnesangs werden auf den falschen Gegenstand und den falschen gesellschaftlichen Raum bezogen.

Die Sommerlieder der R-Sammlung sind nicht in der Form von Stollenstrophen komponiert. In der Regel zeigt das schon die sprachmetrische Gestalt. Doch auch das unten behandelte Beispiel, das sprachmetrisch die Form einer Stollenstrophe hat, folgt musikalisch nicht diesem Muster: Die zu diesem Lied überlieferte Melodie vollzieht in der ersten Strophenhälfte nicht die typische Stollenwiederholung. Die musikalisch zweiteilige Strophenform der Sommerlieder wird in der Neidhart-Forschung gelegentlich – nach der Bezeichnung für einen Gruppentanz – ›Reienstrophe‹ genannt, weil der Sänger in Neidharts Liedern manchmal zum Reientanz aufruft; dass zu diesen Liedern tatsächlich Reien getanzt wurden, ist freilich nicht abzusichern.

Neidharts Sommerlieder klangen, im Gegensatz zu den Winterliedern, wegen ihrer musikalischen Form von vornherein nicht nach der Minnesangtradition. Auch inhaltlich greifen die Sommerlieder mit dem obligatorischen Sommereingang am Beginn möglicherweise nicht auf das Modell der Minnekanzone zurück (Worstbrock 2001): Die charakteristische Kombination aus Sommerfreude und Tanzaufruf, mit der die Sängerrede meistens einsetzt, hat auffällige Gemeinsamkeiten mit einem Liedtyp der zeitgenössischen lateinischen Liebeslyrik, der in den ›Carmina Burana‹ belegt ist, der größten erhaltenen Sammlung lateinischer Lieder aus dem 12. und frühen 13. Jahrhundert. (Worstbrock zufolge könnte dieser lateinische Liedtyp seinerseits auf nicht erhaltene deutschsprachige Liebeslieder zurückgehen.) Die Sommerlieder würden demnach eingangs das eher unproblematische Freude-Modell einer anderen – sei es nun deutschen oder lateinischen – Liedtradition evozieren, auf die vielleicht auch die musikalische Strophenform verweist. Dieses Freude-Modell wird, genauso wie das in den Winterliedern eingangs evozierte Minnekanzonen-Modell, im weiteren Liedverlauf dann aber stets gebrochen (zum Sommerlied-Typus in R, seinen Variationen und den davon abweichenden Konstruktionen in B und C vgl. Warning 2007).

Der Bruch ereignet sich in Gestalt von zwei Varianten dialogischer Textpartien, die an den Sommereingang anschließen und als Erfindungen Neidharts gelten dürfen. Bei der ersten Variante, dem ›Gespielinnen-Dialog‹, handelt es sich um Gespräche zwischen zwei Dorfmädchen, die in den Liedtexten mit dem mittelhochdeutschen Wort *gespil* (Freundin) bezeichnet sind. Beim zweiten Typus, dem ›Mutter-Tochter-Dialog‹, unterhält sich ein Dorfmädchen mit seiner Mutter. Das folgende Beispiel ist ein Gespielinnendialog (Sappler SL 14; SNE Bd. 1, S. 114-119; Wachinger S. 18):

1 Ine gesach die heide
nie baz gestalt,
in liehter ougenweide
den grüenen walt.
an den beiden kiese wir den meien.
ir mägde, ir sult iuch zweien
gein dirre liehten sumerzît,
in hôhem muote reien.

2 Lop von mangen zungen
der meie hât.
die bluomen sint entsprungen
an manger stat,
dâ man ê deheine kunde vinden.
geloubet stât diu linde.
sich hebt, als ir wol habt vernomen,
ein tanz von höfschen kinden.

3 Die sint sorgen âne
und vröuden rîch.
ir mägede wolgetâne
und minneclîch,
zieret iuch wol, daz iu die Beier danken,
die Swâbe und die Vranken!
ir brîset iuwer hemde wîz
mit sîden wol zen lanken!

4 »Gein wem solt ich mich zâfen?«,
sô redete ein maget.
»die tumben sint entslâfen;
ich bin verzaget.
vreude und êre ist al der werlde unmære.
die man sint wandelbære.
deheiner wirbet umbe ein wîp,
der er getiuwert wære.«

5 »Die rede soltû behalten«,
sprach ir gespil.
»mit vröuden sul wir alten:
der manne ist vil,
die noch gerne dienent guoten wîben.
lât solhe rede belîben!
ez wirbet einer umbe mich,
der trûren kan vertrîben.«

6 »Den soltû mir zeigen,
wier mir behage.
der gürtel sî dîn eigen,
den ich umbe trage.
sage mir sînen namen, der dich minne
sô tougenlîcher sinne!
mir ist getroumet hînt von dir,
dîn muot der stê von hinne.«

7 »Den si alle nennent
von Riuwental
und sînen sanc erkennent
wol über al,
derst mir holt. mit guote ich im des lône.
durch sînen willen schône
sô wil ich brîsen mînen lîp.
wol dan, man liutet nône!«

1. Nie sah ich die Heide schöner geschmückt, als leuchtende Augenweide den grünen Wald. An den beiden erkennen wir den Mai. Ihr Mädchen, ihr sollt euch ›paaren‹ (zum Tanz) in dieser strahlenden Sommerzeit, hochgestimmt den Reien tanzen.
2. Viele Zungen rühmen den Mai. Die Blumen sind an vielen Stellen aufgeblüht, wo man zuvor keine finden konnte. Belaubt ist die Linde. Dort beginnt, wie ihr sicher gehört habt, ein Tanz höfischer Mädchen.
3. Die sind ohne Sorgen und reich an Freude. Ihr Mädchen, schön und liebenswert, schmückt euch gut, so dass es euch die Bayern, die Schwaben und die Franken danken. Eure weißen Hemden sollt ihr mit Seide an den Hüften gut schnüren.
4. »Für wen sollte ich mich schmücken?«, sprach ein Mädchen. »Die Deppen sind eingeschlafen, ich bin verzagt. Freude und Ehre sind der ganzen Welt gleichgültig. Die Männer sind unbeständig. Keiner wirbt um eine Frau, durch die er Ansehen erhalten könnte.«
5. »Rede nicht so«, sagte ihre Freundin. »Wir werden fröhlich alt werden. Es gibt noch viele Männer, die edlen Frauen gerne dienen. Hör auf, so zu reden! Um mich wirbt einer, der das Leid vertreiben kann.«
6. »Den musst du mir zeigen, (ich will sehen,) wie er mir gefällt. Den Gürtel schenke ich dir (dafür), den ich trage. Sage mir, wie er heißt, der dich so heimlich liebt! Heute Nacht habe ich von dir geträumt, dass du von hier fort willst.«
7. »Den sie alle den von Reuental nennen und dessen Lieder sie überall gut kennen, der liebt mich. Mit Gutem belohne ich ihn dafür. Seinetwegen will ich mich schön schnüren (kleiden). Auf, man läutet schon die neunte Stunde (Nachmittag)!«

Mit dem Sommereingang fordert der Sänger die Mädchen zum Maitanz unter der Linde auf (Str. 1-3). Beim *reien* sollen sie sich *zweien,* also Paare mit den männlichen Tänzern bilden. Der Reien ist ein (auch von der Hofgesellschaft praktizierter) Gruppentanz, bei dem die Geschlechter sich zu gemischten Paaren ordnen. Das Verbum *sich zweien* ist zwar für weitergehende Assoziationen offen (wie neuhochdeutsch ›sich paaren‹), aber die Ausdrucksweise ist zunächst ebenso konsequent höfisch wie bei der Liebesklage am Anfang des oben behandelten Winterlieds: Die Anrede *mägde* lässt den Stand der Bezeichneten offen, weil jede unverheiratete Frau eine *maget* (Mädchen) ist. Die angestrebte Stimmungslage ist der *hohe muot,* bei dem das Adjektiv ›hoch‹ das Höfisch-Vornehme der Fröhlichkeit betont. Die tanzenden *kint* (Mädchen) sind ausdrücklich als höfisch bezeichnet. Sie verfügen über die typischen Qualitäten der höfischen Dame; sie sind freudenreich, schön und der Minne wert. Nur mit der Aufforderung, das Hemd an den Hüften gut zu schnüren (damit die Körperform betont wird), würde der Minnesänger eine adelige Dame vielleicht nicht so direkt konfrontieren. Neidharts Publikum weiß, dass die Dorfmädchen gemeint sind: Die Szenerie zeigt den Sänger, der mit seinem Lied auf dem Dorf zum Tanz aufruft.

Die anschließenden Strophen führen die Sängerrede nicht mehr fort. Der Dialog zwischen den beiden Mädchen ist jedoch thematisch an sie angeschlossen: Die Frage des Mädchens, für wen sie sich denn schmücken sollte (4,1), knüpft an die entsprechende Aufforderung des Sängers an (3,8). Das Mädchen will sich nicht zum Tanz herausputzen, weil es keine ordentlichen Verehrer mehr gibt. Den Vorwurf formuliert sie zunächst nicht sehr vornehm: Die Männer sind verschlafene Deppen. Dann schwenkt ihre Ausdrucksweise aber ganz auf das Niveau höfischer Wertbegriffe ein: Die Gesellschaft hat kein Interesse mehr an *vröide* und *êre* (*êre* kommt als Standeseigenschaft eigentlich nur Adeligen zu). Das Adjektiv *wandelbære* (wechselhaft) misst die Männer am höfischen Verhaltensprinzip der *stæte*. Der Vorwurf, dass die Männer nicht um Frauen werben, die ihren gesellschaftlichen Wert erhöhen könnten, setzt das Modell der höfischen Liebe voraus. Das Bauernmädchen beherrscht zum einen die höfische Terminologie und kann reden wie eine Dame; zum andern möchte es umworben sein wie eine höfische Dame und beschwert sich darüber, dass es keine höfischen Frauendiener mehr gibt.

Da ihre Freundin die Klage über den Verfall der höfischen Liebe mit dem Hinweis auf ihre eigene Erfahrung zurückweist (Str. 5), möchte das erste Mädchen unbedingt wissen, wer der vorbildliche Verehrer ist (Str. 6). Wie bei einem höfischen Verhältnis ist dabei von heimlicher Liebe die Rede. Doch nun kommt bei beiden die Bauernnatur zum Vorschein: Die eine ist nicht bereit, das Geheimnis zu respektieren, und unternimmt einen kleinen Bestechungsversuch. Die andere ist nicht fähig, das Geheimnis zu bewahren, und plaudert den Namen des Verehrers ohne weiteres aus (Str. 7). Es ist der Reuentaler, der das Bauernmädchen höfisch umwirbt und den alle in der Bauernwelt als Sänger kennen. Bei diesem Mädchen hat er Erfolg; sie belohnt ihn für seinen Liebesdienst und will sich zum Tanz, zu dem der Sänger am Anfang des Lieds aufrief, für ihn schmücken.

Andere Sommerlieder führen die immer neu variierte Grundkonstellation weiter aus. Das Bauernmädchen hofft (gegen die Normen der Ständegesellschaft) auf eine Ehe mit dem Ritter von Reuental. Den in einem Mutter-Tochter-Dialog erteilten mütterlichen Rat, lieber einen bäuerlichen Bewerber zu heiraten, weist sie zurück. Selbst die mütterliche Warnung vor den Verführungsabsichten des Reuentalers, der im letzten Sommer erst ein anderes Mädchen geschwängert habe, beeindruckt sie nicht, weil ihr der Ritter gerade neue rote Schuhe geschenkt hat – Bauernmädchen sind käuflich, der Sänger agiert kaum anders als die Bauernburschen. Wenn ihn die Sommerlieder als das Objekt des weiblichen Begehrens zeigen, signalisieren sie ihrem adeligen Publikum stets, was die Mädchen nicht durchschauen: Auf dem Dorf wird die höfische Kompetenz des Sängers zur bloßen Verführungsstrategie, die die leichtgläubigen Mädchen für Frauendienst halten. Unfreiwillig entlarven sie sich als Verführungsopfer: Indem sie höfisch reden, offenbaren sie, dass sie nicht über die höfische Verhaltenskompetenz der Dame verfügen, die ihren Verehrer auf die Probe stellt und über Bestechungsversuche empört wäre.

Die Mutter-Tochter-Dialoge konfrontieren diese Leichtgläubigkeit des Mädchens mit dem Wissen der Mutter, die die Geltung der Ständeordnung kennt und die höfische Maske des Reuentalers durchschaut. Doch selbst die alte Bäuerin bleibt in Neidharts Liedern nicht immer die kluge Figur, die die Ordnung vertritt. Einige Texte verkehren die Rollen so, dass die Mutter zum Gegenstand des Spotts wird: Als ›geile Alte‹ will sie, von der Minne betört, zum Tanz, während die Tochter versucht, sie davon abzuhalten. Bei Bauern schützt auch Alter nicht vor Torheit.

Die Winter- und Sommerlieder der R-Sammlung führen gleichermaßen vor, dass die Bauern trotz Wohlstands und höfischen Auftretens zu wahrhaft höfischem Verhalten nicht fähig sind. Bei den Burschen zeigt sich das in der Neigung zur Gewalt, bei den Mädchen in der leichtgläubigen Verführbarkeit, die das Fehlen der nur Adeligen eigenen Ehre anzeigt. Diese Konstruktion der Bauernfiguren dürfte der Grundeinstellung eines höfischen Publikums entsprochen haben: Bauern können nicht wirklich kultiviert sein, weil ihnen die geburtsbedingte adelige Exklusivität abgeht. Wo Neidharts Lieder die Bauern dem adeligen Gelächter preisgeben – und das tun sie sowohl mit den Burschen als auch mit den Mädchen –, da bestätigen sie das Überlegenheitsbewusstsein ihres Publikums.

Provokanter ist die Konstruktion der Minnesängerfigur. Der traditionelle Repräsentant adeliger Exklusivität, die poetische Leitstimme der höfischen Kultur, macht sich als verarmter Ritter mit den Bauern gemein. Er trägt mit seinen sexuellen Ambitionen den Minnesang unter die Unkultivierten und gibt als höfische Liebe aus, was doch bloß Verführung ist. Wenn seine Taktik an den bäuerlichen Konkurrenten und ihrer Handgreiflichkeit scheitert, macht er sich durch den Misserfolg lächerlich; wenn sie bei den Mädchen Erfolg hat, raubt sie der Liebe jeden Wert. Auch diese Minnesänger-Rolle wird dem adeligen Gelächter preisgegeben: Wer die wertvollste Perle der höfischen Kultur, die vornehme Liebe und ihre poetische Leitgattung, vor die Bauern wirft, erniedrigt sich selbst.

In diesem Sinn liegt den in der Riedegger Handschrift gesammelten Neidhart-Liedern eine satirische Bedeutungskonstruktion zugrunde: Sie zeigen anhand der Darstellung des Falschen, was als das Richtige gelten soll. Der geniale Kunstgriff besteht darin, den Minnesänger selbst zur Negativfigur der Satire zu machen: An ihm wird vorgeführt, dass jede Preisgabe adeliger Exklusivität falsch ist. Indem die Lieder ihr Publikum mittels der Darstellung der Bauern seiner eigenen ständischen Exklusivität versichern, bestehen sie zugleich darauf, dass diese Exklusivität auch gewahrt werden muss. Da Neidhart den Verstoß gegen dieses Prinzip auf den Minnesänger lädt, braucht er die Kultiviertheit seines Publikums nicht ausdrücklich in Zweifel zu ziehen. Nur in der Gestalt der Minnesänger-Figur wird die Gefahr entfaltet, dass die höfische Gesellschaft die anstrengende Ambition der vornehmen Liebe preisgeben könnte.

Diese ausgesprochen kluge Konstruktion ermöglicht es einerseits, dass das Publikum nicht selbst zum Gegenstand der Satire wird; andererseits verlangt sie dem Publikum aber auch ein hohes Maß an Interpretationsleistung ab. Die Rezipienten müssen erkennen, dass der Minnesänger seine eigene Autorität als Anwalt höfischer Idealität zerstört, indem er sich selbst zur komischen Negativfigur macht, dass er diese Autorität in der satirischen Verkehrung aber umso nachdrücklicher beansprucht, indem er an sich selbst vorführt, was falsch wäre.

Zur Bedeutungskonstruktion von Neidharts *dörper*-Liedern gehört freilich auch, dass die Satire das Verführerische dessen, was sie als falsch ablehnt, voraussetzen und auch zum Ausdruck bringen muss: Wäre die nicht normierte, geradezu anarchische Körperlichkeit der *dörper* nicht eine verlockende Alternative zur höfischen Selbstbeherrschung, brauchte es die moralische Anstrengung nicht, und die Satire hätte keinen Anlass. In diesem Sinn eignet dem Verhalten von Neidharts *dörpern* der Reiz der Verbotenen. Nicht zuletzt auf der permanenten Neigung der Lieder zu Formulierungen, die einen offen obszönen Charakter haben oder obszöne Anspielungen enthalten, beruht die Ambivalenz der Konstruktion: Wenn das Publikum sich über die Redeweise jenseits der höfischen Anstandsregeln amüsiert statt empört, amüsiert es sich über das Unhöfische. Das wirft die Frage auf, ob die Belustigung, die die Texte offensichtlich evozieren sollen, auf einem heimlichen Gefallen am Unkultivierten oder auf der sicheren Überlegenheit gegenüber dem Unkultivierten gründet.

Dass Neidharts höfisches Publikum am ungezwungenen *dörper*-Verhalten genug Gefallen finden konnte, um die Lieder als parodistische Belustigung über die Regeln von höfischer Liebe und Minnesang zu verstehen, halte ich dagegen für unwahrscheinlich. Eine solche Deutung gehört zwar zu den interpretatorischen Standardoptionen der Neidhart-Forschung, verträgt sich meines Erachtens aber schlecht damit, dass die Komikeffekte stets die Abweichung vom Modell der höfischen Liebe lächerlich machen und nicht das Modell selbst. Deshalb scheint mir der verschiedentlich ventilierte Gedanke, dass das höfische Liebeskonzept zugleich satirisch bestätigt und parodistisch in Frage gestellt werden soll, in den Textkonstruktionen nicht angelegt zu sein. Für eine ›Überwindung‹ der hohen Minne lassen sich Neidharts Lieder noch weniger in Anspruch nehmen als diejenigen Walthers von der Vogelweide.

Im Spiegel der satirischen Sinnkonstruktion kommt bei Neidhart aber gelegentlich eine Beunruhigung durch ökonomische Verhältnisse zum Ausdruck, die nicht der geburtsständischen Ordnung entsprechen: Der verarmte ritterliche Minnesänger gibt die adelige Exklusivität preis und mischt sich unter die Bauern; die wohlhabenden Bauern maßen sich adelige Standesattribute an und treten ihm als Konkurrenten entgegen. Gegensätze zwischen wirtschaftlichem Wohlergehen und ständischer Ordnung werden gerade in österreichischen Quellen des 13. Jahrhunderts häufiger beklagt: In manchen adeligen Kreisen hatte man den Eindruck, dass die Adeligen verarmten und die Bauern zu reich würden. Gegenstand von Neidharts Liedern ist indes nicht eine Spiegelung sozialgeschichtlicher Vorgänge, sondern adeligen Selbstverständnisses: Weil adelige Exklusivität auf Reichtum gründet, geht der Mangel an Kultiviertheit beim Reuentaler mit Armut einher; weil sich adelige Exklusivität vererbt, werden die Bauern durch Reichtum nicht vornehm.

Neidharts Lieder konstruieren das vielleicht deutlichste Exlusivitätsmodell im Minnesang des 13. Jahrhunderts: Im satirischen Spiegel des heruntergekommenen Minnesängers, der Minne und Minnesang missbraucht, beschwören sie den Wert höfischer Liebe und höfischen Minnesangs als Ausdrucksformen aristokratischer Identität. Das macht, bei aller Heiterkeit, freilich einen defensiven Eindruck – als ob das einmal Selbstverständliche verteidigt werden müsste, weil es nicht mehr selbstverständlich ist.

Ausgaben: SNE (gesamter Überlieferungsbestand, Texte und Melodien), Sappler (enthält im Wesentlichen die Lieder des R-Bestands mit Zusatzstrophen anderer Handschriften), Beyschlag (R- und A/B/C-Bestand, mit neuhochdeutscher Übersetzung); Wachinger (Auswahl mit Übersetzung und Kommentar).

Literatur: Ein ausführliches Verzeichnis der Neidhart-Literatur findet sich in SNE (s. Ausgaben), Bd. 3, S. 561-608. – Gaier 1967, Titzmann 1971, Ruh 1974, Ortmann 1976, Fritsch 1976, Becker 1978, Adam 1979, Rischer 1979, Janssen 1980, Giloy-Hirtz 1982, Birkhan (Hg.) 1983, H. Wenzel 1983, Bennewitz-Behr u. U. Müller 1985, Brunner (Hg.) 1986, J.-D. Müller 1986, Ragotzky 1986, Bennewitz-Behr 1987, Mertens 1988, Lienert 1989, U. Müller 1989, Schweikle 1990, Becker 1992, Bennewitz 1994, Bärmann 1995, Holznagel 1995, Kühnel 1995, J.-D. Müller 1995, U. Müller 1995, Obermaier 1995, Tervooren 1995, Lienert 1996, J.-D. Müller 1996, Tomasek 1996, Vögel 1997, Lienert 1998, Hages-Weißflog 1998, Haubrichs 1998, Tomasek 1999 und 1999a, E. Wenzel 1999, Bennewitz 2000 und 2000a, Klein 2000, Koller 2000, Millet 2000, Peters 2000, E. u. H. Wenzel 2000, Bockmann 2001, J.-D. Müller 2001, Worstbrock 2001, Haufe 2003, Haustein 2003, J.-D. Müller 2003, Diehr 2004, Lindemann 2004, Kragl 2005, Schwarz 2005, März 2006, Schulze 2006, Wachinger 2006, Kragl 2007, Laude 2007, J. Warning 2007.

Literatur zu den Melodien verzeichnen Schweikle 1990, Diehr 2004, Kragl 2005 und 2007. Einspielungen sind verzeichnet in SNE (s. Ausgaben), Bd. 3, S. 609-613.

4

Metaphorische Arbeit am Liebeskonzept Burkhard von Hohenfels

Unter der Überschrift *her Burkart von Hohenvels* sind in der Manessischen Handschrift 18 Lieder eingetragen. Hohenfels hieß die Burg einer Ministerialenfamilie in der Nähe von Sipplingen am Bodensee; Träger des Namens Burkhard, bei denen es sich möglicherweise um verschiedene Personen handelt, erscheinen in einer Reihe von Urkunden zwischen 1191 und 1242 als Zeugen für Rechtsakte Konstanzer Bischöfe sowie staufischer Herrscher, nämlich Kaiser Friedrichs II. und seines Sohns, König Heinrichs (VII.), der sich vorzugsweise in Schwaben aufhielt. Die Hohenfels standen als Ministeriale vermutlich nicht im Dienst der Staufer, sondern des Bistums Konstanz (Meves 2005, S. 227). Zwischen 1249 und 1292 ist ein weiterer Burkhard aus der Familie Hohenfels urkundlich als Kleriker bezeugt (Meves 2005, S. 230 f.). Die Forschung identifizierte den Minnesänger stets mit dem in den 20er Jahren belegten Familienmitglied; das Autorbild der Manessischen Handschrift zeigt keinen Kleriker, sondern einen höfisch gekleideten Laien. Ich ordne Burkhard traditionsgemäß im früheren 13. Jahrhundert ein; das gesamte Profil seiner Lieder würde aber auch gut zu einem Lateinkundigen der zweiten Jahrhunderthälfte passen.

Der Ministerialenstatus könnte immerhin ebenfalls eine mögliche Erklärung für das Bildungsniveau bieten, das einige seiner Lieder auszeichnet. Manche Ministeriale erledigten im Fürstendienst auch Verwaltungsaufgaben, bei denen die Fähigkeiten des Lesens und Schreibens nützlich waren, und verfügten deshalb über eine Schulbildung. Da es im 13. Jahrhundert keine anderen Bildungseinrichtungen als Kloster- und Domschulen gab, war jede Schulbildung die der lateinischen Klerikerkultur.

Zum lateinischen Unterrichtsprogramm konnte auch praktische Dichtungslehre gehören; Hugo Kuhns ([2]1967) These, dass Burkhards Texte von der zeitgenössischen lateinischen Schulpoetik beeinflusst sein könnten, hat hier einen gewissen Rückhalt. Gottfried von Straßburg beispielsweise verfügte zu Beginn des 13. Jahrhunderts ziemlich sicher über einschlägige Kenntnisse, wie einige Formulierungen im Literaturexkurs des ›Tristan‹-Romans zeigen. Allerdings sind die Wissensbestände, die Kuhn ins Spiel brachte (vgl. dazu unten), im frühen 13. Jahrhundert nur an Schulen im französischen Sprachraum nachzuweisen, so dass man Burkhard im Fall der Frühdatierung ein für deutsche Verhältnisse außergewöhnliches Bildungsniveau unterstellen müsste. Bei einem Dichter des späteren

13. Jahrhunderts wären Kenntnisse der lateinischen Poetik dagegen weniger überraschend.

Abb. 3: Die Dame nimmt einen Brief des Minnesängers entgegen. Miniatur zu den Liedern Burkhards von Hohenfels in der Manessischen Liederhandschrift.

Ebenso wenig abzusichern ist die verbreitete Ansicht, dass der Stauferhof der Ort von Burkhards Minnesang war: Wer für die Staufer urkundete, musste nicht notwendigerweise seine Lieder für sie singen. Der ›spätstaufische Dichterkreis‹ der Literaturgeschichten verdankt seine Existenz allein den Gönnernennungen einiger Epiker, die den Stauferhof in der Tat als Ort der Literaturproduktion erscheinen lassen. Dass die Minnesänger Burkhard von Hohenfels, Gottfried von Neifen (Kap. 5) und Ulrich von Winterstetten (Kap. 8) dort ihre Lieder vortrugen, ist jedoch eine bloße Vermutung; dass die drei ihres unterschiedlichen Alters wegen kaum demselben Kreis angehören konnten, stellte schon Kuhn fest.

Vier Lieder Burkhards stehen mit der thematischen Konzentration auf Freude und Tanz Neidharts Sommerliedern nahe. Zwei davon sind Gespielinnen-Dialoge (KLD 6.VII und XV) und ohne das Vorbild Neidharts kaum vorstellbar; wenn die Identifikation des Minnesängers mit dem älteren Burkhard von Hohenfels stimmt, stellen sie den frühesten erhaltenen Beleg für die Neidhart-Rezeption dar. Die anderen beiden (I und XI) schließen nicht an das Textmodell von Neidharts Sommerliedern an, sondern teilen nur das Motiv des Sängeraufrufs zu Freude und Tanz mit dessen Natureingängen. Diese Lieder könnten ohne direkten Einfluss Neidharts an dasselbe Vorbild anknüpfen, den oben (S. 55) bereits erwähnten, in den ›Carmina Burana‹ belegten Liedtyp der zeitgenössischen lateinischen Liebeslyrik, dem vielleicht eine nicht erhaltene deutschsprachige Liedtradition zugrunde lag (Worstbrock 2001).

Keines der vier genannten Lieder konstruiert einen satirischen Sinn, der beim R-Neidhart stets auf der deutlich erkennbaren Abwertung der Figuren als unhöfischen *dörpern* beruht. Bei Burkhard versprechen und gewähren Tanz und Liebe vielmehr eine Freude, die weder Anstrengung voraussetzt noch als unkultiviert erscheint. Diese Konstruktion steht als Variante – auch in den beiden Gespielinnen-Dialogen – neben Neidharts Modell; im späteren 13. Jahrhundert begegnet sie immer wieder (vgl. Kap. 7). Burkhard formulierte mit dem Refrain *fröide und frîheit / ist der werlte für geleit* (XI; Freude und Freiheit stehen der Welt zur Verfügung) und dem Vers *nû sint doch gedanke vrî* (XV; die Gedanken sind frei) gewissermaßen das Programm dieser Art von Minnesang, der ein von allen gesellschaftlichen Ansprüchen befreites, unbeschwertes Glück imaginiert, ohne das sexuelle Begehren dabei als minderwertig darzustellen. Auch den Kontrast zum Standardkonzept des Minnesangs formulierte Burkhard einmal in der Rede einer der Freundinnen ausdrücklich: *swer mit leide wil ertwingen / liebe, der tœret sich vil gar* (XV; wer die Liebesfreude durch Leiden erzwingen will, macht sich zum Narren).

Die größere Anzahl der Lieder Burkhards sind indes Minnekanzonen, die sich dem alten Konzept der ambitionierten höfischen Liebe widmen. Die auffälligste Eigenart dieser Minnekanzonen ist die Bevorzugung metaphorischer Ausdrucksweisen. Diese sind im Minnesang nichts Neues; auch ältere Dichter haben sie vor allem in zwei Funktionen eingesetzt. Erstens dienen sie dazu, die Qualitäten der Dame im Frauenpreis möglichst weit zu steigern: Ihre Schönheit ist nicht einfach groß, sie strahlt sonnengleich. Zweitens bringen sie zum Ausdruck, wie der Liebende die Liebe erlebt – etwa als eine Gefangennahme, eine Verwundung, ein Feuer. Dabei dient die Metaphorik nicht nur der Steigerung; sie veranschaulicht außerdem einen inneren Zustand oder Vorgang, der nicht wahrnehmbar ist, anhand eines Modells aus der wahrnehmbaren Erfahrungswelt. Die metaphorischen Ausdrucksweisen liefern in diesem Funktionszusammenhang überhaupt erst die sprachlichen Möglichkeiten, mit denen sich inneres Erleben erfassen und mitteilen lässt. Denn inneres Erleben ist schwer anders zum Ausdruck zu bringen als durch Vergleichsmodelle aus der äußeren Welt; wir reden bis heute metaphorisch, wenn wir sagen, dass wir vor Liebe brennen oder dass wir uns nicht aus ihren Fesseln befreien können. Womöglich suggerieren uns die Vergleichsmodelle überhaupt erst, was wir zu erleben glauben.

Es sind genau diese beiden Funktionskontexte – Frauenpreis und Liebeserleben –, in denen auch Burkhard von Hohenfels Metaphorik einsetzt. Man kann seine dichterische Leistung nun darin sehen, dass er vorher schon behandelte Inhalte auf eine besonders artifizielle Weise erneut in Sprache fasst. Das war die Sichtweise Hugo Kuhns: Die Metaphorik führt vor allem ihre eigene Künstlichkeit und damit die Kunstfertigkeit des Dichters vor. Dies entspricht im Kern derjenigen Einstellung, die den lateinischen Dichtungsunterricht an den Schulen beherrschte und die man deshalb auch in den Schulbüchern für diesen Unterricht, den lateinischen Dichtungslehren aus der Zeit um 1200, finden kann. Metaphorik gilt hier als eine besonders schwierige Ausdrucksweise, und zwar einerseits, weil sie das Textverstehen erschwert, andererseits und vor allem aber, weil sie eine Herausforderung bei der Textproduktion darstellt. Sie ist eine besondere dichterische Leistung und deshalb in erster Linie ein Nachweis dichterischer Kompetenz.

Im frühen 13. Jahrhundert kam in der lateinischen Textproduktionslehre die Bezeichnung ›*ornatus difficilis*‹ für metaphorische Ausdrucksweisen auf. Sie bedeutet ›schwieriger Schmuck‹ im Sinn von schwieriger Formulierungskunst. Hier knüpfte Hugo Kuhn an: Burkhard von Hohenfels sei der Erste gewesen, der planmäßig *ornatus difficilis* im deutschen Minnesang eingesetzt habe. Entsprechend der lateinischen Dichtungslehre habe das vor allem der Demonstration der eigenen, auf lateinischer Schulbildung beruhenden Sprachkunst gedient. Burkhard galt Kuhn deshalb als Musterfall der ›Wende‹ des Minnesangs zum objektivierenden Formalismus (vgl. S. 7): Das Konzept der höfischen Liebe liefere der Formkunst, in diesem Fall der Metaphorik, nur noch den Gegenstand.

Da Burkhard Metaphern im Rahmen der im Minnesang traditionell üblichen Funktionskontexte benutzt, müssen seine Verfahrensweisen nicht unbedingt von der lateinischen Poetik beeinflusst sein. Dass seine Metaphorik unter dem Eindruck gelehrter Vorstellungen der Kunstdemonstration dient, kann man aber auch nicht von vornherein ausschließen. Ich möchte am folgenden Beispiel plausibel zu machen versuchen, dass Burkhards poetische Techniken zugleich Sprachartistik zur Schau stellen und am Konzept der hohen Minne arbeiten (KLD 6.XVI, Wachinger S. 98):

1 Mich müet, daz sô manger sprichet,
so er mich muoz in jâmer schouwen:
»wer tet dir diz ungemach?
  übel sî sich an dir richet –
  hâst du daz von dîner frouwen,
  der dîn munt iez beste sprach –,
kan diu dîne fröide zern.
nû hâst dû doch mannes bilde –
wie ist dir mannes muot sô wilde,
maht du dich eins wîbes niht erwern!«

2 Wie möht ich mit der gestrîten,
diu sô gar gewalteclîche
sitzet ûf mîns herzen turn?
der ist vest an allen sîten.
sô ist si schœne und êren rîche.
wie gehebe ich einen sturn,
daz ich sî getrîbe drabe?
ebenhœhe, katzen, mangen
mugent ir dâ niht erlangen.
lâ sîn: selbe tæte, selbe habe.

3 Si ist ûf mînes herzen veste
sô gewaltig küniginne,
daz sis eine haben wil.
sî vertrîbet al die geste,
die dar ladent mîne sinne
ouch dur kurzewîle spil.
mit ir zuht si füegen kan,
daz mîn muot sô gar veraffet,
daz er anders niht enschaffet,
wan daz er si kapfet an.

4 Leite sî mich zeinem mâle
hein zuo ir gedanke fiure,
sît si mîner fröiden pfliget,
solte ich dâ bî ir tuon twâle,
von der wunnebernden stiure
het ich sorgen an gesiget.
kæme ich in ir herzen kamer,
ob si daz mit willen hieze,
dâ wont ich, daz mich verstieze
niemer wankes zange noch sîn hamer.

5 Ich kan wunder an der snüere,
ich kan fliegen unde fliezen,
ich kan alle ritterschaft.
eigenlîchen sterne ich rüere,
ich kan jagen, birsen, schiezen,
ich hân wîsheit unde kraft.
diz gît wilde gedanken mir.
sô mîn muot als umbe swinget
unde in müede gar betwinget,
wil er ruowen, sô muoz er hin zir.

1. Mich bekümmert, dass so mancher sagt, wenn er mich in Trübsal sieht: »Wer hat dir dieses Leid angetan? Auf üble Weise rächt sie sich an dir – falls das Leid

von deiner Dame kommt, über die du immer nur das Beste sagtest –, wenn sie deine Freude aufzehrt. Nun hast du doch die Gestalt eines Mannes – wie fremd ist dir jede männliche Einstellung, wenn du dich nicht gegen eine Frau zur Wehr setzen kannst!«

2. Wie könnte ich gegen die kämpfen, die mit solcher Macht den Turm meines Herzens besetzt hält? Der ist auf allen Seiten befestigt. Ebenso ist sie schön und reich an Ansehen. Wie soll ich einen Angriff unternehmen, so dass ich sie von dort herunter treibe? Belagerungstürme, Rammböcke, Steinschleudern können sie dort nicht erreichen. Lass es sein: selbst eingebrockt, selbst aushalten!
3. Sie ist auf der Burg meines Herzens eine so mächtige Königin, dass sie sie (die Burg) allein besitzen will. Sie vertreibt alle Gäste, die meine Gedanken dorthin einladen zu Zeitvertreib und Vergnügen. Mit ihrer höfischen Wohlerzogenheit bewirkt sie, dass mein Verstand so ganz und gar zum Affen wird, dass er nichts anderes fertigbringt, als sie anzustarren.
4. Wenn sie mich einmal heim zum Feuer ihrer Gedanken führte – da sie doch meine Freude in der Hand hat – und wenn ich dort bei ihr verweilen dürfte, dann hätte ich durch diese beglückende Zuwendung über das Leid gesiegt. Wenn ich in die Kammer ihres Herzens gelangte und wenn sie das aus freien Stücken erlaubte, dann würde ich dort wohnen bleiben, so dass mich die Zange und der Hammer der Unbeständigkeit nie vertreiben könnten.
5. Ich vollbringe Wunder an der Schnur (›im Kampf‹ oder ›reihenweise‹), ich kann fliegen (wie im Flug reiten) und schwimmen, ich beherrsche jede Ritterkunst. Ich kann wahrhaftig die Sterne berühren, ich beherrsche jede Art von Jagd, ich verfüge über Klugheit und Kraft. Das alles gibt mir ungezähmte Gedanken ein. Wenn mein Sinn auf diese Weise umherschweift und ihn die Müdigkeit ganz bezwingt, wenn er dann ruhen will, so muss er hin zu ihr.

Wie die meisten Minnekanzonen des 12. und 13. Jahrhunderts beschäftigt sich auch diese mit dem Misserfolg der Werbung um die Dame. Schon der Einstieg in die Klage ist freilich auf eine besondere Weise konstruiert: Der Sänger beschwert sich zunächst über die Reaktion seiner Umgebung auf seine traurige Stimmung. Als deren Ursache unterstellen offenbar viele ein minnesangtypisches Liebesverhältnis, denn die zitierte Rede der anderen spielt deutlich auf den Frauendienst an: Dass die Dame den Liebenden schlecht behandelt, obwohl er seinerseits immer nur gut von ihr sprach, lässt den verweigerten Lohn für den Dienst des Minnesängers anklingen, der im gesungenen Lob der Dame besteht.

So bringt das Lied zu Beginn selbst den Gedanken ins Spiel, dass alle schon wissen, worum es geht. Zugleich aber wird das allen vertraute Muster des ungelohnten Dienstes als etwas Außerordentliches, geradezu Unbegreifliches ausgegeben: Die anderen verstehen nicht, wie es möglich ist, dass sich ein Mann nicht gegen eine Frau zur Wehr setzen kann. Ist er dann nicht nur noch dem Äußeren (*bilde*), nicht aber dem Inneren (*muot*) nach ein Mann? Die Rede der anderen spitzt die übliche Hierarchisierung der Geschlechterrollen im Frauendienst-Modell so zu, dass der Widerspruch der Selbstunterwerfung und Leidensbereitschaft zum zeitgenössischen Verständnis adeliger Männlichkeit zur Sprache kommt (Stock 1999, 2003). Das Lied unterstellt dergestalt zu Beginn, dass das

Außerordentliche des doch allgemein bekannten Frauendienst-Konzepts immer noch erklärungsbedürftig ist. Wie es um den höfisch liebenden Mann und seine Männlichkeit bestellt ist, erläutert das Lied deshalb nun anhand eines metaphorischen Modells.

Abb. 4: Minnesänger zeigt der Dame sein vom Liebespfeil verwundetes Herz. Miniatur zu den Liedern Engelhards von Adelnburg in der Manessischen Liederhandschrift.

Dieses Modell greift die Hauptbeschäftigung adeliger Männer auf, das Kriegführen. Die Kriegsmetaphorik knüpft an das Verb *sich erwern* (sich zur Wehr setzen) am Ende der ersten Strophe an. Der Liebende kann sich nicht gegen die Dame zur Wehr setzen, erklärt die zweite Strophe, weil er nicht gegen sie kämpfen kann. Sie hat nämlich sein Herz fest in ihrer Gewalt. Die Situation gleicht der eines besetzt gehaltenen Burgturms, der zu gut befestigt ist, als dass man ihn erobern könnte. Das Herz des Liebenden, bedeutet das, ist zu beständig, als dass er die Dame daraus vertreiben könnte: Der befestigte Turm steht für die *stæte* als wichtigste männliche Qualität im Frauendienst. Zugleich sind die Qualitäten der Dame, Schönheit und gesellschaftliche Geltung (*êre*), zu groß, als dass er sie aus seinem Herzen vertreiben könnte: Keine Belagerungstechnik, keine Kampfanstrengung kann etwas ausrichten.

Das im Lied verwendete metaphorische Modell beruht auf zwei im Minnesang konventionellen Vorstellungskomplexen. Eines dieser traditionellen Versatzstücke ist das Motiv der Dame im Herzen des Liebenden, das eine wahrnehmungstheoretische Grundlage hat: Das Wahrnehmungsbild der Dame gelangt durch die Augen ins Herz, das man für das Zentrum der Person hielt; hier werden Wahrnehmungen aufgenommen, gespeichert und verarbeitet. Was im Herzen des Liebenden sitzt, ist deshalb eigentlich ein Gedächtnisbild. Der zeitgenössischen medizinischen Lehre von der Liebeskrankheit zufolge prägt sich das Gedächtnisbild eines körperlich begehrten Objekts dem Herzen so stark ein, dass es das Begehren des Betroffenen immer weiter steigert. Wird das Begehren nicht gestillt, kann dies zu einem lebensbedrohlichen Krankheitszustand führen.

Das zweite traditionelle Versatzstück des benutzten metaphorischen Modells ist die Assoziation zwischen Liebe und Krieg. Die Tradition der Liebeskriegsmetaphorik reicht bis in die Antike zurück; ihre Beliebtheit in der höfischen Dichtung beruht nicht zuletzt darauf, dass die adeligen Männer ihrem eigenen Selbstverständnis nach in erster Linie Krieger waren. Der Bedeutungskern der Liebeskriegsmetaphorik besteht darin, das Liebeserleben als eine Gewalterfahrung darzustellen; in diesem Sinn sitzt die Dame wie ein Eroberer auf der Herzensburg.

Für sein metaphorisches Modell griff Burkhard demnach auf konventionelle Ausdrucksmuster zurück. Was über die Tradition hinausreicht, scheint nur deren breite Ausgestaltung zu einer allegorischen Belagerungsszene zu sein – die Dame auf dem Turm, belagert vom Liebenden. In der Konstruktion einer komplexen Allegorie glaubte Hugo Kuhn einen weiteren Aspekt der Formkunst zu identifizieren, die man im lateinischen Unterricht lernen konnte; der Text führt mit ihr die professionelle Produktionskompetenz seines Dichters vor.

Indes ist Burkharts Allegorie mehr als die Summe ihrer konventionellen Bestandteile. Sie erklärt nämlich, weshalb in der Liebe keine männliche Überlegenheit hilft: Wollte man sich zur Wehr setzen, müsste man gegen etwas kämpfen, das dem eigenen Herzen eingeprägt ist; man müsste das eigene Herz und damit das Zentrum der eigenen Person angreifen. Dass man dabei gegen sich selbst handeln würde, bringt der Text dadurch zum Ausdruck, dass er das Herz metaphorisch vom Ich abspaltet und dann die Vorstellung zurückweist, das Ich könne gegen das eigene Herz vorgehen.

Die Dame wird dabei verinnerlicht: Sie erscheint nicht als eine andere Person, sondern als ein Gedächtnisbild des Liebenden, das er freilich nicht beherrschen kann; vielmehr beherrscht es ihn. Das erläutert die dritte Strophe genauer: Die Dame hat das Herz allein und ganz in Besitz genommen, so dass für nichts anderes mehr Platz ist. Die Allegorie wird weiter ausgebaut: Das Gedächtnisbild der Dame verhindert, dass der Liebende noch etwas anderes wahrnehmen kann; sie vertreibt alles, was er an Wahrnehmungen – wie Gäste – in sein Herz einlädt. Im Innern des liebenden Mannes ist nur mehr die Geliebte.

Die ›Einladung‹ anderer Wahrnehmungen zum Zeitvertreib spielt auf den römischen Liebesdichter Ovid an, der im 12. und 13. Jahrhundert im lateinischen Schulunterricht viel gelesen wurde. Ovids Traktat ›Remedia amoris‹ (›Heilmittel gegen die Liebe‹) behandelt unter anderem die Frage, wie ein Mann sich im Fall einer erfolglosen Liebeswerbung klugerweise verhalten sollte. Zu den Ratschlägen gehört, dass man bei Liebeskummer unbedingt Ablenkung suchen muss. Genau dies weist Burkhards allegorisches Szenario als etwas völlig Ausgeschlossenes zurück: Die höfische Liebe macht jeden Versuch der Ablenkung unmöglich, weil sich das liebende Herz gegen alle anderen Wahrnehmungen verschließt. Die Allmacht der höfischen Liebe wird dabei keineswegs als etwas Unproblematisches gefeiert – ganz im Gegenteil: Sie macht den Mann zum Affen; die Dame raubt ihm mit ihren höfischen Vorzügen (*zuht*) den Verstand. Weil außer ihrem Wahrnehmungsbild nichts mehr im seinem Herzen ist, bleibt ihm nur noch übrig, sich dem Anblick oder der Imagination der Geliebten hinzugeben.

Liebe bedeutet im Sinn dieser Konstruktion, dass im eigenen Innern nichts anderes mehr ist als der Gegenstand der Liebe und dass es deshalb keine andere mentale Beschäftigung mehr geben kann als die mit dem Gegenstand der Liebe. Aus diesem Zustand führt nur ein Weg, den die vierte Strophe – wieder metaphorisch – beschreibt: Der Liebende müsste im Gegenzug ins Herz der Dame gelangen. Dort wäre *fröide* zu finden; Voraussetzung ist die freiwillige Gewährung ihrer Zuwendung (*mit willen*). Das Feuer ihrer Gedanken kann man sich als das heimatliche Herdfeuer vorstellen, bei dem der Liebende einkehren will, und zugleich als das Liebesfeuer, das ihm einheizt. Darauf spielt das Ende der Strophe nochmals an, das metaphorisch eine Szene in einer Schmiede andeutet: Der Wankelmut (*wank* bezeichnet als Gegenbegriff zur *stæte* die Unbeständigkeit) erscheint als Zange und Hammer, mit denen der Schmied das glühende Eisen aus dem Feuer nimmt und traktiert. Der Liebende, bedeutet das, wird im Fall des Erfolgs bei der Dame den Angriffen der Unbeständigkeit standhalten, also beständig bleiben und keine anderen Frauen begehren.

Die letzte Strophe nimmt das Eingangsthema wieder auf, die Frage nach der adeligen Männlichkeit. Aufgezählt werden vor allem körperliche Fähigkeiten, die ritterliche Beschäftigungen ermöglichen. Mit der erwähnten Schnur ist entweder auf eine, allerdings erst viel später belegte, Redewendung angespielt (›wie am Schnürchen‹; so Wachinger 2006, S. 689) oder die Helmschnur am Kampfhelm gemeint: Bei einem kunstgerechten ritterlichen Zweikampf mit der Lanze durfte man nur auf den Schild oder auf die Helmschnur des Gegners zielen; der Sänger würde mit der Bemerkung seine Kampfkompetenz bekräftigen. Das Verb *fliegen* bezieht sich wahrscheinlich auf die Fertigkeit im Reiten (wie im Flug). Der Dame die Sterne vom Himmel holen zu wollen, verspricht ein Minnelied Walthers von der Vogelweide (L 52,23); Burkhard fasst mit dem Griff nach den Sternen offenbar die männliche Leistungsfähigkeit zusammen. Nur am Schluss wird die Kraft, die den adeligen Mann als ritterlichen Krieger auszeichnet, noch durch die Klugheit ergänzt. Aber alle diese Fähigkeiten bringen sein Inneres, seine *gedanken* und seinen *muot*, nur in Unruhe. Das Adjektiv *wilde* bedeutet ›ungezähmt‹, auch ›unstet‹ und ›ruhelos‹. Die Beschäftigungen des körperlich agierenden Ritters sind nicht der Ruhepunkt, auf den sein Inneres hinstrebt. Der letzte Vers des Liedes spielt auf ein berühmtes Zitat aus den ›Confessiones‹ (›Bekenntnisse‹) des Kirchenvaters Augustinus (um 400) an: *inquietum est cor nostrum, donec requiescat in te* (unruhig ist unser Herz, bis es Ruhe findet in dir); bei Augustinus richtet sich der Satz an Gott.

Die Schlussstrophe präsentiert adelige Männlichkeit vor allem als körperliche, ritterliche Aktivität. Die Kampfkraft, die für einen adeligen Mann den Kern der eigenen Identität ausmacht, hilft aber, der zweiten und dritten Strophe zufolge, in der Liebe überhaupt nichts, weil die Liebe eine innere Angelegenheit ist. Deshalb gibt es in der höfischen Liebe keine männliche Überlegenheit. Sie lässt vielmehr eine andere männliche Identität entstehen: Der personale Kern des liebendes Mannes *ist* die Geliebte. Die Augustinus-Anspielung macht deutlich, dass sie damit eine Position erhält, die in der Religion Gott einnimmt: Sie ist der Inhalt und das Ziel aller Gedanken.

Die Geliebte bleibt der Verfügungsgewalt entzogen, gerade weil man sie liebt: Über sie kann man keinerlei Macht haben, weil die Liebe dasjenige ist, das uneingeschränkte Macht über einen hat. Das Lied stellt das Konzept der höfischen Liebe als etwas Bekanntes, aber noch lange nicht Begriffenes dar: Präsentiert wird eine Idee, deren Sprengkraft erst verstanden werden muss. Die Metaphorik dient dazu, dieses Verständnis herbeizuführen. Sie ist keine Sprachartistik, die einen ›objektiv‹ verfügbaren Inhalt zum Nachweis dichterischer Kunstfertigkeit bloß noch als Spielwiese benutzte. In ihrer Komplexität dient sie vielmehr der Arbeit am komplizierten Konzept. Wie die höfische Liebe vom Mann die Mühe der Leidensbereitschaft und Selbstunterwerfung verlangt, so fordert sie auch vom Dichter eine sprachliche Anstrengung, die eine Erkenntnisleistung erbringen soll.

Das braucht die sprachliche Form, in diesem Fall die Metaphorik, nicht daran zu hindern, zugleich dichterische Kunstfertigkeit vorzuführen, wie man sie im Schulunterricht lernen konnte. Wenn der Minnesang so ambitioniert ist wie die Minne, gibt es zwischen der konzeptionellen und der artistischen Funktion der Metaphorik keinen Gegensatz. Der Text verbirgt sein Bildungsniveau auch dort nicht, wo er den Unterschied zwischen der ovidianischen und der höfischen Vorstellung von der Liebe vorführt oder auf das Augustinus-Zitat anspielt. Deshalb ist der Gedanke, dass die zur Allegorie erweiterte Metaphorik als Verfahrensweise ebenfalls Können zur Schau stellen soll, nicht abwegig. Die dichterische Fertigkeit als Formulierungskunst und die Formulierungskunst als Arbeit am inhaltlichen Konzept lassen sich in diesem Fall jedoch nicht gegeneinander ausspielen.

Die Ambitioniertheit der höfischen Liebe mittels einer ambitionierten Sprachkunst darzustellen, blieb eine Möglichkeit des Minnesangs im 13. Jahrhundert. Adeliges Exklusivitätsbewusstsein bedient sich dabei komplexer Formulierungstechniken; dass volkssprachliche Dichter die entsprechenden Verfahrensweisen im lateinischen Schulunterricht lernen konnten, muss man jedenfalls ins Kalkül ziehen. Denn das Bündnis zwischen adeligem Exklusivitätsbewusstsein, das Kultiviertheit in erster Linie als Vornehmheit verstand, und lateinischer Bildungstradition, die Kultiviertheit in erster Linie mit intellektuellem Vermögen assoziierte, stellte von den Anfängen im 12. Jahrhundert an den eigentlichen Kern des kulturellen Projekts dar, das die volkssprachliche höfische Dichtung verfolgte: Der gelehrte Ritter, der in beiden Welten zuhause ist und sie miteinander zu verbinden weiß, erscheint früh als Idealbild des höfischen Dichters. Burkhards höfisches Publikum durfte sich seiner Kultiviertheit versichert sehen, wenn es so komplizierte Liebeslieder über eine so komplizierte Liebe zu verstehen vermochte.

Ausgabe: KLD Nr. 6; Wachinger (Auswahl mit Übersetzung und Kommentar).

Literatur: Kuhn [2]1967, Jaehrling 1970, Gerhardt 1973, Vorderstemann 1973, Cramer 1983, Stock 1999, Hübner 2000, Worstbrock 2001, Janota 2002, Stock 2003 und 2006, Wachinger 2006.

5

Euphonie und Emphase
Gottfried von Neifen

Mit 51 Liedern überliefert die Manessische Handschrift unter dem Namen *Götfrit von Nifen* eines der größten Autorkorpora des Minnesangs, das zugleich zu den wirkungsmächtigsten des 13. Jahrhunderts gehört. 45 der Lieder sind Minnekanzonen. Eine von ihnen (KLD 15.IX) greift die im deutschen Minnesang seltene Typenvariante des Absagelieds auf (Brunner 1997), die aus der okzitanischen Trobadorlyrik stammt (wo sie *comjat* heißt) und die Aufkündigung des Dienstes für eine anhaltend ungnädige Dame zum Gegenstand hat. Die anderen Minnekanzonen sind inhaltlich nicht weiter auffällig: Der Sänger beklagt das Leid, das er in seinem erfolglosen Dienst erfährt, will seine aufrichtigen Bemühungen um die Dame aber in unbeirrter Beständigkeit fortsetzen.

Neifens Minnekanzonen entsprechen nicht nur thematisch dem Standard des Liedtyps; viele von ihnen verwenden zudem immer wieder dieselben Muster des thematischen Aufbaus, dieselben wenigen Motive, dieselben regelmäßig wiederholten Schlüsselbegriffe; selbst die Formulierungen machen einen schablonenhaften Eindruck. Mit seinen bei der Lektüre schnell eintönig wirkenden Liedern schuf Gottfried von Neifen ein höchst erfolgreiches Modell von Formulierungskunst, das sich viele Liederdichter zum Vorbild nahmen: Bis in die ersten Jahrzehnte des 14. Jahrhunderts hinein lässt sich in weiten Teilen des späteren alemannischen Minnesangs sein Fortwirken erkennen, bei Ulrich von Winterstetten in Schwaben wie bei Gösli von Ehenhein und dem Püller im Elsass, bei Otto zum Turm in der Zentralschweiz wie bei Konrad von Landeck im Thurgau; auch für die Lieder Konrads von Würzburg sind Neifens Minnekanzonen das wichtigste Modell (vgl. Kap. 9). Die Aufzählung könnte lange weitergehen: Wenn man mit dem Begriff ›klassisch‹ das erfolgreich Modellhafte, das anhaltend Wirkungsmächtige assoziiert, dann war Gottfried von Neifen in der Geschichte der deutschsprachigen Minnekanzone der eigentliche ›Klassiker‹.

Unter den übrigen sechs Liedern des Neifen-Korpus finden sich drei pastourellenartige Texte (vgl. Kap. 7): Ein Ich-Erzähler berichtet jeweils von der Begegnung mit einer weiblichen Figur, die ausdrücklich keine höfische Dame ist, sondern bei der Arbeit angetroffen wird: eine Garnwinderin (deren Tätigkeit vielleicht auf die pastourellentypische Schäferin verweisen könnte), eine Flachsschwingerin und eine, die das Wasser in Krügen vom Brunnen holt (XXVII, XXX, XLI; vgl. Brinkmann 1985, Tomasek 1996, Worstbrock 2007). Ein weiterer Liedtext (L) – eine Frau will lieber zum Tanz, statt sich um ihren schreienden Säugling kümmern zu müssen – greift offensichtlich auf Neidhart-Motive zurück (Lienert

1996). Während diese vier Texte auf das von der Gattungsgeschichte zur Verfügung gestellte Motiv- und Typenrepertoire bezogen sind und ihre Bedeutung deshalb durch den Bezug auf die Gattung Minnesang konstituieren, ist bei zwei

Abb. 5: Die Dame weist den Minnesänger ab. Miniatur zu den Liedern Gottfrieds von Neifen, Manessische Liederhandschrift.

erotischen Erzählliedern (XXXIX, XL) keinerlei – auch keine satirische oder parodistische – Relation zu den Gattungskonventionen erkennbar. Wahrscheinlich sind sie Zeugen einer mündlichen Liedtradition jenseits des Minnesangs. Neifen dürfte kaum ihr Textproduzent gewesen sein; möglicherweise hat er mündliche Vorgaben aber bearbeitet und in sein Repertoire aufgenommen, so dass die Texte in die Minnesangüberlieferung gelangten. Um Minnelieder handelt es sich gleichwohl nicht.

Gottfried von Neifen entstammte einer schwäbischen Adelsfamilie, deren Burg Hohenneuffen an der Schwäbischen Alb in der Nähe von Reutlingen lag. Als Adeliger ist er zwischen 1234 und 1255 auch in Urkunden belegt, die ihn bis 1237 in Verbindung mit König Heinrich (VII.) zeigen; möglicherweise belegen weitere Urkunden denselben Gottfried bis 1279 (Meves 2005, 353 f.). Der Vater und der ältere Bruder Gottfrieds, beide mit Namen Heinrich, leisteten dem staufischen Hof politische und diplomatische Dienste. Die nachweislichen Beziehungen zum Königshof begründen die Annahme, dass auch der Minnesang Neifens dort seinen Ort hatte; wie bei Burkhard von Hohenfels lässt sich das jedoch nicht absichern (vgl. S. 63).

In der Familie Neifen scheint ein für Adelige dieser Zeit nicht unbedingt selbstverständliches Bildungsniveau geherrscht zu haben: Über Gottfrieds Vater heißt es in einem erhalten gebliebenen Brief an die päpstliche Kurie, er könne recht gut Latein und Französisch. Wie im Fall Burkhards von Hohenfels erklärte Hugo Kuhn die Formulierungskunst Gottfrieds von Neifen mit dem Einfluss der im zeitgenössischen Lateinunterricht vermittelten Textproduktionstechniken und stellte seine Lieder auf dieser Grundlage als zweiten Modellfall für die ›Wende‹ des Minnesangs zum Formalismus dar.

Die auffälligsten Charakteristika der Texte Neifens sind die Reimartistik und die kunstvolle Wiederholung von Lautmustern, Wörtern und Wortformen sowie syntaktischen Mustern. Während die Verwendung von metaphorischen Ausdrucksweisen in der lateinischen Dichtungsterminologie des 13. Jahrhunderts *ornatus difficilis* hieß (vgl. S. 65), nannte man den Einsatz von Laut-, Wort- und Satzfiguren aus dem Arsenal der rhetorischen Stillehre *ornatus facilis* (›leichter Schmuck‹). Gemeint war damit eine Formulierungskunst, die im Unterschied zum Gebrauch übertragener Ausdrücke das Textverständnis nicht erschwert und die sich der zeitgenössischen Einschätzung nach auch leichter produzieren lässt. Hugo Kuhn zufolge dokumentieren die Texte Burkhards *ornatus difficilis*, diejenigen Gottfrieds *ornatus facilis* auf Deutsch. In beiden Fällen würde es sich demnach um neue Stiltypen des Minnesangs unter dem Eindruck der lateinischen Dichtungslehre handeln, und in beiden Fällen hätte die Sprachkunst dieselbe Funktion, nämlich sich selbst zur Schau zu stellen.

Ähnlich wie bei Hohenfels wird man eine durch lateinischen Grammatik- und Rhetorikunterricht vermittelte Textproduktionskompetenz bei Neifen weder absichern noch ausschließen können. Illiterat kann er allerdings kaum gewesen sein, weil die komplexe Sprachartistik vieler Texte wohl nur als Ergebnis schriftlicher Textproduktion vorstellbar ist. Schreiben lernte man im Lateinunterricht der Kloster- und Domschulen, auf die nachgeborene Adelssöhne gern geschickt wurden, um ihnen eine spätere Karriere als Kleriker zu ermöglichen.

Gottfried von Neifen gilt bis heute als derjenige Liederdichter, der der Minnekanzone einen extremen Schematismus aufzwang. Seine Texte sind einander so ähnlich, dass sie zunächst den Eindruck vermitteln, das immer gleiche inhaltliche Grundmodell jeweils durch nur geringfügig veränderte Formulierungen aufzugreifen. Um eine sprachliche Arbeit am Konzept der höfischen Liebe kann es dabei in der Tat kaum gehen. Weil der Inhalt nur wenig variiert, scheinen die Texte das Interesse fast zwangsläufig auf die Formulierungskunst zu lenken. Möglicherweise entsteht diese Einschätzung jedoch erst durch die Lektüre, die die Rezeptionsform der modernen Interpreten, nicht jedoch die des historischen Publikums ist. Wer bei der Lektüre die wegen ihrer Massivität sehr auffällige Struktur der Sprachartistik sieht, neigt leicht dazu, die Kunstdemonstration für ihre Funktion zu halten. Beim Lied, das vorgetragen und angehört wurde, kann dieselbe Struktur jedoch andere Funktionen erfüllt haben.

Wahrscheinlich ist es in diesem Fall besonders bedauerlich, dass uns jeder Zugriff auf die akustische Gestalt der Lieder verwehrt ist. Ihre Sprachkunst ist nämlich offensichtlich in erheblichem Ausmaß auf die akustische Wirkung berechnet: Sie dient dazu, Euphonie (Wohlklang) zu erzeugen (Stock 2004). Die Wiederholungsstrukturen, die bei der Lektüre des Schrifttextes als zwanghaft erscheinen, können beim Vortrag ein betörendes Klanggefüge im Sinn einer zweiten, sprachlichen Musik ergeben haben. Anhand des Schrifttextes lässt sich das, wie beim folgenden Beispiel, nur erahnen. Der Text zeigt indes zugleich, dass Neifens Minnekanzonen sich nicht allein auf die Produktion von Wohlklang beschränken (KLD 15.VI; Wachinger S. 122):

1 Hî, wie wunnenclîch diu heide
sich mit manigem spæhen kleide
gegen dem meien hât bekleit!
    loup, gras, bluomen, vogellîn beide,
    die man sach in manigem leide,
    gar verswunden ist ir leit.
alsô möhte ouch mir verswinden
sorge, diu von fröide ie swant.
wolde fröide ê sorge enbinden,
sît daz fröide ie sorge enbant,
sô wurde ich von sorgen frî.

2 Dô mîn ouge erkôs die süezen,
dô wart mir ein lieplîch grüezen,
rœseleht ein rôter gruoz.
    dô dâhte ich: diu ougen müezen
    dir vil senden kumber büezen.
    anders dir wirt niemer buoz
sorgen, ez enwende ir güete.
dannoch was ir güete guot.
sam die rôsen in touwen blüete
was ir munt rôt als ein bluot.
owê, dannoch was ich frô.

3 Wer kan frœlîch frô belîben
wan bî reinen lieben wîben?
hî, wie süeze ein name: wîp!

wîp kan sendiu leit vertrîben.
wol ir reinen lieben lîben!
ach, si hânt sô lieben lîp,
daz mich nâch in muoz belangen.
bî in ist diu wîle unlanc.
swâ liep liep hât umbevangen,
daz ist ein süezer umbevanc,
lieplîch nâch der minne ger.

4 Wê der gar verlornen stunde,
daz mir senden nien enkunde
lieplîch küssen werden kunt
von ir rôsevarwen munde!
owê, minne, daz dîn wunde
mich sô lange hât verwunt!
ich bin von dir ungeheilet.
ich gewan gegen dir nie heil.
minne, daz du sîst verteilet!
hab ouch ir der minne ein teil.
du verwundest mich niht mê.

5 Waz touc minneclîchez singen?
wâ sint wîp, diu kunnen twingen?
wâ sint man, die minne ie twanc?
wer kan stæte fröide bringen?
wer kan sorge ûz herzen dringen?
minne ie sorge ûz herzen dranc
von der wîbes ougen blicken,
dâ man sach ein süezen blic.
sie welnt sich der minne entstricken;
man sint sunder minne stric.
welt, dâ von trage ich dir haz.

1. Hei, wie herrlich die Heide sich mit vielen kunstvollen Kleidern für den Mai eingekleidet hat! Laub, Gras, Blumen, Vöglein, alle, die man in vielerlei Leid sah – ihr Leid ist ganz vergangen. Ebenso könnte auch mir der Kummer vergehen, der seit jeher durch die Freude verging. Wenn die Freude zuvor den Kummer lösen wollte – denn die Freude hat den Kummer seit jeher gelöst –, dann würde ich frei von Kummer werden.
2. Als mein Auge die Süße erwählte, wurde mir eine liebevolle Begrüßung zuteil, rosenfarbig ein roter Gruß. Da dachte ich: Diese Augen werden dir dein großes Liebesleid heilen. Anders wirst du nie von deinem Kummer befreit, wenn ihn nicht ihre Güte abwendet. Damals war ihre Güte noch gütig. Wie die Rosen in der Taublüte war ihr Mund wie eine Blüte rot. O weh, damals war ich glücklich.

3. Wer kann auf glückliche Weise glücklich bleiben, wenn nicht bei makellosen, lieben Frauen? Hei, was für ein süßer Name: ›Frau‹! ›Frau‹ kann Liebesleid vertreiben. Gepriesen seien ihre makellosen, lieben Körper! Ach, sie haben so liebe Körper, dass es mich nach ihnen verlangen muss. Bei ihnen wird die Zeit nicht lang. Wenn sich zwei Liebende umarmt haben, ist das eine süße Umarmung, liebevoll nach dem Willen der Liebe.
4. O weh über die völlig verlorene Zeit, dass ich Sehnsüchtiger niemals einen liebevollen Kuss erfahren konnte von ihrem rosenfarbenen Mund! O weh, Liebe, dass deine Wunde mich so lange Zeit verwundet hat! Ich bin von dir nicht geheilt worden. Ich habe bei dir nie das Heil gefunden. Liebe, du sollst verwünscht sein! Gib auch ihr ein Stück Liebe! Mich kannst du nicht noch mehr verwunden.
5. Was nützt Minnesang? Wo sind Frauen, die bezwingen können? Wo sind Männer, die die Liebe seit jeher bezwang? Wer kann beständige Freude bringen? Wer kann den Kummer aus den Herzen verdrängen? Liebe verdrängte den Kummer seit jeher aus den Herzen durch die Blicke weiblicher Augen, in denen man einen süßen Blick sah. Sie wollen sich aus den Fesseln der Liebe lösen; die Männer leben ohne die Fessel der Liebe. Welt, deshalb bin ich dein Feind.

Der thematische Aufbau hat in Neifens Minnekanzonen zumeist eine sehr klare und leicht zu erkennende Ordnung. Gewöhnlich entspricht jeder Strophe ein inhaltlicher Komplex; die Themen selbst entstammen der Minnesangtradition und wiederholen sich von Lied zu Lied. Den Anfang macht immer eine der beiden konventionellen Varianten des Natureingangs, der das Verhältnis zwischen Freude und Leid als Kernthema einführt und von der allgemeinen jahreszeitlichen Gefühlslage zu der des Sängers überleitet (vgl. S. 48): Die Sommereingänge exponieren den Kontrast zwischen der allgemeinen Sommerfreude und dem Liebesleid des Sängers; die Wintereingänge führen auf die Überbietung des allgemeinen Winterleids durch das Liebesleid des Sängers. Beide Varianten verbinden mit der Jahreszeit einen normativen Anspruch, der auf die Liebe übertragen wird: Wie der Sommer Freude zu bringen, ist richtig; wie der Winter Leid zu bringen, ist falsch.

Alle weiteren thematischen Komplexe bleiben auf die Begriffe Freude und Leid bezogen. Wenn sich der Sänger in der zweiten Strophe an den Liebesbeginn erinnert, gleicht die Konstruktion der des Sommereingangs: Wie der Sommer verhießen auch der erste Anblick und die erste Reaktion der Dame dem Sänger Freude. Ihre Qualitäten (Schönheit und *güete*) waren der Grund sowohl für seine Liebe als auch für seine Hoffnung: Am Anfang war ihre *güete* (Vollkommenheit, gütige Zuwendung) tatsächlich gut, weil die Vollkommenheit mit einem Zeichen der Zuwendung, einem Gruß, einherging. Rot war dieser Gruß, weil er aus dem roten Mund der Dame kam. Der rote Mund ist ein altes Minnesang-Motiv, das Neifen jedoch in nahezu jedes Lied einbaute und dadurch zu seinem Markenzeichen machte. Schon der Taler, ein Minnesänger aus der zweiten Hälfte des 13. Jahrhunderts, brachte das in einem seiner Lieder (SMS 25.3) mit den Versen *der*

Nîfer lobt die frowen sîn / und ir rœselehtez mündelîn (der von Neifen lobt seine Dame und ihr rosenfarbenes Mündchen) zum Ausdruck. Die anfängliche Freude des Sängers über den roten Gruß steht, so der paradox formulierte Schlussvers der Strophe, im Gegensatz zum später erfahrenen Leid.

In der dritten Strophe spricht der Sänger nicht mehr über seine Dame, sondern über die Frauen und die Liebe im Allgemeinen. Auch das gab es im Minnesang schon vor Neifen, der die Generalisierung indes als eigenständigen, in Gestalt einer ganzen Strophe fest umrissenen Textblock einsetzt. Passagen dieser Art werden manchmal als ›Minnelehre‹ bezeichnet; da sie jedoch keine Verhaltensanweisungen formulieren (vgl. S. 96-98), sondern nur erläutern, wie es in der Liebe idealerweise zugehen sollte, wäre es treffender, sie ›normative Generalisierung‹ zu nennen. Neifens normative Generalisierung umspielt mit variierenden Formulierungen eine einzige Aussage: Frauen haben die Aufgabe, Freude zu stiften. Schon die Bezeichnung ›Frau‹ ist beglückend (und verpflichtet die Frauen dazu, der Wirkung des Wortes gerecht zu werden); der Schluss der Strophe legt offen, dass die Freudestiftung in körperlicher Zuwendung besteht. Dies ist der schlichte Kern des höfischen Frauenbilds. Nur weil das Konzept der höfischen Liebe es dem freien Willen der jeweiligen adeligen Dame anheim stellt, diese Aufgabe auch zu erfüllen, hat die simple Funktionsbestimmung eine komplizierte Konsequenz: Die Freude der Männer ist ganz und gar vom Verhalten der Frauen abhängig. Die thematische Konstruktion des Textes bleibt strikt auf den stets gleichen Mittelpunkt, die *fröide*, bezogen: Was der Sommer, der erste Anblick und die erste Reaktion der Dame dem Sänger verhießen, das entspricht der generellen Funktion der Frauen.

Die vierte Strophe behandelt in Gestalt einer Klage über den mangelnden Erfolg bei der Dame wieder die spezifische Situation des Sängers. Sie steht als Leiderfahrung im Gegensatz zum Ideal der Freude, das die normative Generalisierung in der dritten Strophe entfaltet, und zur Hoffnung, die der anfängliche Gruß der Dame in der zweiten Strophe begründet: Zu einer weitergehenden Zuwendung kam es nicht. Der zweite Teil der Klage hat die Form einer Minne-Apostrophe, die Neifen ebenfalls aus der Gattungstradition übernahm und in vielen Liedern einsetzte. Der Sänger wendet sich an die personifizierte Liebe und beschuldigt sie, ihn verwundet, aber nicht geheilt, und nur ihn, nicht auch die Dame befallen zu haben. Dass die Dame dem Sänger entgegen der anfänglich geschürten Hoffnung und entgegen der eigentlichen Aufgabe aller Frauen keine Freude bringt, wird auf diese Weise als Unrecht bewertet; die normative Tendenz entspricht der des Natureingangs und der Generalisierung.

Die fünfte Strophe bringt ein weiteres Mal zum Ausdruck, wie es in der Liebe eigentlich zugehen sollte. Diese zweite normative Generalisierung hat freilich die besondere Gestalt einer Zeitklage, die in der Minnesangtradition und ebenso bei Neifen zwar nicht allzu häufig begegnet, jedoch gleichfalls ein konventionelles Versatzstück darstellt. Als solches stammt die Zeitklage aus der lateinischen Literaturtradition, was die Anfangswörter des zweiten und dritten Verses gewissermaßen auch signalisieren: *wâ sint* ist die deutsche Entsprechung zur verbreiteten lateinischen Zeitklage-Formel *ubi sunt* (wo sind sie geblieben). Zeitklagen haben stets einen normativen Charakter, weil sie bejammern, dass sich die Gegenwart nicht mehr nach einem früher einmal befolgten Ideal richtet. Dabei geht es nicht in erster Linie um eine wahrheitsgemäße Beschreibung von Gegenwart und Vergangenheit, sondern darum, den Geltungsanspruch des Ideals für die Gegenwart durch die Berufung auf die bessere Vergangenheit zu bekräftigen.

In der schlechten Gegenwart, so die Zeitklage bei Neifen, gibt es keine Männer mehr, die sich von der Liebe bezwingen lassen, und keine Frauen, die die Männer dazu bringen, sich von der Minne bezwingen zu lassen. Dabei war es doch immer schon so, dass nur die Liebe Leid vertreiben und Freude spenden kann. Deshalb ist es schlecht, wenn die Männer sich der Liebe entziehen. In einer Welt ohne Liebe kann es keine Freude geben; einer solchen Welt kann der Sänger nur feindlich gesonnen sein. Das stellt eine massive Drohung dar, denn *haz* ist der lexikalische Gegenbegriff zu *minne*. Es mögen sich also doch bitte alle nach dem alten Ideal richten. Andernfalls, und damit fängt die Strophe an, stellt sich nämlich die Frage, welchen Nutzen der Minnesang überhaupt haben kann.

Im thematischen Aufbau des Lieds sind die fünf inhaltlichen Komplexe nicht ausdrücklich zueinander in Beziehung gesetzt, sondern ohne Überleitung von Strophe zu Strophe wie eigenständige Blöcke behandelt. Alle diese Blöcke beziehen sich jedoch konsequent auf ein und denselben thematischen Kern, nämlich auf den Gegensatz zwischen der Freude als angestrebtem und positiv bewertetem Soll-Zustand und dem Leid als erfahrenem und negativ bewertetem Ist-Zustand. Das ist die typische Konstruktionsweise der Minnekanzonen Neifens.

Nicht weniger charakteristisch sind die Techniken der Formulierungskunst in diesem Text, die in erster Linie die Lautgestalt betreffen. Neben den gewöhnlichen ›reinen‹ Endreimen (*heide* : *kleide*) kommen grammatische Reime (*kleide* : *kleit*) zum Einsatz: Zwei Flexions- oder Ableitungsformen desselben Wortstamms stehen am Schluss zweier Verse und verbinden diese wie durch einen Endreim miteinander. In der ersten wie in allen folgenden Strophen sind sämtliche Verse sowohl durch einen normalen Endreim (*heide* : *kleide* : *beide* : *leide*; *swinden* : *binden*; *swant* : *bant*) als auch durch einen grammatischen Reim gekoppelt (*kleide* : *kleit*; *leide* : *leit*; *swinden* : *swant*; *binden* : *bant*). Von der zweiten Strophe an führt die Kombination von normalen Endreimen und grammatischen Reimen zur Beschränkung auf lediglich zwei Reimvokale je Strophe (*süezen* – *grüezen* – *gruoz* – *müezen* – *büezen* – *buoz* – *güete* – *guot* – *blüete* – *bluot*). Das zeigt das Ziel des Verfahrens, nämlich ein möglichst hohes Maß an Gleichklang zu erzeugen; nur in der ersten Strophe mit ihren drei Reimvokalen ist das Prinzip weniger konsequent umgesetzt.

Den fortlaufenden Gleichklang unterbricht als eine Art Knalleffekt die scheinbare Waise am Schluss des letzten Verses jeder Strophe, die keine Endreimbindung zu einem anderen Vers herstellt. Es handelt sich dabei jedoch nicht wirklich um eine Waise, denn das letzte Wort jeder Strophe reimt auf das erste Wort der jeweiligen Strophe (*hî* : *frî*). Dass der Versanfang auf das Versende reimt, ist eine spezifische Form des Pausenreims (Reimbindung zwischen einem Wort am Versbeginn und einem Wort in einer beliebigen anderen Position). Der gereimte Versanfang wurde beim Liedvortrag wahrscheinlich durch eine Pause abgesetzt, die die Reimbindung besser hörbar machte.

Dem Ziel eines möglichst hohen Maßes an Gleichklang dienen freilich nicht allein die Reimkünste. Als zweite Technik fallen die Wortwiederholungen auf, die die lautliche Übereinstimmung mehrmals von den Reimen am Versende ins Versinnere ausdehnen. Ganze Verspartien klingen dadurch weitgehend identisch (1,9-10: *fröide ê sorge enbinden – fröide ie sorge enbant;* 3,2-6: *reinen lieben wîben – reinen lieben lîben – lieben lîp;* 5,5-6: *sorge ûz herzen dringen – sorge ûz herzen dranc;* 5,9-10: *minne entstricken – minne stric*). Auch darüber hinaus sind Wörter in das Wiederholungsspiel einbezogen (1,8-11: *sorge, fröide – fröide, sorge – fröide, sorge – sorge;* 3,8-11 *liep – liep – lieplîch;* 4,5-10: *minne – minne – minne*). Am Versbeginn treten die Wortwiederholungen als Anaphern auf (5,2-3: *wâ sint – wâ sint;* 5,4-5 *wer kan – wer kan*). Dazu kommen als dritte Technik Lautwiederholungen in Gestalt von Assonanzen und Alliterationen: Beispielsweise sind in der fünften Strophe die beiden Reimvokale (*i* und *a*) in Vers 3 auch als Assonanzenpaar eingesetzt (*wâ sint man die minne ie twanc*); ein ähnliches Spiel mit einem Alliterationspaar bietet Vers 10 (*man sint sunder minne stric*).

Die Wirkung einer solcherart strukturierten Lautgestalt entfaltet sich beim gesungenen Liedvortrag, der die Wahrnehmung von Wohlklang ermöglicht, anders bei der stillen Lektüre des Schrifttextes, der den Eindruck von gezwungener Künstlichkeit evoziert. In dem Maß, in dem die Funktion des Minnelieds auf die Erzeugung von Euphonie konzentriert wird (Stock 2004), verlagert sich die Aufgabe der Freudevermittlung freilich von der Minne auf den Minnesang: Der Wohlklang des Lieds leistet, was das Konzept der höfischen Liebe eigentlich von den Frauen verlangt. Daher rührt der Verdacht, dass die sprachliche Form gerade beim gesungenen Vortrag eine fast schon autonome Funktion erhält.

Diesem Eindruck steht indes eine weitere Eigenart der Textgestaltung in Neifens Liedern entgegen, nämlich der massive Gebrauch rhetorischer Mittel zur Erzeugung von Emphase (Nachdruck), die einem spezifischen Gegenstand gilt. Die Techniken, die Neifen zu diesem Zweck einsetzt, gehören in der zeitgenössischen lateinischen Dichtungsterminologie ebenfalls zum *ornatus facilis*. Der Beispieltext wie auch viele andere Lieder wimmeln geradezu von emphatischen Ausrufen und Fragen, die als permanenter Appell an die Rezipienten dienen, auf das Gesagte mit uneingeschränkter Zustimmung zu reagieren. Besonders deutlich zeigt sich das bei den normativen Generalisierungen in der dritten und fünften Strophe.

Auch die Wortwiederholungen erzeugen, zusätzlich zu ihrer Euphonie-Funktion, Emphase. Unter den wiederholten Wörtern spielen nämlich die alten Schlüsselbegriffe des Minnesangs eine wichtige Rolle, die aus dem permanenten Lautgeklingel geradezu herausgetrommelt werden. Im Beispieltext betrifft das in der ersten Strophe die Wörter *fröide* und *sorge* (Freude, Leid), in der dritten *wîp, liep* und *lîp* (Frau, Liebesfreude, Körper), in der vierten *minne* und *wunde*, in der fünften *minne, man* und *wîp*. Das Verfahren kulminiert in anderen Liedern in Strophen, die in nahezu jedem Vers ein bestimmtes Schlüsselwort (wie *fröide, sælic, wîp, minne, lachen*) einsetzen. Der Gedanke an ein unserer eigenen Erfahrungswelt näheres Lied wie den Beatles-Song ›All you need is love‹ mit seinem in hymnischer Emphase obstinat wiederholten Satz liegt hier nicht allzu fern; übrigens könnten wir uns auch in diesem Fall die Qualität des Lieds vermutlich nur schwer vorstellen, wenn es uns lediglich in Gestalt eines Schrifttextes zugänglich wäre.

Was Neifens Liedtexte an Sinn zu vermitteln haben, beruht auf dem Bedeutungspotential der emphatisch repetierten Schlüsselbegriffe. Die inhaltliche Konstruktion der Texte ist ganz auf die nachdrückliche Bekräftigung der Aussage konzentriert, dass nur durch die Liebe Freude in die Welt kommen kann. Die Schlussstrophe des Beispieltextes erinnert das Publikum ausdrücklich daran; der gesamte Text fordert mit seinen emphatischen Ausrufen und Fragen permanent Zustimmung ein. Der zentrale Wert der höfischen Adelskultur, die von allen angestrebte kollektive Hochgestimmtheit, bleibt unerreichbar, wenn es keine Männer gibt, die höfische Liebe praktizieren, und keine Frauen, die die Männer dazu bringen, höfische Liebe zu praktizieren. Neifens Minnesang dient dazu, dem Publikum Lied für Lied den Stellenwert der Liebe für das höfische Kulturideal einzuhämmern. Es geht nicht, wie bei Burkhard von Hohenfels, darum, das Liebeskonzept weiter auszuarbeiten, sondern darum, seiner kulturellen Bedeutung Nachdruck zu verleihen. Deshalb wirft das behandelte Lied in der letzten Strophe ausdrücklich die Frage nach dem Nutzen des Minnesangs auf und beantwortet sie auch indirekt damit, dass der Sänger einer Welt ohne Liebe seine Feindschaft erklärt: Minnesang ohne Minne nutzt nichts. Der letzte Vers des Lieds droht damit, dass sich der Minnesänger von einer Gesellschaft abwenden muss, die sich von der Minne abwendet.

Während Neifens Lieder mit ihrer Euphonie selbst kollektive Freude produzieren, durchkreuzen sie zugleich die Idee, dass Freude allein mittels Minnesang herzustellen wäre. Aus dem Wohlklang des Liedes heraus ertönt die emphatische Botschaft, dass es Minne geben muss, wenn der Minnesang einen Wert haben soll. Minnesang muss an praktizierte höfische Liebe, Freude durch Minnesang an Freude durch Minne gekoppelt bleiben. In diesem Sinn wird die Idee, dass die Formkunst autonom werden könnte, geradezu abgewiesen. Neifens Minnekanzonen bieten mit ihrer Kombination aus Euphonie und Emphase eine Art Freude-Vorschuss an: Sie liefern in Gestalt ihres auf Formkunst beruhenden Wohlklangs gewissermaßen den Vorschein eines Glücks, dessen Einlösung in der praktizierten Liebe sie zugleich nachdrücklich fordern. Ihre Kunst ist ein Darlehen auf die Zukunft, die Praxis sein soll.

In diesem Sinn stellen die Lieder eine nicht ganz einfache, aber ausgesprochen gelungene Balance zwischen Freudeangebot und Leistungsforderung her: Sie machen die vom Minnesang vermittelte Freude zu einem Vorglanz der Freude, die die ambitionierte Minne verspricht. Womöglich war dieses Modell nicht zuletzt deshalb so erfolgreich, weil es die beiden Pole der gattungspoetologischen Grundspannung in ein ausgewogenes Gleichgewicht bringt. In diesem Fall täte man Neifen Unrecht, wenn man ihn für einen formalistischen Schematisierer und seine Lieder für eine Spielwiese autonomer Sprachartistik hielte, die in erster Linie die Kompetenz des Artisten zur Schau stellen soll: Die inhaltlichen Schemata und die sprachlichen Formen geben eine spezifische Antwort auf die Frage nach der Funktion des Minnesangs. Indem die Minnekanzone klagt, kann sie die Ambitioniertheit der höfischen Liebe präsent halten; indem sie der Klage Wohlklang verleiht, kann sie als Klage Freude vermitteln.

Ausgabe: KLD Nr. 15; Wachinger (Auswahl mit Übersetzung und Kommentar).

Literatur: Kuhn [2]1967, Cramer 1983, Brinkmann 1985, Lienert 1996, Tomasek 1996, Worstbrock 1996, Brunner 1997, Hübner 2000, Stock 2004, Wachinger 2006, Worstbrock 2007.

6

Mit System vom Leid zur Freude
Ulrich von Liechtenstein

Ulrich von Liechtenstein entstammte einer Ministerialenfamilie, deren Stammsitz, Burg Liechtenstein, in der Nähe von Judenburg in der Steiermark lag. Als Ministerialer diente Ulrich unter anderem Herzog Friedrich II. (›dem Streitbaren‹) von Österreich, dem Gönner Neidharts (vgl. S. 45), der zugleich Herzog der Steiermark war. Weil Ulrich im Dienst des Landesherrn hohe politische Ämter ausübte, ist er in der außergewöhnlich großen Zahl von fast 100 Urkunden zwischen 1227 und 1274 belegt. Diese Urkunden zeigen ihn jedoch ausschließlich in seinen politischen Funktionen; in keiner einzigen von ihnen erscheint er als Minnesänger.

Als solcher stellt er sich selbst in einem Text dar, der in der mittelhochdeutschen Dichtung ganz einmalig ist und dem er den Namen ›Frauendienst‹ gab. Überliefert ist der ›Frauendienst‹ in einer um 1300 geschriebenen Handschrift; außerdem sind noch zwei kleine Fragmente weiterer Handschriften erhalten. Der Text besteht aus einer Ich-Erzählung in 1850 achtversigen Strophen; der Erzähler heißt Ulrich von Liechtenstein und berichtet von seinem eigenen Leben als Minnesänger und Ritter. In diese Ich-Erzählung sind weitere Texte eingebettet, nämlich 57 Minnelieder, ein Minneleich (vgl. S. 102) und drei Minnereden sowie sieben Briefe, drei davon in Prosa. Minnereden unterscheiden sich der Form nach, inhaltlich jedoch nicht grundsätzlich von Minneliedern: Sie sind nicht zum Singen, sondern zum gesprochenen Vortrag oder zur Lektüre verfasst und deshalb nicht in Strophen, sondern in Reimpaarversen gedichtet. Im ›Frauendienst‹ werden diese Texte ›Büchlein‹ genannt; die Gattung hatte ihre Blütezeit erst im 14. und 15. Jahrhundert. Die Minnelieder und der Leich Ulrichs sind, zusammen mit einem zusätzlichen Liedtext, auch in der Manessischen Handschrift überliefert, wo sie eines der größten Autorkorpora darstellen.

Bei der Ich-Erzählung handelt es sich um eine Art Minnesänger-Roman. Schon als kleines Kind erfährt Ulrich, dass ein Ritter ohne Frauendienst nicht zu Ansehen kommen kann. Im Alter von zwölf Jahren hört er sich deshalb um, welche Dame im Land das größte Ansehen hat, und begibt sich als Hofknappe in ihren Dienst. Aus Verehrung für sie trinkt er das Wasser, in dem sie ihre Hände wäscht. Durch eine Verwandte, die als Zofe bei der Dame dient, lässt er ihr sein erstes Minnelied zukommen, in dem er ihr seinen Dienst anträgt. Die Dame lehnt das Angebot jedoch ab – unter anderem mit dem Hinweis auf Ulrichs Hasenscharte, die er umgehend operieren lässt. Bei einer ersten Begegnung mit der Dame während eines Ausritts bringt Ulrich kein Wort heraus, bei einer zweiten weist sie ihn zurück. Er beschließt, ihr durch ritterliche Kämpfe zu dienen, und tritt bei einem großen Turnier in Friesach (in der Steiermark), ganz in grün, als König Mai verkleidet auf. Von nun an führt er ein Frauenritter-Leben. Dabei dichtet und singt er im Dienst für seine Dame Minnelieder, die er ihr auch durch einen Boten schickt. Erst als er sich einen Finger verletzt, ändert sie ihre abweisende Haltung und lässt ihm ihr Mitgefühl übermitteln. Um ihr seine Opferbereitschaft zu beweisen, lässt er sich den verletzten Finger abhacken und der Dame, zusammen mit einer Minnerede, durch einen Boten überbringen. Die Dame behält den Finger, lehnt aber die Erfüllung der Lohnforderung weiter ab. Ulrich setzt seinen Dienst in Gestalt einer glanzvollen Turnierfahrt fort: Als Liebesgöttin Venus verkleidet (so ist er auf der Autorminiatur in der Manessischen Handschrift dargestellt) zieht er von Venedig durch Norditalien, Kärnten, die Steiermark und Österreich bis nach Böhmen. Während dieser Venusfahrt übernachtet er übrigens auch einmal daheim bei seiner Ehefrau, die in der Erzählung verschiedentlich am Rand erwähnt ist, ohne je als Hinderungsgrund für den Minnedienst zu erscheinen.

Die Dame erklärt nun ihre Absicht, ihn empfangen zu wollen. Um die Heimlichkeit zu wahren, muss er sich, als Aussätziger verkleidet, unter die bettelnden Aussätzigen vor ihrer Burg mischen. Er wartet lange, bis sie ihn holen lässt; sein Versteck im Burggraben erweist sich als jene Stelle, auf die die Burgwächter ihren Urin ablassen. Schließlich wird er nachts in einem Leintuch von der Dame und ihren Zofen zum Schlafzimmer hinaufgezogen. (Eine ähnliche Szene stellt die Manessische Handschrift in der Autorminiatur zu einem anderen Liederdichter, Christan von Hamle, dar.) Vor ihrem Bett bittet er sie, mit ihm zu schlafen, was sie mit dem Hinweis auf ihren Ehemann und ihre Ehre ablehnt. Als er sich weigert, das Schlafzimmer unbefriedigt zu verlassen, verspricht sie ihm ihre Zuwendung, wenn er zuvor noch einmal in das Leintuch steigt; als gehorsamer Frauendiener gehorcht er und landet so wieder im Burggraben. Trotz der Abfuhr setzt er seinen Dienst fort, bis die Dame eine Untat verübt, die für den Erzähler so unaussprechlich ist, dass er nicht berichten kann, worum es sich handelt. Ihretwegen kündigt Ulrich der Dame den Dienst auf und begründet dies mit der Erkenntnis, dass ein Mann nicht weise ist, wenn er zu lange einer Frau dient, die ihn nicht belohnt.

Bis zu dieser Stelle im Handlungsverlauf sind in die Erzählung 20 Minnekanzonen eingefügt. Anders als Gottfried von Neifen, der in jeder Minnekanzone immer wieder dieselben thematischen Komplexe kombiniert, stellt Ulrich von Liechtenstein oft ein bestimmtes Thema aus der Gattungstradition in den Mittelpunkt eines Lieds. Über die Liedfolge hinweg wird das konventionelle Themenspektrum der Minnekanzone dabei geradezu systematisch durchgespielt (Hübner 1996): Einzelne Lieder konzentrieren sich jeweils auf den Frauenpreis, die direkt an die Dame gerichtete Bitte um Erhörung, die Klage über die Abweisung, die Hoffnung auf Lohn, die Qualität des durch *stæte* und *triuwe* ausgezeichneten Dienstes, die Liebe als Gebunden- und Gefangensein oder die Imagination der Liebeserfüllung. Diese Schwerpunktsetzungen führen Liechtenstein nicht nur als Systematiker der Minnesangmotivik vor; sie ermöglichen es auch, die Lieder so zu platzieren, dass sie eine dem jeweiligen Stand der Handlung angemessene

Stimmungslage zum Ausdruck bringen. Darauf beschränkt sich die Beziehung zwischen der Erzählung und den Liedern dann aber auch stets; konkrete Motive und Geschehnisse der Erzählung (Waschwasser, Hasenscharte, Venusfahrt, abgehackter Finger, Besuch auf der Burg) werden in den Liedern nicht behandelt.

Abb. 6: Ritter als Venus mit Liebespfeil und Liebesfeuer. Miniatur zu den Liedern Ulrichs von Liechtenstein in der Manessischen Liederhandschrift.

Die Konstruktion erweckt deshalb nicht den Eindruck, dass die Lieder eigens für die Integration in die Erzählung gedichtet wären; sie zeigt vielmehr, dass für traditionell abstrakt formulierte Minnekanzonen nachträglich ein Erzählrahmen verfasst wurde.

Eine wichtige Eigenschaft dieses Erzählrahmens besteht in der narrativen Konkretisierung konventioneller Minnesangmotive. Solche Motive sind beispielsweise der Dienst von Kindheit an und das Verstummen beim Anblick der Dame; konkretisiert werden sie zum Pagendienst für die Dame, aus dem der Minne-

Abb. 7: Die Dame zieht den Minnesänger mit einer Seilwinde in ihre Burg. Miniatur zu den Liedern Christans von Hamle in der Manessischen Liederhandschrift.

dienst entsteht, und zur peinlichen Begegnung beim Ausritt. Vor allem aber ist das alte Motiv, dass Minnedienst in Gestalt von Minnesang geleistet wird, in konkrete Handlung umgesetzt, denn Ulrich produziert und singt seine Lieder im Dienst für seine Dame.

Die Erzählung konkretisiert den Minnedienst indes noch auf eine zweite Weise, nämlich als ritterlichen Kampf (eher sportlicher als kriegerischer Natur), der die eigentliche Hauptbeschäftigung Ulrichs darstellt und anlässlich von Friesacher Turnier und Venusfahrt lange Partien der Erzählung füllt. Insofern dieses Modell des Frauendienstes als Ritterkampf nicht aus dem Minnesang, sondern aus der höfischen Epik stammt, kommt eine zweite Dichtungstradition ins Spiel – auch wenn die Handlung in der historisch realen Welt zwischen Italien und Böhmen angesiedelt ist und Ulrich bei seinen Turnierfahrten zahlreichen Menschen aus der zeitgenössischen Lebenswirklichkeit begegnet.

Die hervorstechende Leistung des Erzählrahmens scheint zunächst darin zu bestehen, das Frauendienstmodell der Minnesangtradition konsequent ins Lächerliche zu ziehen. Bewerkstelligt wird dies durch die burlesken Handlungszüge, die abstrakte Motive auf eine parodistische Weise konkretisieren und dabei deren Idealität brechen. Zur abstrakten Idealität gehören beispielsweise die demütige Verehrung der Dame und die dienstfertige Opferbereitschaft; parodistisch konkretisiert wird dies im Trinken des Waschwassers und im Fingerabhacken. Der nächtliche Besuch auf der Burg der Dame entpuppt sich als Tageliedparodie, wenn Ulrich seine unwillige Herrin damit erpresst, das Schlafgemach nicht verlassen und damit die morgendliche Entdeckung der anrüchigen Situation provozieren zu wollen.

Wenn die Ich-Erzählung das abstrakte Dienstkonzept des Minnesangs in einer konkreten Handlung ausfabuliert, so zielt dies ganz offensichtlich mehr auf Komikeffekte als auf die Simulation von Realitätsnähe: Der Erzählrahmen stellt in markant unwahrscheinlichen Handlungszügen als törichte Selbstdemütigung dar, was die Lieder im ungebrochenen Anschluss an die Minnesangtradition als wertvolle kulturelle Leistung der freiwilligen Selbstunterwerfung feiern. Selbst wenn der historische Ulrich von Liechtenstein tatsächlich an einer operierten Hasenscharte und einem fehlenden Finger erkennbar gewesen sein sollte, wäre beides in der Geschichte als Komikeffekt eingesetzt. Die ritterlich-kämpferischen Beschäftigungen bleiben dagegen von der parodistischen Verzerrung verschont; wenn von Turnieren erzählt wird, wird von höfischer Idealität erzählt. Historische Belege dafür, dass das Friesacher Turnier und die Venusfahrt wirklich stattfanden, gibt es freilich nicht.

Nach der erwähnten Dienstaufkündigung setzt Ulrichs Entscheidung, eine neue Minnedame zu suchen, den Handlungsverlauf der Ich-Erzählung fort. Vor der Aufnahme des zweiten Dienstes steht eine Gruppe von elf Liedern, die im Erzählrahmen nur durch kurze Überleitungen miteinander verbunden sind. Die ersten drei gehören zum seltenen Typus des Absagelieds, den auch Gottfried von Neifen einmal aufgriff (vgl. S. 73) und der die Dienstaufkündigung zum Gegenstand hat (KLD 58.XXI-XXIII). In den weiteren Liedern dieser Gruppe tritt die ›subjektive‹ Rede des Sängers über sein eigenes Ergehen als Liebender zurück, weil das Ideal der Minne in verallgemeinernder Rede verhandelt wird. Die normative Generalisierung (vgl. S. 79) füllt hier ganze Lieder und verleiht ihnen mit der thematischen Konzentration auf die Unterscheidung zwischen guten und schlechten Frauen programmatischen Charakter. Liechtenstein hat dieses Thema von Walther von der Vogelweide übernommen und mit deutlichen Anspielungen auf dessen Formulierungen entfaltet. Gegenstand ist in erster Linie die Bestimmung dessen, was eine ›gute‹ Minnedame ausmacht: Sie ist *triuwe* und *stæte*, belohnt den Dienst und stiftet Freude durch körperliche Zuwendung; nur solchen Frauen soll man dienen. Auch eines der beiden Dialoglieder Liechtensteins (XXX; vgl. zum Typus Kap. 6) behandelt das Thema und ist in dieser Gruppe untergebracht; das zweite folgt wenig später (XXXIII).

Mit Ulrichs Entscheidung, eine neue Herrin zu wählen, beginnt die Erzählung vom zweiten Dienst. Die Liebe entsteht auf völlig rationale Weise: Ulrich überlegt, welche unter allen ihm bekannten Damen über die größte Schönheit und *güete* verfügt, verliebt sich durch Beschluss in sie und reitet zu ihr, um ihr seinen Dienst anzutragen. Wie sie darauf reagierte, will der Erzähler verschweigen; er berichtet nur, dass er freudig von ihr Abschied nahm und fortan Lieder in ihrem Dienst sang. Bei dieser Informationspolitik bleibt es: Man erfährt vom zweiten Dienst lediglich, dass er zu Ulrichs froher Zufriedenheit verläuft. Da dies nicht in konkrete Handlung umgesetzt wird, liegt über dem Verhalten der zweiten Dame der Schleier der Heimlichkeit.

Bei den Liedern, die im zweiten Dienst platziert sind, handelt es sich zum überwiegenden Teil ebenfalls um Minnekanzonen. Ihre Themen sind allerdings fast ausschließlich das Lob der Dame und die Freude des Sängers. Diese preisend-freudige Variante der Minnekanzone, in der entgegen dem üblichen thematischen Schwerpunkt keine Klage vorkommt, gab es, freilich selten, schon vor Liechtenstein (vgl. S. 12). Dass er eine ganze Gruppe solcher Texte produziert hat, ist ein Autorspezifikum; von keinem anderen Minnesänger sind so viele Freudenlieder überliefert. Sie stellen geradezu entspannt das Glück dar, das der Welt durch die vornehme höfische Liebe zuteil wird, und gehören deshalb zu den wichtigsten Ausprägungen eines freudeorientierten Minnesangs im 13. Jahrhundert (KLD 58.XXXIX):

1 Er ist komen wider mit gewalde
den der meie het vertriben.
    sumerwunne ist im entrunnen balde,
    der ist vor im niht beliben.
den sul wir ze mâzen klagen,
sît diu sunne uns des meien wunne
wider gît in kurzen tagen.

2 Swem der winder hôchgemüete swendet,
der muoz ofte trûric sîn.
    mir hât hôhen muot ein wîp gesendet,
    dâ von ist daz herze mîn,
swie ez witert, frô, frô, frô.
von ir güete stîget mîn gemüete
für die liehten sunnen hô.

3 Schœne von ir güete ist mîn frouwe,
sî ist von ir schœne guot.
swanne ich in ir spilnden ougen schouwe
mich, sô blüet mîn hôher muot
rehte als in des meien zît
tuont die rôsen. ir güetlîchez lôsen
mir vil hôhe fröide gît.

4 Ir vil lieplîch, güetlîch, lœslîch grüezen
tuot mir hôhe fröide kunt.
süeziu wort diu kunnen süezlîch süezen
ir vil süezen rôten munt.
swaz ich munde hân gesehen
mîne stunde, sô muoz ich ir munde
für si alle rœte jehen.

5 Sî hât ir wîpheit vil wol behüetet
vor unfrouwelîcher tât.
wol ir daz si mir sô güetlîch güetet,
dâ von mîn muot hôhe stât.
sîst mir süezer danne iht sî,
in dem muote liep vor allem guote.
sus ist ir mîn herze bî.

6 Wie si sî gevar, diu wol gemuote,
daz wil ich iuch wizzen lân.
brûn, rot, wîz ist diu vil reine guote,
von den varwen sô getân,
daz nie engel schœner wart
an ze schouwen. man muoz si eine frouwen
nennen von ir hôhen art.

7 Lieplîch priune, rôter rôsen rœte,
snêwes wîze hât ir lîp.
ir gebærde ist mînes trûrens tœte.
sî ist von tugenden ein guot wîp.
ir lîp ist des herzen mîn
hœhstiu wunne. mîner fröiden sunne
ist ir rôt, wîz, prûner schîn.

1. Mit Macht ist er zurückgekehrt, den der Mai vertrieben hatte. Sommerfreude ist vor ihm schnell geflohen, von der ist bei ihm nichts übrig geblieben. Über ihn müssen wir wenig klagen, weil die Sonne uns die Maienfreude in kurzer Zeit zurückgibt.
2. Wem der Winter den Frohsinn schwinden lässt, der muss oft traurig sein. Mir hat eine Frau Frohsinn zukommen lassen. Deshalb ist mein Herz, wie auch das

Wetter sein mag, froh, froh, froh. Wegen ihrer gütigen Vollkommenheit steigt meine Stimmung höher als die strahlende Sonne.

3. Meine Dame ist schön, weil sie gut ist; sie ist gut, weil sie schön ist. Wenn ich mich in ihren strahlenden Augen erblicke, dann blüht mein Frohsinn ebenso, wie es im Mai die Rosen tun. Ihre gütige Freundlichkeit schenkt mir höchste Freude.
4. Ihr liebevoller, gütiger, freundlicher Gruß verkündet mir hohe Freude. Süße Worte können auf süße Weise ihren sehr süßen roten Mund süß machen. Was ich auch an Mündern gesehen habe in meinem Leben – nicht ihnen, sondern ihrem Mund muss ich alle Röte zuerkennen.
5. Sie hat ihr weibliches Wesen sehr gut vor jeder Tat bewahrt, die einer Dame nicht gemäß ist. Gepriesen sei sie dafür, dass sie zu mir auf so gütige Weise gütig ist; deshalb bin ich hochgestimmt. Sie ist für mich süßer als alles andere, im Innern ist sie mir lieber als jedes andere Gut. Deshalb ist mein Herz bei ihr.
6. Welche Farben sie hat, die Freundliche, das will ich euch wissen lassen. Braun, rot, weiß ist die makellos Vollkommene, durch diese Farben so schön, dass nie ein Engel schöner anzuschauen war. Sie allein muss man ›Herrin‹ nennen wegen ihrer herrlichen Eigenschaften.
7. Liebliche Bräune, die Röte roter Rosen, Schneeweiße hat ihr Körper. Ihr Verhalten ist der Tod meiner Trauer. Sie ist wegen ihrer guten Eigenschaften eine gute Frau. Ihr Körper ist meines Herzens höchste Lust; die Sonne meiner Freude ist ihr roter, weißer, brauner Glanz.

Schon der Wintereingang in den ersten beiden Strophen funktioniert anders als gewohnt: Das Winterleid wird nicht vom Liebesleid übertroffen, sondern kümmert den Sänger nicht, weil ihm seine Dame Freude schenkt. Mit der dritten Strophe setzt der Frauenpreis ein: Die Dame erfüllt das höfische Ideal von Schönheit und Gutheit perfekt; die Formulierung bringt zum Ausdruck, dass die beiden Qualitäten in wechselseitiger Abhängigkeit voneinander stehen. Die ideale Verbindung von Schönheit und gütiger Zuwendung wird danach spezifischer an Mund und Augen gerühmt. Dass sich der Sänger in den strahlend schönen Augen seiner Dame erblickt, bedeutet, dass er sein eigenes Spiegelbild in ihren Pupillen sieht; das geht nur bei großer Nähe, weshalb es mit entsprechender Freude verbunden ist. Genauso verhält es sich in der vierten Strophe mit dem Mund, der nicht nur durch Röte (also Schönheit) in maximalem Ausmaß beglückt, sondern auch durch seine süßen (also erfreulichen) Worte. Die fünfte Strophe lobt nach den Eigenschaften das Verhalten der Dame in einer für freudig gestimmte Minnekanzonen typischen abstrakten Ausdrucksweise: Die Minnedame handelt ideal, wenn sie nichts tut, was sich für Minnedamen nicht ziemt. Ob sie den Sänger erhört oder nicht, bleibt in dieser Formulierung verborgen; jedenfalls hat sie ihm ihre *güete* in beglückender Weise zugewandt. Die letzten beiden Strophen machen die Schönheit des weiblichen Körpers in dezenter Diktion zum Gegenstand. Die Bezüge der Farbbegriffe sind konventionell, wie beispielsweise die Schönheitsbeschreibung der ebenfalls engelsgleichen Königstochter Engeltrud in Konrads von Würzburg Roman ›Engelhard‹ (v 2966 ff.) zeigt: Engeltrud hat braune Haare und Augenbrauen, dazu ein Gesicht wie Milch und Blut; weiß ist die vornehme Farbe der adeligen Haut, rot die von Mund und Wangen.

So müsste Minnesang eigentlich immer sein, wenn alles nach Wunsch ginge: Die Dame schenkt dem Sänger Freude, der Sänger singt dem Publikum Freudenlieder; was die Liebe für das Paar leistet, macht der Minnesang zum Besitz aller. Körperliche Erfüllung als Grund der Freude kann dabei grundsätzlich nicht zur Sprache kommen, weil der vorbildliche höfische Liebende, mithin auch der Minnesänger, im Erfolgsfall die Ehre der Dame durch Verheimlichung ihrer Zugänglichkeit zu wahren hat. Freudige Minnekanzonen halten sich deshalb immer an eine unbestimmte Ausdrucksweise, wenn sie die von der Dame gestiftete Freude feiern. Das unterscheidet sie von Tageliedern, bei denen die Textkonstruktion verhindert, dass der Sänger seinen eigenen Liebeserfolg zum Gegenstand macht: Nur wegen des vermittelnden Er-Erzählers kann hier vom Geschlechtsverkehr die Rede sein. Abgesehen davon gibt es freilich allerhand Gemeinsamkeiten zwischen Liechtensteins freudigen Minnekanzonen und seinen beiden Tageliedern (XXXVI, vgl. Kap. 2, und XL), die ebenfalls unter den Liedern stehen, die der Erzählung vom zweiten Dienst eingefügt sind.

Sowohl in Gestalt einzelner Motive als auch formulierungstechnisch weist der Beispieltext manche Ähnlichkeiten mit den Minnekanzonen Gottfrieds von Neifen auf (Kap. 5); beim roten Mund und dem Wiederholungsspiel mit dem Wort *süeze* in der vierten Strophe wird das besonders deutlich. Charakteristischerweise fehlt jedoch der emphatische Apparat der Ausrufe und Fragen. Es braucht hier keinen Nachdruck, der das Ideal heraufbeschwört und seine Verwirklichung anmahnt, weil die Verwirklichung in aller Gelassenheit gefeiert wird. Die Sprachkunst zielt nicht auf Emphase, sondern auf Hyperbolik (Steigerung): Die Qualitäten einer Dame, über die es nichts zu klagen gibt, erreichen in Vergleichen, die aus der Minnesangtradition stammen, ebenso Maximalwerte wie das Glück des Sängers – sie ist schöner als die Engel, seine Freude steht höher als die Sonne.

Im Dienst für die zweite Dame unternimmt Ulrich erneut eine prächtige Ritterfahrt, von der der Erzählrahmen ausführlich berichtet. Als König Artus verkleidet zieht er von Kärnten durch die Steiermark nach Wien; zahlreiche historisch belegbare Personen begleiten ihn als Artusritter. In Wien will sogar Herzog Friedrich zum Lanzenkampf antreten, um in die Tafelrunde aufgenommen zu werden. Aber dann lässt der Herzog das Turnier abbrechen; die geplante Weiterfahrt nach Böhmen muss wegen des – der historischen Wirklichkeit entlehnten – Konflikts zwischen ihm und dem böhmischen König unterbleiben. So scheitert die Ritterfreude an den politischen Verhältnissen, und Ulrich wendet sich wieder seinem Minnedienst zu.

Mitten in die Produktion freudiger Lieder platzt schließlich die Nachricht vom – ebenso der historischen Wirklichkeit entlehnten – Tod Herzog Friedrichs in der Schlacht an der Leitha (1246). Wenn der Erzähler beklagt, dass danach in Österreich und der Steiermark jede Ordnung zusammengebrochen sei, knüpft das durchaus an historische Verhältnisse an. Im allgemeinen Leid bleibt Ulrich die

Freude an seiner Dame; die Liedproduktion geht weiter. Dabei trifft das Chaos Ulrich auch persönlich schwer; über ein Jahr muss er in Gefangenschaft verbringen. (Dem historischen Ulrich widerfuhr zwar eine Gefangennahme, aber erst viele Jahre nach der im ›Frauendienst‹ erzählten Zeit.) Nach der Freiheitsberaubung, während der er sich um seine Ehefrau und seine Kinder sorgt, tröstet er sich an der fortdauernden Freundlichkeit seiner Dame. Derweil es im Land schlimm zugeht und alle traurig über die Zustände sind, erfreut man sich an seinen Liedern. Am Ende fasst der Erzähler den Ertrag seines Lebens zusammen: 33 Jahre lang sei er Ritter gewesen und habe 58 Lieder gesungen, die alle in diesem Buch stünden. Zu dessen Produktion habe ihn seine Dame aufgefordert, so dass das Buch, das ›Frauendienst‹ heiße, selbst Frauendienst sei.

In der Partie zwischen den beiden Diensten und ebenso beim zweiten Dienst macht die Anlage des Textes endgültig deutlich, dass die Lieder nicht eigens für die Integration in die Erzählung gedichtet wurden: Eine konkretisierende Liebesgeschichte gibt es hier gar nicht mehr; Handlung entsteht nur durch die Artusfahrt und die politische Entwicklung nach dem Tod des Herzogs. Ansonsten hat der ›Frauendienst‹ nun den Charakter einer Liedersammlung mit kurzen Überleitungen zwischen den Liedtexten, und dieser Sammlungscharakter ist auch der wichtigste literarhistorische Aspekt der gesamten, außergewöhnlichen Textkonstruktion: Das Liedkorpus Ulrichs von Liechtenstein ist das einzige aus dem deutschen Minnesang des 12. und 13. Jahrhunderts, von dem wir wissen, dass es eine vom Autor selbst verantwortete Sammlung darstellt. Alle anderen Autorkorpora, sogar das von Johannes Hadlaub (vgl. Kap. 11), treten uns nur als Produkte der Überlieferung entgegen. Der ›Frauendienst‹ dokumentiert deshalb ein für die Zeit und die Gattung außergewöhnliches Selbstbewusstsein seines Verfassers als Liedautor.

Ebenso ist er ein Dokument literarischen Bewusstseins, denn der Erzähler Ulrich von Liechtenstein lässt sein Leben ausschließlich aus Frauendienst bestehen. Trotz der Versatzstücke aus der historischen Wirklichkeit – Geographie, Personen, Verhältnisse nach dem Tod des Herzogs – kommt das Leben des landesfürstlichen Ministerialen Ulrich von Liechtenstein, das uns in den historischen Urkunden begegnet, im ›Frauendienst‹ nicht vor. Die Romanfigur Ulrich produziert Minnelieder und dient seinen beiden Damen als Ritter im Gewand literarischer Figuren, als personifizierte Minne in Gestalt der Dame Venus und als König Artus. Überall wird Dichtung in Leben umgesetzt, nicht Leben in Dichtung. Selbst wenn alles, was der ›Frauendienst‹ erzählt, wirklich geschehen sein sollte (was ganz unwahrscheinlich ist), wäre dabei literarische Tradition als Lebenspraxis inszeniert worden.

Für das Verfahren des konkretisierenden Ausfabulierens abstrakter Minnesangmotive könnten Liechtenstein die okzitanischen *vidas* und *razos* als Vorbild gedient haben, die zur Überlieferung von Trobadorliedern gehören und die er in Norditalien kennengelernt haben könnte. Eine *vida* ist eine (fiktive) Kurzbiographie eines Trobadors, eine *razo* (von lateinisch *ratio* für ›Ursache‹) eine (fiktive) Episode, die die Entstehung eines einzelnen Lieds erklärt. *Vidas* und *razos* sind zusammen mit okzitanischen Liedtexten überliefert, stammen jedoch nicht vom jeweiligen Trobador selbst und haben deshalb auch nicht die Form von Ich-, sondern von Er-Erzählungen. Zudem handelt es sich dabei um kurze Texte. Sie könnten also lediglich eine ungefähre Anregung für Liechtensteins ›Frauendienst‹ geliefert haben, der gleichwohl eine höchst originelle Konstruktion darstellt.

Das Ausfabulieren traditioneller Minnesangmotive bestimmt in erheblichem Ausmaß auch die Art und Weise, in der im Erzählrahmen des ›Frauendienstes‹ die Praxis des Minnesangs dargestellt ist (Schilling 1996, Haferland 2000). Als Abbild der Wirklichkeit lässt sich das ebenso wenig verstehen wie die dargestellte Praxis der Minne, auch wenn es sich um den einzigen zeitgenössischen Text handelt, der ein halbwegs anschauliches Bild vom ›Sitz im Leben‹ der Gattung zu liefern scheint.

Alle Lieder sind in erster Linie als Vollzug des Minnedienstes ausgegeben, so dass das literarische Modell selbst – jeder Minnesänger dient mit seinen Liedern seiner Dame – in Handlung umgesetzt ist. Die wichtigste Funktion der im ersten Dienst situierten Lieder besteht darin, die Dame zur Annahme und Entlohnung des Dienstes zu bewegen. Zu diesem Zweck schickt Ulrich schriftlich aufgezeichnete Lieder per Boten zur Dame. Der Bote (er stammt ebenfalls aus dem Motivarsenal der Gattung) trägt das Lied vor, manchmal liest es die Dame auch. Einmal unterscheidet sie zwischen der ästhetischen Qualität eines Lieds, die sie anerkennt, und seiner Werbungsfunktion, die sie zurückweist (Str. 404); dies zeigt immerhin, dass eine solche Differenzierung zu den zeitgenössischen Denkmöglichkeiten gehörte. Nie singt Ulrich selbst der ersten Dame ein Lied vor. Nur bei einem Lied für die zweite Dame lässt sich der Erzählrahmen in diesem Sinn verstehen, denn die Dame freut sich unmittelbar nach dem Vortrag darüber, dass jede Strophe des Lieds mit dem Ausdruck *hoher muot* beginnt (Str. 1394 f.). Auch hier zielt die Reaktion darauf, die dichterische Qualität des Lieds hervorzuheben.

Abgesehen von der Verwendung der Lieder als Liebeswerbung bleiben die Angaben zur Pragmatik des Minnesangs dunkel. Oft teilt der Erzähler nur mit, das Lied gesungen zu haben, ohne dass überhaupt von einem Publikum die Rede wäre. Während seiner Gefangenschaft singt Ulrich ein Lied ausdrücklich für sich selbst (Str. 1726). Wenn ein Publikum ins Spiel kommt, wird die Vortragssituation nicht näher beschrieben; insbesondere erzählt Ulrich kein einziges Mal, dass er als Sänger vor ein höfisches Publikum tritt und ein Lied vorträgt. Ein Lied wird auf dem Friesacher Turnier gesungen (Str. 316); sonst interessiert bei der Erwähnung eines Publikums allein dessen Kennerschaft, die mit der Qualität des Lieds das Können des Autors bestätigt. Lieder werden in Melodie (*wîse*) und Text (*wort*) für neu, gut und wahr befunden; einmal erkennen die weniger Kompetenten das ungewöhnliche Reimschema nicht (Str. 1398).

Ulrichs Lieder werden auch von anderen gern und oft gesungen, ohne dass Genaueres darüber berichtet würde; einmal singt man beim Lanzenkampf ein Lied (Str. 1425) – freilich passenden Inhalts, denn es handelt vom Kampf als Frauendienst. Selten berichtet der Erzähler, dass zu Liedern getanzt wird (Str. 1358 f., 1772); wesentlich häufiger sind Lieder dagegen, vor allem in den Liedüberschriften, als *tanzwîse* bezeichnet, ohne dass es eine entsprechende narrative Konkretisierung gäbe.

Bei den Angaben zur Liedproduktion ist bemerkenswert, dass sich Ulrich als illiterat darstellt: Ohne seinen Schreiber kann er Texte weder lesen noch aufzeichnen (Str. 169). Schwer zu entscheiden ist, ob es sich dabei um eine glaubwürdige Selbstauskunft des historischen Ulrich von Liechtenstein handelt oder um eine Stilisierung der Romanfigur zum Amateurdichter im Sinn eines dezidiert laienadeligen Autorkonzepts, wie es etwa auch Wolfram von Eschenbach in seinen epischen Werken heraufbeschwört. Jedenfalls scheint in der Kooperation zwischen Ulrich und seinem Schreiber eine Vorstellung davon auf, dass ein Minnesänger illiterat sein und gleichwohl über Schriftlichkeit, gewissermaßen in Gestalt einer ausgelagerten Kompetenz, verfügen kann.

Der gängige Ausdruck für die Liedproduktion im Erzählrahmen des ›Frauendiensts‹ ist *tihten*; oft wird auch *singen* in dieser Bedeutung gebraucht (zu den Terminologiekonventionen vgl. Obermaier 1995, S. 289 ff.). Die Verschriftlichung, von der immer nur anlässlich einer Übermittlung des Lieds an die Dame die Rede ist, erfolgt in einem zweiten Schritt durch den Schreiber (Str. 1086 f.). Einmal wird die Kontrafakturpraxis (vgl. S. 28) erklärt: Ulrich verfertigt im Auftrag der ersten Dame auf eine in *tiutschen landen* unbekannte Melodie einen deutschen Text (Str. 358 f.; dass das entsprechende Lied tatsächlich eine Kontrafaktur ist, konnte nicht nachgewiesen werden). Zum Dank für diese Leistung erhält er von der Dame übrigens ein Hündchen; neben einem Ring, den die Dame während der Venusfahrt überbringen lässt und kurz darauf wieder zurückfordert, bleibt dies eine der wenigen Zuwendungen im Verlauf des ersten Dienstes.

Welche gesellschaftliche Funktion Ulrich von Liechtenstein dem Minnesang zuweist, zeigt nicht dessen im Text fingierte Gebrauchspraxis, die weitgehend konventionelle Minnesangmotive in Handlung umsetzt, sondern die Konstruktion des ›Frauendienstes‹ selbst. Gäbe es nur den ersten, unglücklichen Dienst mit den parodistischen Konkretisierungen von Minnesangmotiven, liefe alles darauf hinaus, das Frauendienst-Ideal als solches lächerlich zu machen und die Sinnlosigkeit des Minnesangs vorzuführen. Dagegen steht jedoch der zweite Dienst, der das Ideal ungebrochen feiert. Der Unterschied zwischen den Dienstverhältnissen beruht allein auf dem Verhalten der beiden Damen: Die erste lehnt die Werbung von Anfang an ab und schwankt später unbeständig zwischen Ermutigung und Abweisung. Angesichts dieser Einstellung erweist sich der beständige Frauendienst als töricht; am Kontrast zwischen Liedern und Handlung wird gezeigt, dass das Ideal unter solchen Umständen leer läuft. Die zweite Dame reagiert auf den Frauendienst dagegen von Anfang an und beständig erfreulich; bei dieser Konstellation kann gar kein Kontrast zwischen dem in den Liedern präsentierten Ideal und irgendeiner Liebeshandlung entfaltet werden. Stattdessen konfrontiert der zweite Dienst die politische Misere mit dem Liebesglück (J.-D. Müller 1984). Das macht überdeutlich, wie entschieden das Frauendienst-Ideal selbst bekräftigt werden soll: Wo alles zusammenbricht und Trauer herrscht, können allein geglückte Minne und Minnesang noch für höfische *fröide* sorgen.

So entfaltet der ›Frauendienst‹ die Position, dass Minne und Minnesang nötiger sind denn je, dass höfische *fröide* aber nur noch durch Minne und Minnesang und nur unter der Voraussetzung zu gewährleisten ist, dass sich Männer und

Frauen im Rahmen des Dienstverhältnisses richtig verhalten. Dies verleiht dem Gesamttext eine lehrhafte Tendenz, die auch in einigen gegen Ende platzierten Liedern unmittelbar zum Ausdruck kommt: Der Sänger erteilt höfischen Frauen und Männern hier explizite Handlungsanweisungen. Das ist ein anderer Formulierungstypus als der der normativen Generalisierung, weil nicht programmatisch das Ideal beschrieben, sondern Verhaltenslehre vermittelt wird. Ulrichs Vorbild war freilich in beiden Fällen Walther von der Vogelweide (Ranawake 1989). Der Sänger tritt in den didaktischen Liedern offen als Ratgeber und Lehrer der höfischen Gesellschaft auf (KLD 58.LI):

1 Ich wil durch die frouwen mîn
guoten wîben râten einen rât,
daz si frô mit zühten sîn.
zuht bî fröiden frouwen schône stât.
swelch wîp ist mit zühten hôch gemuot,
diu hât êren vil, und ist si guot.

2 Güetlîch sol ein ieslîch wîp
gerne tuon; deswâr, daz wîbet wol.
diu wol kleiden wil ir lîp,
diu sol tuon ir herze güete vol.
güete ist ein daz beste wîbes kleit,
daz an frouwen lîp wart ie geleit.

3 Swelch wîp güetlich lachen kan
schône mit zühten, hât diu rôten munt,
diu mac einem werden man
siuften bringen ûz des herzen grunt.
guot gebærde frouwen schône stât.
wol ir, diu bî schœne güete hât.

4 Swâ ein guot wîp minnen wil,
diu sol minnen daz ir rehte zeme.
valscher manne, der ist nu vil;
dâ von sol bedenken, wen si neme:
der ir êren hüete und stæte sî,
sô daz er gegen ir sî wankes frî.

5 Swelch man sich vor missetât
hât behuot und immer hüeten wil,
swâ ein wîp sich an den lât,
der lîp darf sorgen nimmer vil.
er ist ir êren frô, daz weiz ich wol.
biderbe man guot wîp bedenken sol.

6 Ein guot wîp, diu solde die
haben liep, die manlîch sint gemuot.
swer nie grôz untât begie,
der ist werdem wîbe ze friunde guot.
swelch man sîner êren hüeten kan,
an den sol ein wîp ir êre lân.

7 Swes mîn frouwe sich an mich lât,
des pflige ich ir, sô ich beste kan.
ich begie nie missetât
gegen ir; valschen muot ich nie gewan.
si ist mir lieber danne mîn selbes lîp.
daz ist mîn reht, sî ist ein wîplich wîp.

1. Ich will um meiner Dame willen guten Frauen den Rat geben, dass sie mit Anstand froh sein sollen. Anstand bei der Freude steht Damen gut. Wenn eine Frau mit Anstand hochgemut ist, hat sie viel Ansehen, wenn sie außerdem gut ist.
2. Jede Frau soll gern gütig sein; das macht in der Tat richtig weiblich. Wenn eine sich gut anziehen will, soll sie ihr Herz mit Güte füllen. Güte ist das beste Frauenkleid, das dem Körper einer Dame jemals angelegt wurde.
3. Wenn eine Frau gütig, schön und anständig lachen kann und dazu einen roten Mund hat, kann sie einem edlen Mann die Seufzer vom Herzensgrund fortbringen. Gutes Benehmen schmückt Damen. Gepriesen sei die, die zur Schönheit Güte besitzt.
4. Wenn eine gute Frau lieben will, soll sie lieben, was richtig zu ihr passt. Unaufrichtige Männer gibt es jetzt viele; deshalb soll sie gut überlegen, wen sie nehmen will: einen, der auf ihr Ansehen Rücksicht nimmt und beständig ist, so dass er ihr gegenüber frei von Untreue ist.
5. Wenn eine Frau sich einem Mann überlässt, der sich vor Fehlern gehütet hat und stets hüten will, dann braucht sie sich keine großen Sorgen zu machen. Er ist froh über ihr Ansehen, das weiß ich sicher. Anständigen Männern soll sich eine gute Frau zuwenden.
6. Eine gute Frau sollte die lieb haben, die eine männliche Einstellung haben. Wer nie einen großen Fehler beging, der taugt als Freund einer edlen Frau. Einem Mann, der sein eigenes Ansehen bewahren kann, soll eine Frau ihr Ansehen anvertrauen.
7. Worin auch immer sich meine Dame auf mich verlässt, das tue ich für sie, so gut ich kann. Ich habe ihr gegenüber nie etwas falsch gemacht; ich hatte nie unaufrichtige Absichten. Sie ist mir lieber als mein eigenes Leben. Daran tue ich recht: Sie ist eine mustergültige Frau.

Männer sollen in der Liebe aufrichtig und beständig sein und auf das gesellschaftliche Ansehen der Frauen Rücksicht nehmen. Frauen sollen sich gut überlegen, auf wen sie sich einlassen, und ihr Ansehen nicht für unaufrichtige Verführer aufs Spiel setzen. Anständigen Männern sollen sie jedoch ihre *güete* – das

Wort bezeichnet, wie gewöhnlich bei Liechtenstein, zugleich die ideale Vollkommenheit (›Gutheit‹) und die freundliche Zuwendung (›Güte‹) – zuteil werden lassen und sie *minnen*, wie es in der vierten Strophe ausdrücklich heißt. Anfang und Ende des Lieds weisen darauf hin, dass der Sänger durch sein eigenes vorbildliches Verhalten und dasjenige seiner Dame dazu berechtigt ist, der Gesellschaft solche Ratschläge zu erteilen.

Es ist dieser Zusammenhang zwischen Minne und Minnesang, zwischen dem Ergehen und Verhalten des Liebenden einerseits und der gesellschaftlichen Leistung des Sängers andererseits, der der Anordnung der Lieder im ›Frauendienst‹ zugrunde liegt. Auch durch den Verlauf der Ich-Erzählung wird er hervorgehoben (Linden 2004). Liechtenstein hat sie so konstruiert, dass sie ihm eine systematische Gruppierung seiner Lieder ermöglichte: Im ersten Dienst sind die traditionellen Minnekanzonen untergebracht, die ihrerseits das konventionelle Motivrepertoire des Liedtyps systematisch durchspielen. Zwischen den beiden Diensten stehen die programmatischen Lieder, die in der normativen Generalisierung das Ideal der höfischen Liebe bestimmen. Der zweite, glückliche Dienst bietet den Rahmen für die freudigen Minnekanzonen und die Tagelieder sowie, gegen Ende, für die lehrhaften Lieder. In der Liedfolge vollzieht sich eine Bewegung von der anfänglichen Hoffnungs- und langwierigen Leiderfahrung über die programmatische Reflexion zur dauerhaften Freudeerfahrung; diese Bewegung rechtfertigt die Lehrerrolle am Schluss. Systematischer ist der Zusammenhang zwischen Lieben und Singen in der Minnesangtradition nie dargestellt worden: Sein eigenes Liebeserleben macht den Sänger zum Experten, der der Gesellschaft den Weg durchs Leid zur Freude weist. Damit gibt der ›Frauendienst‹ zugleich eine prägnante Antwort auf die Frage nach der Funktion des Minnesangs: Für Ulrich von Liechtenstein ist er eine Anleitung zur *fröide*, die durch die Minne dem Einzelnen und durch den Minnesang allen zuteil wird.

Ausgaben: Spechtler (›Frauendienst‹ mit Liedern), KLD Nr. 58 (Lieder); Wachinger (Auswahl mit Übersetzung und Kommentar). Übersetzung (›Frauendienst‹ mit Liedern): Spechtler 2000.

Literatur: Peters 1970, Kühnel 1980/81, Kartschoke 1981, Heinen 1984 und 1984a, J.-D. Müller 1984, Grubmüller 1985, Heinen 1986, Touber 1988, Ranawake 1989, Rischer 1992, J.-D. Müller 1995, Schilling 1996, Hübner 1996, Brunner 1997, Mertens 1998, Spechtler u. Maier (Hg.) 1999 (mit ausführlicher Bibliographie), Hübner 1999, Haferland 2000, Linden 2003, Linden 2004, März 2005, Volfing 2006, Wachinger 2006.

7

Pastourellenmotive und der Formtyp Leich
Minnesang-Freude beim Tannhäuser

Vom Tannhäuser – einem um die Mitte des 13. Jahrhunderts produktiven Berufsdichter – soll hier ein Lied vorgestellt werden, das in der Forschung die nicht unumstrittene Bezeichnung ›Pastourellenleich‹ trägt. Das bietet die Gelegenheit, zunächst den Liedtyp Pastourelle und den Formtyp Leich zu behandeln.

Die Pastourelle war vor allem bei den französischen Trouvères beliebt; seltener begegnet sie im okzitanischen Minnesang der Trobadors. Wie alle Liedtypen der höfischen Liebeslyrik brachte auch dieser vielfältige Variationen hervor. Gleichwohl lässt sich ein prototypisches Konstruktionsmuster der französischen Pastourelle beschreiben, das ihre Komplementärfunktion zur Minnekanzone deutlich macht: Ein Ritter berichtet in Form einer Ich-Erzählung von einem Ausritt oder einem Spaziergang, der ihn vom Hof aufs Land führt. Dort trifft er im Freien eine Schäferin (die *pastorela*, von der der Liedtyp seinen Namen hat), die er zu verführen versucht. Die weitere Handlung kann ganz unterschiedlich verlaufen: Manchmal hat der Ritter Erfolg, manchmal wimmelt die Schäferin ihn ab, manchmal vergewaltigt er sie, manchmal kommen ihr Bauern oder Schäfer zu Hilfe und verjagen ihn.

Der Kontrast zur höfischen Liebe der Minnekanzone wird in Pastourellen hin und wieder ausdrücklich dadurch zur Sprache gebracht, dass der Ritter aus Frustration über seinen erfolglosen Frauendienst aufs Land zieht. Im Freien – das heißt: abseits vom Hof und den Normen der Adelsgesellschaft –, oft in einer idyllischen Szenerie, sucht er den schnellen und unkomplizierten Lustgewinn (eine Erwartung, die nicht immer erfüllt wird, weil auch Schäferinnen raffiniert sein können). Pastourellen zeigen dabei regelmäßig, dass der Ritter mit einem Mädchen, das keine Adelige ist, all das machen kann, was sich bei der höfischen Dame nicht gehört. Bei der Schäferin geht es um die einmalige Verführung, nicht um die Beständigkeit dauerhaften Liebens; sie wird skrupellos hinters Licht geführt, nicht mit Aufrichtigkeit behandelt; auch Gewalt kann angewandt werden, weil das Begehren nicht durch die freiwillige Gewährung als Belohnung männlicher Selbstunterwerfung geadelt werden soll. Vom Liebesabenteuer mit der Schäferin kann der Ritter in Gestalt des Lieds außerdem ungehemmt erzählen, weil sie keine Ehre hat, auf die er Rücksicht zu nehmen braucht. Die Form der Ich-Erzählung unterscheidet die Pastourelle vom Tagelied, das den Liebenden nicht vom eigenen Erfolg erzählen lassen kann; die erfüllte höfische Liebe des Tagelieds ist auch in konzeptioneller Hinsicht das Gegenteil zur Verführung in der Pastourelle.

Abb. 8: Miniatur zu den Liedern des Tannhäusers in der Manessischen Liederhandschrift.

Neben den französischen und okzitanischen Pastourellen gab es pastourellenartige Lieder auch in der lateinischen Liebeslyrik des 12. und 13. Jahrhunderts, wie sie vor allem in der großen, um 1230 entstandenen Sammlung der ›Carmina Burana‹ überliefert ist. Charakteristisch ist hier die Verführung im Freien; die Figuren können jedoch ständisch unbestimmt bleiben, und das oft nur als *puella* (Mädchen) bezeichnete Verführungsopfer muss keine Schäferin sein. Da die lateinische Lyrik nicht auf das Konzept der höfischen Liebe verpflichtet war, sind die lateinischen Pastourellen nicht kontrastiv darauf bezogen. Die Natur als Ort der

Begegnung signalisiert zwar ebenfalls die Ferne zu gesellschaftlichen, nicht aber zu spezifisch adeligen Normen. Zudem kann auch das Mädchen die Ich-Erzählerin sein; die Funktion des französischen Kerntypus hängt dagegen an der Darstellung der männlichen Perspektive.

Aus dem deutschen Minnesang ist kein einziger Text überliefert, der dem prototypischen Muster der französischen Pastourelle entspricht; insbesondere tritt nie eine Schäferin als erotisches Objekt auf (Brinkmann 1985; eine Ausnahme ist vielleicht Gottfried von Neifen KLD 15.XXVII, vgl. Worstbrock 2007). Der Liedtyp war den deutschen Minnesängern aber nicht unbekannt; gelegentlich griffen sie einzelne Elemente des Pastourellenschemas auf. Eher selten kamen dabei Liedtexte zustande, die sich durch weniger gravierende Abweichungen vom französischen Modell unterscheiden: Das Mädchen übt dann eine andere ländliche Tätigkeit aus oder wird nur als *maget* vorgestellt. Beispiele dafür sind die drei bereits erwähnten Lieder Gottfrieds von Neifen (vgl. S. 73), ein in der Manessischen Liederhandschrift zweimal, unter den Namen Kol von Niunzen und Niune, überliefertes Lied (KLD 29.I) sowie einzelne Lieder Neidharts, die von Verführungsversuchen im Freien erzählen (vgl. dazu Bennewitz 1993).

Neidharts *dörper*-Modell (vgl. Kap. 3) könnte auch über diese spezifischeren Fälle hinaus vom Vorbild der Pastourelle beeinflusst sein. Freilich ist es im Kern doch markant anders aufgebaut: Pastourellen erzählen nicht davon, dass der Ritter den Minnesang unter die Bauern trägt; sie erzählen nur davon, dass der höfische Frauendiener ein Landmädchen zu verführen versucht. Sie demonstrieren nicht den Zusammenbruch des höfischen Ideals in der falschen ständischen Umgebung, sondern nur den Unterschied zwischen Verführung und höfischer Liebe. Auch wenn sich Neidhart vom Pastourellenschema anregen ließ, benutzte er einzelne seiner Bestandteile doch für eine eigene, erheblich komplexere Sinnkonstruktion. Möglicherweise verhinderte sein Erfolg die Karriere der Pastourelle im deutschen Minnesang des 13. Jahrhunderts: Wer *dörper*-Lieder hatte, könnte nicht auch noch Pastourellen gebraucht haben.

Neben Neidhart gibt es im deutschen Minnesang einen weiteren Typus der Verarbeitung von Pastourellenmotiven, der eine eigenständige Sinnkonstruktion zum Ergebnis hat. Dieser Typus wird in Teilen der Forschung unter der umstrittenen, meines Erachtens jedoch berechtigten Bezeichnung ›Mädchenlied‹ geführt (vgl. vor allem Warning 1992). Er begegnet zuerst bei Walther von der Vogelweide: Im ›Lindenlied‹ (L 39,11) erzählt eine weibliche Figur von einem Geschlechtsverkehr in einer idyllischen Szenerie im Freien; diese Konstellation gibt es auch in lateinischen Pastourellen. Im ›Kranzlied‹ (L 74,20) erzählt der Sänger, wie er eine *maget* bei einem Tanz dazu aufforderte, sich mit ihm zu einem abgelegenen idyllischen Ort zu begeben. In der Strophe des Lieds, die andeutet, dass das Mädchen der Bitte folgte und den Sänger im Gras unter herabfallenden Baumblüten erhörte, entpuppt sich der gesamte Vorgang als Traum.

In beiden Texten bleiben die Figuren wie in lateinischen Pastourellen ständisch unbestimmt, so dass im Gegensatz zu französischen Pastourellen kein Standesunterschied profiliert wird. Das Vorgehen des Mannes erscheint, anders als in lateinischen und französischen Pastourellen, nicht als Verführung; der Geschlechtsverkehr wird ganz im Gegenteil mit den Wertattributen der höfischen Liebe assoziiert. Das Pastourellenmotiv der sexuellen Begegnung im Freien dient einer Sinnkonstruktion, die sich von derjenigen lateinischer und französischer Pastourellen deutlich unterscheidet: Abseits der Gesellschaft erleben ständisch nicht festgelegte Figuren eine beiderseits beglückende Liebe, die den Wertzuschreibungen nach als durchaus höfisch, jedoch nicht als sozial exklusiv und nicht als Ergebnis anstrengender Leidensbereitschaft dargestellt ist. Auf diese Konstruktion griff der Tannhäuser im unten behandelten ›Pastourellen-Leich‹ ebenso zurück wie auf Motive aus dem Neidhart-Modell.

Der Begriff ›Leich‹ bezeichnet – anders als die Begriffe Minnekanzone, Tagelied oder Pastourelle – keinen inhaltlich konturierten Liedtyp, sondern einen musikalischen und sprachmetrischen Formtyp. In diesem terminologischen Sinn wurde das mittelhochdeutsche Substantiv *leich* im 13. und 14. Jahrhundert benutzt; der moderne literaturwissenschaftliche Gebrauch knüpft daran an. Der mittelhochdeutsche Plural lautet *leiche;* heute wird daneben auch der künstliche Plural ›Leichs‹ verwendet. Zur Herkunft der historischen Typenbezeichnung gibt es zwei Thesen: Der einen zufolge geht sie über altfranzösisch *lai* auf keltisch *laîd* (Lied) zurück, der anderen zufolge auf althochdeutsch *leih* (Gesang).

Was beim Lied die Strophen sind, nennt man beim Leich Versikel. Die Strophen eines Lieds werden alle auf dieselbe Melodie gesungen und haben deshalb alle dieselbe sprachmetrische Gestalt. Beim Leich haben die Versikel dagegen unterschiedliche sprachmetrische Gestalten, weil sie nicht alle auf dieselbe Melodie gesungen werden. Freilich wiederholen sich die unterschiedlichen Versikelmelodien im Verlauf eines Leichs gewöhnlich ein- oder mehrmals, beispielsweise indem zwei unmittelbar aufeinander folgende Versikel dieselbe sprachmetrische und musikalische Form haben, die nächsten beiden eine andere und so weiter (›Prinzip der fortschreitenden Repetition‹). Die gelegentlich komplizierte Form von Leichen beruht auf dem jeweiligen Verhältnis zwischen musikalischer Variation und Repetition in der Abfolge der Versikel. Die Wiederholungsstrukturen sind in der schriftlichen Überlieferung allerdings nur sicher zu erkennen, wenn eine Melodie zum Text erhalten ist (vgl. zur Melodieüberlieferung S. 28 f.). Ein Leich machte kompositorisch erheblich mehr Arbeit als ein Strophenlied, weil der ganze Text durchkomponiert werden musste; in der Regel sind Leiche zudem erheblich länger als zeitgenössische Strophenlieder. Den Formtyp gab es nicht nur in der deutschen, sondern in Gestalt von Conductus und Sequenz auch in der lateinischen, in Gestalt von Lai und Descort auch in der romanischen Liedkunst.

In thematischer Hinsicht tritt der Leich in zwei Grundtypen auf, nämlich als religiöser Leich und als Minneleich. Religiöse Leiche, die in der Regel von Sangspruchdichtern (vgl. S. 26-28) stammen, behandeln meistens heilsgeschichtliche Themen wie die Geburt und den Tod Christi oder die Bedeutung der Gottesmutter Maria. Beim Minneleich gibt es verschiedene Arten der thematischen Konstruktion. Die häufigste unterscheidet sich inhaltlich nicht von derjenigen der Minnekanzone: Der Sänger reflektiert über das Liebesverhältnis zu seiner Dame, rühmt sie und beklagt die Erfolglosigkeit seines Dienstes. Manche Minneleiche behandeln die Liebe aber auch in Gestalt verallgemeinerter Aussagen, ohne dies an die Reflexion über ein persönliches Liebesverhältnis zu binden. Das entspricht der Art und Weise, wie die Liebe gewöhnlich in Sangsprüchen thematisiert wird (vgl. S. 27), und Minneleiche dieser Art wurden auch eher von Dichtern produziert, die zugleich Sangsprüche im Repertoire hatten.

Dem Aufführungstypus nach kann man beim Minneleich zwischen Tanzleich und reinem Vortragsleich unterscheiden. Religiöse Leiche dürften kaum zum Tanz gesungen worden sein. Die moderne Klassifizierung eines Texts als Tanzleich beruht gewöhnlich darauf, dass er sich selbst ausdrücklich dazu stilisiert – durch Tanzaufforderungen oder durch die abschließende Feststellung, der Tanz sei nun zu Ende. Selbstverständlich muss man solchen Selbststilisierungen nicht blind vertrauen; sie können auf eine entsprechende Verwendung hindeuten, ohne dass das zwingend wäre.

Die meisten Minnesänger haben offenbar gar keine Leiche produziert; nur von sehr wenigen sind mehrere Exemplare überliefert. Unter ihnen ist der Tannhäuser mit sechs Tanzleichen der Spitzenreiter. Der Name *Der Tanhuser* steht in der Manessischen Liederhandschrift über einem nicht besonders großen, aber mit Sangsprüchen, einem religiösen Lied, Minnekanzonen und Leichen vielfältigen Autorkorpus, das auf einen Berufsdichter schließen lässt. Urkundlich ist der Tannhäuser nicht belegt. Der Name könnte eine Herkunftsbezeichnung sein; Orte namens Tannhausen gibt es etliche. Alles Wissen über den Dichter stammt aus den Liedtexten selbst: Aus einem Lobpreis auf Herzog Friedrich II. von Österreich mit Anspielungen auf Ereignisse des Jahres 1245 und aus einer Klage über den Tod des Herzogs (1246) lässt sich schließen, dass der Tannhäuser in den 40er Jahren am Wiener Hof auftrat, an dem zuvor Neidhart gesungen hatte. Weitere Texte deuten an, dass er sich nach dem Tod des Herzogs um andere Gönner bemühte und die unsichere Existenz eines fahrenden Dichters führte. Die letzten Anspielungen der Liedtexte auf Zeitereignisse gehören in die 60er Jahre des 13. Jahrhunderts. Weshalb das Autorbild der Manessischen Handschrift den Tannhäuser in der Tracht eines Deutschordensritters darstellt, ist trotz mancher Spekulation ungeklärt.

Unter dem Namen Tannhäuser sind in anderen Handschriften weitere Texte überliefert, die zum überwiegenden Teil von anderen Dichtern stammen dürften, darunter jedoch keine weiteren Minnelieder. Seit dem 15. Jahrhundert ist die Ballade belegt, die eine Sagenbildung um den Tannhäuser dokumentiert (Wachinger 1996, Rüther 2007): Er erscheint als Ritter, der sich aus sexuellem Begehren in den Berg der Göttin Venus begibt und dort von ihr festgehalten wird. Dies war eine der Stoffgrundlagen für Richard Wagners Tannhäuser-Oper.

In den sechs Leichen, die die Manessische Liederhandschrift dem Tannhäuser zuschreibt, stellt sich der Sänger als Tanzmeister dar, der der höfischen Gesellschaft Freude vermittelt. Doch nur Leich 4 folgt mit einem langen Lobpreis der Dame dem traditionellen Typus des thematisch an die Minnekanzone angelehnten Minneleichs. Die anderen Texte sind inhaltlich recht ungewöhnlich: In Leich 1 steht ein Fürstenlob auf Herzog Friedrich im Mittelpunkt; ein lockerer Bezug zum

Minnesang wird dadurch bewerkstelligt, dass der Fürst als Spender höfischer Freude auch für die Damen erscheint. Leich 5 verbindet eine Totenklage auf Friedrich und ein Lob auf den bayerischen Herzog Otto II. mit einem Schönheitspreis der Minnedame; hier stehen Otto und die Dame als Freudestifter nebeneinander. Leich 6 enthält einen langen Katalog von Fürsten, die als Gönner und Garanten höfischer Freude gerühmt werden. Die thematische Konstruktion dieser drei Texte hebt hervor, dass glanzvolle Herrschaft, analog zum Frauendienst, höfische Freude vermittelt. Wie bei dieser Koordination von Herrschaft und Liebe handelt es sich auch bei den beiden ›Pastourellen-Leichen‹ (2 und 3) um eine Besonderheit des Tannhäusers (Siebert 3; Wachinger 2006, S. 182):

1 Der winter ist zergangen,
daz prüeve ich ûf der heide.
aldar kam ich gegangen,
guot wart mîn ougenweide.

2 Von den bluomen wolgetân –
wer sach ie sô schœnen plân?
der brach ich zeinem kranze.
den truoc ich mit tschoie zuo den frouwen an dem tanze.
well ieman werden hôchgemuot, der hebe sich ûf die schanze!

3 Dâ stêt vîol unde klê,
sumerlaten, gamandrê,
die werden zîtelôsen.
ôstergloien vant ich dâ, die liljen und die rôsen.
dô wunschte ich, daz ich sant mîner frouwen solde kôsen.

4 Si gap mir an ir den prîs,
daz ich wære ir dulz amîs
mit dienste disen meien.
durch si sô wil ich reien.

5 Ein fôres stuont dâ nâhen,
aldar begunde ich gâhen.
dâ hôrte ich mich enphâhen
die vogel alsô suoze.
sô wol dem selben gruoze!

6 Ich hôrte dâ wol tschantieren,
die nahtegal toubieren.
aldâ muoste ich parlieren
ze rehte, wie mir wære.
ich was ân alle swære.

7 Ein riviere ich dâ gesach,
durch den fôres gienc ein bach
ze tal über ein plâniure.
ich sleich ir nâch, unz ich si vant, die schœnen creatiure.
bî dem fontâne saz diu klâre, diu süeze von faitiure.

8 Ir ougen lieht und wolgestalt,
si was an sprüchen niht ze balt,
man mehte si wol lîden.
ir munt ist rôt, ir kele ist blanc,
ir hâr reitval, ze mâze lanc,
gevar alsam die sîden.
solde ich vor ir ligen tôt, in mehte ir niht vermîden.

9 Blanc alsam ein hermelîn
wâren ir diu ermelîn.
ir persône diu was smal,
wol geschaffen überal.

10 Ein lützel grande was si dâ,
smal geschaffen anderswâ.
an ir ist niht vergezzen:
lindiu diehel, slehtiu bein, ir füeze wol gemezzen.
schœner forme ich nie gesach, diu mîn côr hât besezzen.
an ir ist elliu volle.
dô ich die werden êrest sach, dô huop sich mîn parolle.

11 Ich wart frô und sprach dô:
»frouwe mîn, ich bin dîn, du bist mîn.
der strît der müeze iemer sîn!
du bist mir vor in allen.
iemer an dem herzen mîn muost du mir wol gevallen.
swâ man frouwen prüeven sol, dâ muoz ich für dich schallen,
an hübsch und ouch an güete.
du gîst aller contrâte mit tschoie ein hôchgemüete.«

12 Ich sprach der minneclîchen zuo:
»got und anders nieman tuo,
der dich behüeten müeze!«
ir parol der was süeze.

13 Sâ neic ich der schœnen dô.
ich wart an mînem lîbe frô
da von ir saluieren.
si bat mich ir tschantieren

von der linden esten
und von des meien glesten.

14 Dâ diu tavelrunde was,
dâ wir dô schône wâren,
daz was loup, dar under gras.
si kunde wol gebâren.

15 Dâ was niht massenîe mê
wan wir zwei dort in einem klê.
si leiste, daz si dâ solde,
und tet, daz ich dâ wolde.

16 Ich tet ir vil sanfte wê.
ich wünsche, daz es noch ergê.
ir zimt wol daz lachen.
dô begunden wir beide dô ein gemellîchez machen,
daz geschach von liebe und ouch von wunderlîchen sachen.

17 Von amûre seit ich ir,
daz vergalt si dulze mir.
si jach, si lite ez gerne,
daz ich ir tæte, als man den frouwen tuot dort in Palerne.

18 Daz dâ geschach, dâ denke ich an:
si wart mîn trût und ich ir man.
wol mich der âventiure!
erst iemer sælic, der si siht,
sît daz man ir des besten giht.
si ist alsô gehiure.
elliu granze dâ geschach von uns ûf der plâniure.

19 Ist iemen, dem gelinge baz,
daz lâze ich iemer âne haz.
si was so hôhes muotes,
daz ich vergaz der sinne.
got lône ir alles guotes!
sô twinget mich ir minne.

20 Was ist daz, daz si mir tuot?
alles guot, hohen muot
habe ich von ir iemer.
in vergizze ir niemer.

21 Wol ûf, Adelheit!
du solt sant mir sîn gemeit.

wol ûf, wol ûf, Irmengart!
du muost aber an die vart.

22 Diu dâ niht enspringet, diu treit ein kint.
sich fröuwent algemeine, die dir sint.

23 Dort hœr ich die flöuten wegen,
hie hœr ich den sumber regen.
der uns helfe singen,
disen reien springen,
dem müeze wol gelingen
zallen sînen dingen!

24 Wâ sint nû diu jungen kint,
daz si bî uns niht ensint?

25 Sô sælic sî mîn Künigunt!
solt ich si küssen tûsentstunt
an ir vil rôsevarwen munt,
sô wære ich iemer mê gesunt,
diu mir daz herze hât verwunt
vaste unz ûf der minne grunt.

26 Der ist enzwei, heia nû hei,
des videlæres seite, der ist enzwei.

(Die altfranzösischen Wörter im mittelhochdeutschen Text sind in der Übersetzung auf Englisch wiedergegeben, um eine Entsprechung zum höfischen *strîfeln* in der Gegenwartssprache zu simulieren:)

1. Der Winter ist vergangen, das erkenne ich an der Heide. Dorthin kam ich gegangen, mir bot sich eine gute Augenweide.
2. Wer sah jemals eine so prächtige Wiese mit schönen Blumen? Die pflückte ich für einen Kranz. Den trug ich *happily* zu den Damen beim Tanz. Wer fröhlich werden will, der soll sein *luck* versuchen!
3. Dort wachsen Veilchen und Klee, Sommerzweige, Gamander, edle Krokusse. Osterglocken fand ich dort, Lilien und Rosen. Da wünschte ich, mit meiner Herrin zu plaudern.
4. Sie verlieh mir selbst die Auszeichnung, ihr *sweet lover* zu sein in ihrem Dienst in diesem Mai. Ihretwegen will ich den Reien tanzen.
5. In der Nähe lag ein *forest*, dorthin eilte ich. Dort hörte ich, wie mich die Vögel süß empfingen. Gepriesen sei diese Begrüßung!
6. Dort hörte ich schöne *songs*, das *cheering* der Nachtigall. Dort musste ich genau *in words* fassen, wie es mir ging: Ich war frei von allem Leid.

7. Einen kleinen *river* sah ich dort. Durch den *forest* floss ein Bach hinab über eine *meadow*. Ich ging ihr nach, bis ich sie fand, die schöne *creature*. Bei der *fountain* saß *the nice one*, sie hat ein süßes *face*.
8. Ihre Augen (waren) strahlend und schön, mit Worten war sie nicht zu schnell. Man konnte sie gewiss mögen. Ihr Mund ist rot, ihr Hals ist weiß, ihr Haar lockig blond, in der rechten Länge, glänzend wie Seide. Selbst wenn es mein Tod wäre, könnte ich nicht auf sie verzichten.
9. Weiß wie ein Hermelinfell waren ihre Ärmchen. Ihr *body* war schlank, überall makellos.
10. An einer Stelle war sie ein bisschen *full-figured*, an einer anderen schmal. Nichts fehlt an ihr: Zarte Schenkel, gerade Beine, Füße rechter Größe. Eine schönere *form* sah ich nie, sie hat mein *heart* in Besitz genommen. Alles an ihr ist vollkommen. Sobald ich die Edle erblickte, begann meine *conversation*.
11. Ich wurde froh und sagte: »Meine Herrin, ich gehöre dir, du gehörst mir. Ewig soll dieser Wettstreit (wer wem gehört) dauern! Dich mag ich mehr als alle andern. In meinem Herzen wirst du mir immer gut gefallen. Wo immer man Damen beurteilt, muss ich für dich stimmen, was Höfischkeit und Vollkommenheit anbelangt. Du schenkst dem ganzen *environment* mit *happiness* große Freude.«
12. Ich sagte zu der Liebenswerten: »Gott und niemand sonst möge dich behüten!« Ihre *words* waren süß.
13. Sogleich verneigte ich mich dort vor der Schönen. Ich wurde glücklich durch ihr *greeting*. Sie bat mich um einen *song* für sie über die Zweige der Linde und den Maienglanz.
14. Die runde Tafel, an der wir uns fröhlich aufhielten, bestand aus Laub und Gras darunter. Sie wusste sich gut zu benehmen.
15. Dort gab es sonst keine *society* als uns beide im Klee. Sie tat, was sie tun sollte und was ich von ihr wollte.
16. Ich tat ihr auf sehr sanfte Weise weh. Ich wünsche, dass es wieder geschieht. Das Lachen steht ihr gut. Wir beide begannen dort mit einer lustigen Beschäftigung. Das geschah aus Freude und außergewöhnlichen Gründen.
17. Ich sprach zu ihr von *love*, dafür belohnte sie mich *sweetly*. Sie sagte, sie hätte es gern, dass ich mit ihr täte, was man mit den Damen in Palermo macht.
18. Was dort geschah, daran denke ich. Sie wurde meine Geliebte und ich ihr Mann. Glücklich bin ich über das *event*. Wer sie anschaut, ist für alle Zeit glücklich, denn nur das Beste sagt man über sie. Sie ist so wunderbar. *Truest love* ereignete sich dort unter uns auf der *meadow*.
19. Wenn es jemanden gibt, dem es besser ergeht, auf den bin ich nicht neidisch. Sie war so fröhlich, dass mir die Sinne schwanden. Gott belohne sie für alles Gute! Solche Macht hat die Liebe zu ihr über mich.
20. Was macht sie nur mit mir? Alles Gute, Hochstimmung habe ich für alle Zeit von ihr. Nie werde ich sie vergessen.
21. Auf, Adelheid, du sollst mit mir fröhlich sein! Auf, auf, Irmgard, du bist wieder an der Reihe!
22. Diejenige, die nicht tanzt, die ist schwanger. Alle freuen sich, die hier sind.

23. Dort höre ich Flötenspiel, hier höre ich Trommelschlagen. Wer uns beim Singen hilft und beim Reientanz, der soll Glück haben in allen seinen Angelegenheiten!
24. Wo sind nur die jungen Mädchen, die nicht hier bei uns sind?
25. Glücklich soll meine Kunigunde sein! Sollte ich sie tausendmal küssen auf ihren rosenfarbenen Mund, sie, die mein Herz schwer bis auf den Grund der Liebe verwundet hat, dann wäre ich für immer geheilt.
26. Sie ist gerissen, heia hei, die Saite des Geigers, die ist gerissen.

Eine Besonderheit in diesem Text sind die vielen altfranzösischen Wörter. Die Mode, Mittelhochdeutsch mit Wörtern aus der romanischen Vorbildsprache der europäischen Adelskultur zu durchziehen, lässt sich seit dem späten 12. Jahrhundert in der deutschen höfischen Dichtung beobachten. Der Auskunft des Dichters Thomasin von Zirklaere zufolge galt ein solcher Sprachgebrauch – Thomasin bezeichnet ihn als *die tiusche mit der welhsche strîfeln* (Deutsch mit bunten französischen Streifen versehen) – generell als vornehm. Die Dichte, mit der das *strîfeln* im Lied des Tannhäusers eingesetzt ist, übertreibt die Sprachmode und hat deshalb einen belustigenden Effekt; zugleich umgibt sie den erzählten Vorgang – halb ernst, halb scherzhaft – mit der Aura des Höfischen.

Der Natureingang (Versikel 1-3) dient hier nicht nur wie in der Minnekanzone dazu, eine Stimmungslage vorzugeben; der Sommer liefert zugleich die Szenerie für die erzählte Handlung. Der Ich-Erzähler pflückt beim Spaziergang auf der Heide Blumen für einen Kranz, mit dem er später zum Tanz mit den Damen geht. Minnesangkenner, die am Wiener Hof mit einiger Wahrscheinlichkeit zu finden waren, konnten sich an Walthers ›Kranzlied‹ erinnern, an dessen Beginn der Sänger dem Mädchen beim Tanz einen Kranz anbietet. Der Tannhäuser setzt die Erzählung aber nicht mit der Kranzübergabe beim Tanz fort, sondern bleibt beim Spaziergang und beim Blumenpflücken. Kenner konnten erwarten, dass das Blumenpflücken – wie in Walthers ›Kranzlied‹ – dem Frauenpflücken vorausgeht, denn ›*bluomen brechen*‹ ist das mittelhochdeutsche Pendant zum lateinischen Ausdruck ›*deflorare*‹. Beim Anblick der Blumen kommt dem Erzähler dann auch gleich der Gedanke, mit seiner Dame in Interaktion zu treten (3). Sie hat für den diesjährigen Mai seinen Dienst angenommen (4); das klingt eher nach der Saisonliebschaft, die ein Motiv der lateinischen Liebeslyrik des 12. und 13. Jahrhunderts war, als nach dauerhaftem höfischen Frauendienst. Pastourellenhaft ist an diesem Liedanfang die Ich-Erzählung mit der Einleitung durch einen Spaziergang, der in ein Idyll im Freien führt; das Motiv des Blumenbrechens deutet an, dass die Handlung eine sexuelle sein wird. Die Figurenkonstellation ist jedoch nicht auf das Pastourellenschema festgelegt: Der Stand der männlichen Figur bleibt offen, die Geliebte wird als *frouwe* bezeichnet.

Der Erzähler setzt seinen Spaziergang zu einem Wäldchen fort, wo die Vögel singen, ein Bächlein fließt und eine Quelle entspringt, an der das Objekt des Begehrens sitzt (5-7). Kenner konnten letzteres erwarten, denn beschrieben wird ein Lustort, der die bevorstehende Begegnung von Liebenden signalisiert. Der Lustort (*locus amoenus*) ist ein aus der lateinischen Literatur, wo er eine bis in die Antike zurückreichende Tradition mit einem weiten Funktionsspektrum hat, in die volkssprachliche Dichtung übernommenes Versatzstück mit festen Bestandteilen. Im Minnesang und in der höfischen Epik dienen Lustorte einem ziemlich konstanten Zweck: Sie evozieren gewöhnlich eine Aura von beglückender Sanftheit, in der sich eine sanft beglückende Sexualität entfalten kann. Diese Funktion wurde offenbar auch im lateinischen Schulunterricht des 12. und 13. Jahrhunderts vermittelt: In einer der mittellateinischen Poetiken, der ›Ars versificatoria‹ des Matthäus von Vendôme, findet sich im Anschluss an eine modellhafte Lustort-Beschreibung die Auskunft, dass die liebliche Szenerie die Bereitschaft zum Geschlechtsverkehr fördere und deshalb eine entsprechende Handlung wahrscheinlich mache.

Lustorte sind in der höfischen Dichtung abseits der Gesellschaft situierte Räume der Zweisamkeit. Beim Tannhäuser liegt schon die Heide nicht dort, wo die Gesellschaft tanzt, und das Wäldchen ist noch weiter weg. Im Minnesang stellt der Geschlechtsverkehr im abgelegenen Idyll das markanteste Pastourellenmotiv dar; versteht man ihn als Pastourellenmotiv, dann signalisiert er freilich, dass es sich bei der Frauenfigur nicht um eine adelige Dame handelt. In der höfischen Epik kann der Lustort auch innerhalb des gesellschaftlichen Raums liegen; dann ist er ein Garten auf der Burg, umgeben von einer Mauer, die die Heimlichkeit höfischer Liebe zwischen zwei Adeligen sichern soll.

Auf die Beschreibung des Lustorts folgt mit der Schönheitsbeschreibung (8-10) ein weiteres literarisches Versatzstück. Das Schema der Beschreibung von oben nach unten (Kopf mit Gesicht, Arme, Beine, Füße) wurde im lateinischen Schulunterricht des 12. und 13. Jahrhunderts gelehrt und von den höfischen Autoren in die volkssprachliche Dichtung übernommen. Auch das Schönheitsideal (strahlende Augen, roter Mund, weiße Haut, gelocktes Haar, gerade Beine, kleine Füße) ist ein Schema. Die Schönheitsbeschreibung gehört sowohl zum Motivrepertoire der Minnekanzone als auch zu dem der Pastourelle, weil die Übereinstimmung des erotischen Objekts mit dem Schönheitsideal in beiden Fällen das männliche Begehren begründet. Das Mädchen kann deshalb wie die Dame als Inbegriff der Schönheit erscheinen, einschließlich eigentlich adeliger Attribute wie der weißen Haut.

Lustort- und Schönheitsbeschreibung erfüllen hier die traditionsgemäße Funktion, die sexuelle Handlung (11-20) einzuleiten. Diese beginnt mit verbaler Interaktion; der Ich-Erzähler gibt allerdings keinen Dialog wieder, sondern nur seine eigene Rede, und referiert die Erwiderungen der Geliebten bloß indirekt. Dabei wird das höfische Verbalverhalten der männlichen Figur herausgestellt: Die Titulierung der Geliebten als Herrin, die alte Verlobungsformel zur Bekräftigung der wechselseitigen Verbundenheit (vgl. S. 39), der Verweis auf die erhoffte Dauerhaftigkeit der Beziehung, das Lob der Geliebten als bester aller Damen und Inbegriff der Freude – dies alles ist vorbildliches höfisches Reden.

An der Erwiderung der Geliebten ist dagegen vor allem interessant, dass sie für den Erzähler *süeze* war und seine Sängerkompetenz ins Spiel brachte (13). Wenn die Geliebte ein Lied über die Sommerfreude hören will, ist der Gesang nicht als Gesellschaftskunst imaginiert, sondern als Begleitprogramm der Intimität (Strohschneider 1999). Ähnlich verhält es sich übrigens schon in der Minnegrotten-Episode in Gottfrieds von Straßburg ›Tristan‹-Roman, wo die Liebenden im Lustort Minnelieder singen; und wie beim Tannhäuser (14-15) ist dort auch die Rede davon, dass die idyllische Umgebung für die Liebenden beglückend war wie die Tafelrunde des Königs Artus. Die Kenner werden die Anspielung erkannt haben; sie stilisiert das Paar zum Pendant der edelsten – hochadeligen – Liebenden der höfischen Literatur.

Die Beschreibung des Geschlechtsverkehrs (16-18) bedient sich der verhüllenden Ausdrucksweise, die den höfischen Anstand wahrt; was vor sich geht, heißt ›es‹, ›lustiges Machen‹, ›süßes Vergelten‹ und ›das was geschieht‹. Die einzige Abweichung von diesem Prinzip ist die Anspielung auf die in Palermo üblichen Sexualpraktiken (17), die auch mit den zuvor erwähnten *wunderlichen sachen* gemeint sein müssen. Auf welches zeitgenössische Wissen sich die Formulierung bezieht, ist (bedauerlicherweise) unbekannt; vielleicht unterstellt sie auch nur, dass in Palermo dasselbe vor sich geht wie überall (Wachinger 2006, S. 726).

Die Handlung endet mit der Erinnerung des Erzählers an das Erlebnis, das seine Gedanken weiter beschäftigt (18-20). Er ist dauerhaft beglückt und lobt die Qualitäten der Geliebten noch einmal; auch bekräftigt er seine anhaltende Liebe zu ihr. Indem der Erzähler erklärt, dass er das Geschehen und die Geliebte nicht vergessen wird, hebt er den Geschlechtsverkehr über die Wertlosigkeit eines einmaligen Abenteuers hinaus. Die sexuelle Begegnung im Freien wird vom Anfang bis zum Ende mit den Eigenschaften der werthaften, der aufrichtigen und dauerhaft beglückenden höfischen Liebe assoziiert. Was im pastourellenhaften Lustort stattfindet, ist gerade nicht als pastourellenhafter Kontrast zur höfischen Liebe dargestellt; es ist freilich auch nicht als Belohnung für mühevollen Frauendienst, sondern als unangestrengte Liebe ohne Probleme inszeniert. Es gibt keine Minnedame, die erst die Leidensbereitschaft überprüft, und keine gesellschaftliche Bedrohungskulisse. Die Pastourellenmotive werden zur Inszenierung einer unproblematischen körperlichen Vereinigung benutzt, bei der die Liebenden durchaus höfisch miteinander umgehen.

Die Pastourellenszenerie legt dem Publikum eher nicht nahe, sich das Objekt des männlichen Begehrens als adelige Dame vorzustellen. Die Rezipienten wären sonst nämlich mit einer Dame konfrontiert, die sich ihrem Verehrer sorglos und schnell im Wald hinter der Heide verfügbar macht, und mit einem Frauendiener, der gegen alle Regeln von der Erhörung erzählt. Es kommt noch schlimmer; am Ende wird der Sänger sogar den Namen der Geliebten nennen. Stellt man sich ein Bauernmädchen vor, dann hat das unhöfische erotische Objekt eine in keiner Hinsicht abgewertete, sondern durchweg höfisch stilisierte Freude zu bieten.

In der Schlusspartie des Leichs (21-25) ruft der Sänger namentlich genannte Frauen zum Tanz auf. Das greift an allen Pastourellenmotiven vorbei auf Neidharts Liedmodell und seine bäuerliche Szenerie zurück. Neidhart-Diktion wird evoziert mit der Bemerkung, dass wohl schwanger sein müsse, wer sich nicht am Tanz beteiligt, mit der Bezeichnung der Tänzerinnen als *kint* und der Frage, wo denn die Mädchen bleiben. Mitten in dieser Tanzaufforderung platziert der Sänger die Seligpreisung seiner nun ebenfalls namentlich genannten Geliebten und wünscht sich weitere sexuelle Aktivitäten. Danach reißt die Saite seiner Fidel, und er muss aufhören mit seinem Leich.

Ähnlich enden auch andere Leiche des Tannhäusers. Am Schluss von Leich 1 steht ein Tanzaufruf, der noch deutlicher an Neidhart-Diktion anklingt; auch hier erscheint *frou Künigunt* als Favoritin des Sängers. In Leich 4 bricht der Tanzaufruf ebenfalls damit ab, dass die Saite reißt; in Leich 5 heißt es am Schluss nach dem Tanzaufruf, die Saite würde jede Woche reißen. Offenbar war das ein running gag zum Abschluss des Liedvortrags, eine Fiktion des Textes natürlich – dem Tannhäuser wird nicht wirklich jedesmal die Saite gerissen sein.

Die Kombination aus Liebesidyll und Tanzaufruf ist nur verständlich, wenn man die beiden poetischen Modelle kennt, auf die der Tannhäuser zurückgreift. Die Umwandlung der Pastourellenbegegnung in eine beglückend unproblematische, aber als höfisch-werthaft dargestellte Liebe zwischen ständisch nicht festgelegten Figuren stammt von Walther von der Vogelweide. Das Motiv des Blumenkranzes, der beim Tanz überreicht werden soll und nach der Erwähnung am Anfang in der weiteren Handlung keine Rolle mehr spielt, macht den Rückgriff gleich zu Beginn deutlich. Der Tanzaufruf am Ende bringt Neidharts Liedmodell mit dem Bauernmädchen in der Rolle der Geliebten ins Spiel, die mit dem Gattungsschema der Pastourelle gut zu vereinbaren ist: Sie darf sich schnell auf einen Geschlechtsverkehr einlassen, und ihre Zugänglichkeit darf Gegenstand des männlichen Erfolgsberichts sein, ohne dass der Erfolg, wie bei Walther, nachträglich im Traum situiert werden müsste.

Walthers *maget* wird durch die Kombination mit dem Neidhart-Modell näher an die Figur des Bauernmädchens gerückt; das Neidhart-Modell verliert durch die Kombination mit Walthers wertbesetzter Liebe seinen satirischen Sinn: Weder das Verhalten des Mädchen noch das des Minnesängers erscheint als problematisch. Wo Neidhart vorführt, dass es keine zugleich einfache und wertvolle Freude geben kann, tritt der Sänger beim Tannhäuser als Personifikation genau dieser Freude auf. Als Liebender hat er eine unproblematische Affäre; als Sänger erzählt er seinem Publikum davon, damit alle etwas von der Freude haben; und zur Freude von geglückter Liebe und glücklichem Bericht kommt am Schluss noch die Tanzfreude.

Für ein höfisches Publikum kann diese zugleich einfache und wertvolle Liebe kaum als eine wenigstens mögliche gesellschaftliche Praxis vorstellbar gewesen sein, sondern nur als ganz unwahrscheinliche poetische Simulation. Die auf ihre Ehre bedachte Minnedame der Gattungstradition und das leicht verführbare Bauernmädchen des Neidhart-Modells waren ihrerseits ebenfalls Kunstfiguren, aber doch halbwegs wahrscheinliche; das höfische Bauernmädchen ist das – der demonstrativen Intertextualität wegen offensichtliche – Ergebnis einer literarischen Kreuzung. Die unproblematische Freude des Tannhäusers gibt es nur, solange der Sänger singt; wenn die Saite reißt, ist es damit vorbei.

Der Tannhäuser entkoppelt die Freudevermittlung durch höfischen Minnesang von der Freudestiftung durch praktizierte höfische Liebe. An dieser Koppelung hält der Minnesang sonst eisern fest; auch Neidhart führt im satirischen Spiegel ihre Notwendigkeit vor. In einer Minnekanzone (Siebert 11; Wachinger 2006, S. 192) spitzt der Tannhäuser das Konzept besonders scharf zu: Der Sänger evoziert

Abb. 9: Höfisches Paar beim Tanz. Miniatur zu den Liedern Heinrichs von Stretlingen in der Manessischen Liederhandschrift.

hier eine Tanzszenerie, in der er das Lied für das Publikum singt. Im Liedtext beschreibt er die Schönheit seiner *frouwe*, der er selbst, zusammen mit allen anderen, gerade beim Tanzen zuschaut. Der Reiz ihres Tanzes besteht in der erotischen Wirkung auf den Sänger; diese wird mit der Beschreibung ihrer Schönheit vom Kopf bis zum Fuß präsentiert. Der Sänger sieht und erwähnt jedoch auch Körperteile, die gewöhnlich nicht beschrieben werden: ihren Hintern, ihre Schenkel und ihre braungelockte Schambehaarung.

Dieser Text zieht die Produktion höfischer Freude in einem einzigen Akt vollkommener Präsenz zusammen: Die Wahrnehmung der Schönheit der tanzenden *frouwe* erfreut den Sänger; in derselben Situation vermittelt er die Freude mit seinem Lied, das die *frouwe* beim Tanzen beschreibt, der Gesellschaft, die der *frouwe* gerade ebenfalls beim Tanzen zuschaut. Die evozierte Situation dementiert jedoch ihre eigene Wahrscheinlichkeit: Es ist nur schwer vorstellbar, dass eine adelige Dame vor der versammelten Hofgesellschaft so tanzt, dass sie dem Voyeurblick des Sängers die öffentliche Beschreibung ihrer Schambehaarung ermöglicht. Weniger skandalös wäre die Szene, wenn man sich die Frauenfigur als eine *puella* vorstellt, die nur als *frouwe* bezeichnet wird; mit Anspielungen auf Walthers ›Kranzlied‹ legt der Text ein solches Verständnis selbst nahe. Unterstellt man, dass die Tänzerin nicht als adelige Dame aufgefasst werden soll, unterläuft die Konstruktion freilich das Minnesangmodell höfischer Freude-Vermittlung: Es wäre dann nicht die höfische Dame, von der die durch das Lied weitergegebene und in keiner Hinsicht abgewertete Freude ausgeht.

Die gesamte Inszenierung lässt sich nur als Simulation eines ganz unwahrscheinlichen Szenarios verstehen. Das Lied macht deutlich, dass die beschriebene *frouwe* in der Verfügungsmacht des Dichters (und seines Publikums) steht, weil ihr Auftritt das Produkt einer poetischen Imagination ist, die gar nicht mehr vorgibt, an eine zumindest denkbare gesellschaftliche Praxis gebunden zu sein. Es geht mir, wohlgemerkt, nicht darum, ob die höfische Liebe im Minnesang einmal keine Fiktion war und hier zu einer wird, sondern darum, dass sie hier eine offen unwahrscheinliche Fiktion ist. Die freudevermittelnde Leistung des Minnesangs verdankt sich unter diesen Umständen allein der Rede des Sängers, die ihre eigene Performanz gleich noch mitimaginiert. Das Lied müsste nicht einmal tatsächlich zum Tanz gesungen werden; es könnte genauso funktionieren, wenn es lediglich vorgetragen würde.

Mit dem Tannhäuser treten die Absetzbewegungen von der anstrengenden Kompliziertheit der höfischen Liebe massiver in Erscheinung, als dies in der ersten Jahrhunderthälfte etwa bei Burkhard von Hohenfels (vgl. S. 64) – die Richtigkeit der entsprechenden Datierung vorausgesetzt – zu beobachten ist. Die beiden behandelten Texte zahlen dafür einen nicht geringen Preis: Sie geben den Geltungsanspruch auf, den der Zusammenhang zwischen vornehmer Liebe und vorbildlichem Singen begründet; gesellschaftliche Freude wird durch den Gesang über eine nur noch als imaginiert einschätzbare Liebe vermittelt. Und sie entfalten das Bild einer einfacheren Liebe auf sehr komplizierte Weise, weil sie die von der Gattungspoetologie des Minnesangs nicht vorgesehene Sinnkonstruktion aus der Gattungstradition heraus entwickeln: Hier wird an keiner Stelle naiv über Liebe geredet, sondern ein hochversiertes Spiel mit den unterschiedlichen Konventionen von Pastourelle, ›Mädchenlied‹, *dörper*-Lied und Minnekanzone getrieben. Es ist vielleicht kein Zufall, dass dergleichen gerade am Wiener Hof möglich war – dem Hof der Minnesangkenner, wo Neidhart unmittelbar vor dem Tannhäuser das Einfache als das Unkultivierte dargestellt hatte und wo Walthers Wunschtraumlied von einer unkomplizierten, aber kultivierten Liebe bekannt gewesen sein dürfte.

In dieses Bild fügen sich im Übrigen auch drei Minnekanzonen, in denen der Tannhäuser das konventionelle Lamento über den unbelohnten Frauendienst zur Parodie steigert (Siebert 8, 9, 10): Der Sänger klagt hier darüber, dass seine Dame unerfüllbare Forderungen an ihn stellt. Erhören will sie ihn nur, wenn er Sonne, Mond und Sterne für sie vom Himmel holt (die Bereitschaft dazu erklärt ein Lied Walthers von der Vogelweide; L 53,23), die Rhone aus der Provence nach Nürnberg verlegt, den Rhein vor Koblenz umleitet, aus Galiläa einen Berg herbeischafft, den Gral sowie die Arche Noah besorgt – und dergleichen mehr. In der zweiten Hälfte des 13. Jahrhunderts werden die Lieder häufiger, die sich über die Ambitioniertheit der alten aristokratischen Liebe lustig machen (vgl. Kap. 8); zugleich kommen vermehrt Lieder auf, die eine weniger anstrengende, dabei aber nicht abgewertete Liebe anvisieren. Selbstverständlich wurde das alte Liebesideal nicht von heute auf morgen verabschiedet; es blieb noch lange Zeit produktiv. Die einsetzenden Neuorientierungen waren im Kern Entproblematisierungen des alten Konzepts; deshalb gehen sie aus der Minnesangtradition selbst hervor. Der Tannhäuser ist dafür ein Paradebeispiel.

Ausgabe: Siebert; Tannhäuser online; Wachinger (Auswahl mit Übersetzung und Kommentar).

Literatur zur Pastourelle: Köhler 1979, Brinkmann 1985, U. Müller 1989, Warning 1992, Bennewitz 1993, Edwards 1996, Kasten 1996, Tomasek 1996, Mertens 1998, Worstbrock 2007.

Literatur zum Leich: Kuhn ²1967, Glier 1969, März 1987, Apfelböck 1991, März 1996, Kreibich 2000.

Literatur zum Tannhäuser: Tervooren 1978, Leppin 1980, Ashcroft 1987, Kühnel 1989, Ragotzky 1989, Paule 1994, Wachinger 1996, Kischkel 1998, Kern 1999, Strohschneider 1999, Schwarz 2000, Wachinger 2006, Rüther 2007.

8

Parodien auf den Frauendienst Ulrich von Winterstetten und Steinmar

›Parodie‹ soll im Folgenden – gemäß dem modernen, nicht dem historischen Gebrauch des Begriffs – als Bezeichnung für ein literarisches Verfahren verstanden werden, das auf ein Modell Bezug nimmt, um es lächerlich zu machen. Neidharts *dörper*-Lieder beispielsweise sind in diesem Sinn keine Parodien auf die höfische Liebe, sondern Satiren, die den Wert der Vornehmheit am Negativbeispiel der Unvornehmen bestätigen (vgl. Kap. 3). Die im vorigen Kapitel erwähnten Minnekanzonen des Tannhäusers, in denen der Sänger über unerfüllbare Lohnforderungen der Dame klagt, parodieren dagegen die Leistungsethik des Frauendienstes: Das Konzept verlangt eigentlich, dass der Mann die Qualität seiner Liebe durch moralische Anstrengung, durch *triuwe* und leidenswillige *stæte* nachweist, und nicht dadurch, dass er die Rhone nach Nürnberg verlegt. Die Parodie gibt das Modell dem Gelächter preis, weil die Dame als Beweis für die Qualität des männlichen Begehrens absurde Leistungen verlangt. Die parodistische Konstruktion ist in diesem Fall recht einfach; es gibt im späteren 13. Jahrhunderts indes auch komplexere Beispiele. Zwei davon stellt dieses Kapitel vor.

Unter der Überschrift *Schenk Uolrich von Winterstetten* überliefert die Manessische Liederhandschrift ein großes Autorkorpus aus fünf Leichen und 40 Strophenliedern, darunter neben fünf konventionellen Tageliedern vor allem Minnekanzonen. Andere Typen sind Einzelfälle im Korpus: ein Dienstwechsellied (KLD 59.IX), das die Abkehr von der ungnädigen und die Hinwendung zu einer neuen, besseren Dame begründet (und damit dem romanischen Liedtyp der *chanson de change* entspricht), ein Dialoglied zwischen Frauendiener und Dame (XI) sowie ein neidhartianisches Mutter-Tochter-Gespräch (IV). Zwei Lieder haben im Typenhorizont des Minnesangs kein direktes Vorbild: Die Klage eines Mädchens über den Niedergang der Minne (XXXVII) operiert mit Motiven aus Neidharts Gespielinnen-Dialogen (vgl. Kap. 3) und reagiert möglicherweise mit einem Zitat auf Steinmars unten behandeltes Herbstlied. In einem zunächst als Minnekanzone inszenierten Lied (XXXVI) kommt die als *frouwe* bezeichnete Umworbene in der Schlussstrophe gegen jede Erwartung mit der rüden Abweisung *ern weiz, wes ars er treit* (er weiß wohl nicht, wem sein Arsch gehört) zu Wort.

Ein Ulrich von Winterstetten ist zwischen 1241 und 1280 urkundlich belegt. Er entstammte als viertgeborener Sohn einer einst einflussreichen, in der zweiten Hälfte des 13. Jahrhunderts aber offenbar zunehmend verarmten schwäbischen

Ministerialenfamilie, deren Stammburg südlich von Ulm bei Biberach lag. 1258 erscheint er in einer Augsburger Urkunde als Kanoniker, das heißt als Inhaber einer Pfründe eines geistlichen Stifts; Kleriker muss er dazu nicht gewesen sein.

Abb. 10: Der Minnesänger übergibt einem Boten eine Nachricht an die Dame. Miniatur zu den Liedern Ulrichs von Winterstetten in der Manessischen Liederhandschrift.

Der Schenkentitel ist ein familiäres Erbstück: Ulrichs Großvater Konrad von Winterstetten (gest. 1243), einer der führenden Ministerialen am staufischen Königshof in der Zeit von Heinrich (VII.) und Konrad IV., war als Reichsschenk Inhaber eines der hohen Hofämter. Zum staufischen Hof jener Zeit hatten auch Burkhard von Hohenfels (die Richtigkeit der Frühdatierung vorausgesetzt) und Gottfried von Neifen Beziehungen (vgl. S. 62 und S. 75); Konrad von Winterstetten war ein bedeutender Gönner höfischer Epik. Ulrich von Winterstetten mag zumindest Neifen noch persönlich gekannt haben; seine Lieder sind jedenfalls erheblich von dessen Vorbild geprägt. In zwei Leichen finden sich, wie beim Tannhäuser, Tanzaufforderungen, Reihen von Mädchennamen, die gerissene Saite und die Formel *heia hei* als Schlussruf; kombiniert ist dies freilich nicht mit Pastourellen-, sondern mit Minnekanzonenmotiven.

Insbesondere Ulrichs zahlreiche Minnekanzonen sind mit ihren Strophenformen, ihrem thematischen Aufbau und ihren stilistischen Verfahrensweisen sichtlich am Modell Gottfrieds von Neifen orientiert. Eine Eigenart unterscheidet sie allerdings markant von ihrem Vorbild: Sie haben fast alle einen Refrain, der jeweils an den Abgesang der Stollenstrophe angehängt ist. Refrains gab es in der Minnesangtradition auch vorher schon, aber immer nur vereinzelt; Winterstetten machte das Refrainlied zum Formprinzip und damit gewissermaßen zu seinem Markenzeichen. Dabei nutzte er die Möglichkeiten, die das thematische Zusammenspiel von Strophentext und Refraintext bietet: Im Refrain kann der zentrale thematische Aspekt des Lieds pointenartig zusammengefasst werden; der sich wiederholende Refrain kann aber auch in eine inhaltliche Spannung zum Text der jeweiligen Einzelstrophen treten. Wenn beispielsweise der Refraintext *mîn frouwe ist guot / swie sî doch tuot / mich ungemuot* (Meine Herrin ist gut, obwohl sie mich unglücklich macht) lautet, dann erhält diese ambivalente Feststellung von Strophe zu Strophe eine andere Akzentuierung, je nachdem, ob zuvor die Vollkommenheit der Dame gerühmt oder ihre unzureichende Gnade beklagt wird (KLD 59.VI).

Unter den vielen nicht sonderlich spektakulären Liedtexten Ulrichs sticht das im Folgenden behandelte Dialoglied hervor. Mit dem Typenbegriff ›Dialoglied‹ sollen hier ausschließlich Lieder gemeint sein, die ein Gespräch zwischen dem höfischen Frauendiener und der Minnedame zur Darstellung bringen, nicht Lieder mit anderen Gesprächskonstellationen wie Neidharts Gespielinnen- oder Mutter-Tochter-Dialoge (vgl. Kap. 3). Das Dialoglied ist ein konventioneller, aber seltener Typus des Minnesangs; es taucht zum ersten Mal gegen Ende des 12. Jahrhunderts bei Albrecht von Johansdorf (MF 93,12), danach wieder bei Walther von der Vogelweide, Ulrich von Singenberg, Ulrich von Liechtenstein und einigen weiteren Liederdichtern des 13. Jahrhunderts auf (Zusammenstellung der Texte bei Ranawake 2003). Der Liedtyp stammt samt seinen charakteristischen thematischen Mustern – Abweisung der Werbung durch die Dame, Untreue-Unterstellung, Belehrung über die Normen der höfischen Liebe – aus der okzitanischen Trobadorlyrik.

Schon bei Albrecht von Johansdorf wird deutlich, dass der Dialog in einer für die Dame prekären Situation stattfindet: Sie ist mit ihrem Verehrer allein und seiner mit Nachdruck vorgetragenen Werbung deshalb ungeschützt ausgesetzt. Der Verlauf des Dialogs zeigt bei Johansdorf, wie die Dame den Frauendiener in dieser Situation abwimmelt, indem sie mittels geschickter rhetorischer Strategien vermeidet, auf seine Werbungsargumentation einzugehen. Walther von der Vogelweide (L 85,34) hat diese Konstruktion aufgenommen und eine argumentativ versierte Dame inszeniert, die sich der Werbungsrhetorik ihres Verehrers raffiniert entzieht. Beide Texte erzielen einen witzigen Effekt dadurch, dass der Liebende, der als Minnesänger stets seine argumentative Kompetenz unter Beweis stellt, die Dame in der für ihn eigentlich günstigen direkten Konfrontation nicht überreden kann. An beide Vorbilder knüpfte in der ersten Hälfte des 13. Jahrhunderts Ulrich von Singenberg an (Schiendorfer 1983): Seine drei Dialoglieder (SMS 12.5, 24, 36) führen jeweils eine ausgesprochen schnippische Dame vor, eines davon (24) auch einen geradezu zynischen Werbenden. Kein anderes Dialoglied des deutschen Minnesangs aber macht die gerade auch in Minnekanzonen immer wieder entfaltete und deshalb für die gesamte Gattung charakteristische Werbungsargumentation so konsequent und gnadenlos lächerlich wie dasjenige Ulrichs von Winterstetten (KLD 59.XI):

1 Ez ist niht lanc, daz ich mit einer minneclîchen frouwen
begunde hübscher klaffe vil,
die ich von herzen minne.
ich sprach: »lânt iuwer tugende an mir und iuwer güete schouwen.
ich binz, der iu dâ dienen wil
in muote und in dem sinne.
an worten unde an werken hânt ir mîn gewalt.
iuwer tugent manicvalt
sol mich des geniezen lân,
daz ich iuch vor allen frouwen in dem herzen hân.
ich bin iuch holt, ir sint mîn golt,
mîn hort, mîn edel gesteine.
ûffen sêle und ûffen lîp
und dar zuo ûf elliu wîp
aht ich gegen iuch sicherlîchen kleine.«

2 Si sprach: »die rede hânt ir wol tûsent frouwen ê gekündet.
ir wænet lîhte tœren mich.
ir sint ein lügenære.
der ir dâ singent unde iuch hât daz herze gar enzündet,
diu ist iu lieber vil danne ich.
mirst iuwer klaffe unmære.
ir wænet, daz ich sî der mære ein göichelîn.
eft ein ander danne mîn.
ich erkenne sî vil wol,
diu iu daz herze dicke tuot in leide jâmers vol.
ir gouchgovolt, der sint ir holt,
und ahtet sî vil kleine
ûffen iuwern tœrschen lîp,
wand si ist gar ein biderbe wîp.
iuwer minne ist allenthalp gemeine.«

3 Dô swuor ich manigen eit, si wære diu, der ich dâ singe,
und sprach: »ir sulnt mich schelten niht,

wan ich bin iuwer eigen.
ich bin iu herzeclîchen holt, swie mir dar an gelinge.
swaz iemer mir dâ von geschiht,
ich wil iu dienst erzeigen,
wan in gesach ûf erde nie sô reine fruht.
schœne und alle wîplich zuht
hât got selbe an iuch geleit,
swie daz ir mir nû ein teil der zühte hânt verseit.
ich bin iuch holt, ir sint mîn golt,
mîn hort, mîn edel gesteine.
ûffen sêle und ûffen lîp
und dar zuo ûf elliu wîp
aht ich gegen iuch sicherlîchen kleine.«

4 Si sprach: »ir soltent frouwen loben, dâ man iuch baz geloubet,
und iuwern dienst bieten dar,
dâ man iuch dienstes bæte.
ich weiz wol, wâ sie wont, diu iuch der sinne gar beroubet.
dâ nimt man iuwer kleine war.
si giht, ir sint unstæte.
ein biderb wîp mac an iuch werwort vinden wol,
dâ von man iuch schiuhen sol.
ir hânt ungetriuwen muot,
dâ von iu diu minneclîch unminneclîchen tuot.
ir gouchgovolt, der sint ir holt,
und ahtet sî vil kleine
ûffen iuwern tœrschen lîp,
wand si ist gar ein biderbe wîp.
iuwer minne ist allenthalp gemeine.«

5 Ich sprach: »vil liebiu frouwe mîn, nu trœstent mir die sinne.«
si sprach: »ir sunt von hinnen gân.
wie lange went irz trîben?
sold ich für frömden kumber sîn gegen iu ein trœsterinne,
des müest ich iemer laster hân
gegen allen guoten wîben.
ja enbin ichz niht, dur die ir lîdent selken pîn.«
ich sprach: »jâ ir, frouwe mîn.«
sî sprach: »daz ist rehte erlogen.
ir hânt enunt her dâ mit vil manic wîp betrogen.
nun saget mir niht, waz iu geschiht,
wan ich geloube iu kleine.
iuwer trügehafter lîp
hât betrogen manic wîp.«
alsus so schiet von mir diu süeze reine.

1. Es ist nicht lange her, dass ich mit einer liebenswerten Dame, die ich von Herzen liebe, einen langen höfischen Schwatz führte. Ich sagte: »Lasst Eure Vortrefflichkeit und Güte an mir offenbar werden! Ich bin der, der Euch dienen will mit Herz und Verstand. Meine Worte und meine Taten habt Ihr in Eurer Gewalt. Eure vielfältige Vortrefflichkeit soll mich dafür belohnen, dass ich Euch vor allen Damen in meinem Herzen trage. (Refr.:) Ich liebe Euch, Ihr seid mein Gold, mein Schatz, mein Edelstein. Auf Seele und Leib und auf alle anderen Frauen achte ich, verglichen mit Euch, wahrhaftig wenig.«
2. Sie sagte: »Das habt Ihr sicher schon tausend Damen vor mir gesagt. Ihr glaubt, mich leicht zum Narren halten zu können. Ihr seid ein Lügner. Die, für die Ihr singt und die Euer Herz in Brand gesetzt hat, die liebt Ihr viel mehr als mich. Euer Geschwätz gefällt mir nicht. Ihr glaubt, dass ich das Närrchen dieser Angelegenheit bin. Macht eine andere als mich zum Affen! Ich kenne sie sehr gut, die Euch das Herz oft mit Schmerz und Leid erfüllt. (Refr.:) Ihr närrischer Kerl, die liebt Ihr, aber sie beachtet Euch Toren gar nicht, denn sie ist eine sehr anständige Frau. Eure Liebe kann jede haben.«
3. Da schwor ich viele Eide, dass sie diejenige sei, für die ich singe, und ich sagte: »Ihr sollt mich nicht tadeln, denn ich gehöre Euch. Ich liebe Euch von Herzen, welchen Erfolg ich damit auch habe. Wie es mir auch immer dabei ergehen mag, ich will Euch dienen, denn ich habe auf der Erde nie ein so reines Geschöpf gesehen. Schönheit und allen weiblichen Anstand hat Gott selbst Euch gegeben, obschon Ihr mir gerade einen Teil dieses Anstands verweigert habt. (Refr.:) Ich liebe Euch, Ihr seid mein Gold, mein Schatz, mein Edelstein. Auf Seele und Leib und auf alle anderen Frauen achte ich, verglichen mit Euch, wahrhaftig wenig.«
4. Sie sagte: »Ihr solltet Damen dort loben, wo man Euch mehr glaubt, und Euren Dienst dort anbieten, wo man um Euren Dienst bittet. Ich weiß genau, wo sie wohnt, die Euch den Verstand ganz raubt. Da beachtet man Euch wenig. Sie sagt, Ihr seid unbeständig. Sicher könnt ihr einer jeden anständigen Frau mit Gegenreden kommen. Deshalb soll man Euch meiden. Ihr meint es nicht ehrlich, deshalb behandelt Euch die Liebenswerte lieblos. (Refr.:) Ihr närrischer Kerl, die liebt Ihr, aber sie beachtet Euch Toren gar nicht, denn sie ist eine sehr anständige Frau. Eure Liebe kann jede haben.«
5. Ich sagte: »Meine geliebte Herrin, nun tröstet mich!« Sie sagte: »Ihr sollt weggehen! Wie lange wollt Ihr noch so weitermachen? Wenn ich Euch eine Trösterin für fremdes Leid wäre, müsste ich mich deswegen für alle Zeit vor allen guten Frauen schämen. Ich bin es fürwahr nicht, wegen der Ihr solchen Schmerz leidet.« Ich sagte: »Doch, Ihr seid es, meine Herrin!« Sie sagte: »Das ist geradewegs gelogen. Ihr habt seit jeher damit viele Frauen betrogen. (Refr.:) Nun sprecht mir nicht davon, was Euch angetan wird, denn ich glaube Euch nicht. Ihr seid ein Betrüger und habt viele Frauen betrogen.« Mit diesen Worten verließ mich die süße Makellose.

Das Lied beginnt mit einer Einleitung, die die Situation kurz vorstellt. Die Dialogpartnerin wird als Dame eingeführt, das Gespräch als ein höfisches bezeichnet (*klaffe* ist ein nicht besonders vornehmes, hier zunächst eher locker im Sinn von

›Schwatz‹, in der zweiten Strophe von der Dame dann abwertend im Sinn von ›Geschwätz‹ gebrauchtes Wort). Der Sänger beteuert eingangs dem Publikum gegenüber die Aufrichtigkeit seiner Liebe (v 3), eine für den weiteren Gang der Dinge wichtige Vorgabe. Seine Rede an die Dame ist eine vorbildliche höfische Werbung, die sorgfältig den Wertekatalog der höfischen Liebe abarbeitet:

Die Qualitäten der Dame (*tugent* und *güete*) sollen sie dazu verpflichten, sich dem vorbildlichen Verehrer zuzuwenden. Er verweist auf seinen Dienst und lässt damit die Lohnforderung anklingen; er verweist auf die Macht, die die Dame über ihn hat, und deutet damit das Anrecht auf Gnade an; er verweist auf die Exklusivität seiner Liebe, die eine Gegenleistung verlangt. Abgeschlossen wird die Werbungsrede mit dem Refrain, der die Dame zum höchsten Wert im Leben des Liebenden ernennt. Dem alten Muster gemäß begründen die moralischen und affektiven Qualitäten der Liebe die Bitte um weibliche Zuwendung, der sich die Dame, wenn sie denn *tugent* und *güete* hat, nicht entziehen kann. Dies ist der argumentative Kern des Frauendienst-Modells, ein Musterfall der Werbungsrhetorik, die zahlreiche Minnekanzonen entwickeln.

Die Dame weist in der zweiten Strophe die Werbung ab, indem sie deren Ehrlichkeit in Abrede stellt. Im Aufbau ihrer Rede steht der Vorwurf am Anfang, der Mann sei ein gewohnheitsmäßig unaufrichtiger Verführer. In einem weiteren Schritt wird die Beschuldigung konkreter; die Behauptung, der Mann sänge in Wahrheit für eine andere, bringt zugleich den Minnesang als Frauendienst ins Spiel. Die Werbung um sie selbst beurteilt die Dame als betrügerischen Verführungsversuch, bei dem sie nur zur Närrin werden kann. Darauf folgt im dritten Schritt die für den Werbenden prekärste Aussage: Die Dame kennt jene andere.

An diese Pointe knüpft der Refrain an, dessen Wortlaut gegenüber dem Refrain der ersten Strophe verändert ist; identisch sind jeweils die Refrains der Strophen 1 und 3 (Rede des Mannes) sowie der Strophen 2 und 4 (Rede der Dame). Trotz der Variation spielt der zweite Refrain auf den Wortschatz und die Formulierungen des ersten an; die Reimvokale und teilweise auch die Reimwörter gleichen sich. Der Refrain der Dame spitzt ihren Vorwurf mit der Behauptung, der Sänger würde seine Liebe einer jeden andienen, weiter zu: Wenn er um die eine wirbt, weil ihn die andere nicht beachtet, erfüllt die Liebe in beiden Fällen nicht die höfischen Qualitätsstandards; mit dem Verführungsversuch betrügt er beide gleichermaßen. Vor diesem Hintergrund erhalten die Behauptungen der Sprecherin, er würde die andere lieben, einen ironischen Charakter: In den Versen 4 und 10 der zweiten Strophe (*der ir dâ singent unde iuch hât daz herze gar enzündet; diu iu daz herze dicke tuot in leide jâmers vol*) zitiert die schnippische Dame gewissermaßen die Liebesbeteuerung des Sängers gegenüber der anderen. Wie der zweite Refrain mit seiner Formulierungsvariation den ersten parodiert, so parodiert die Dame in ihrer Rede die Werbung des Minnesängers und signalisiert damit, dass seine Rede aus Floskeln besteht, denen jeder Wahrheitsanspruch abgeht.

Während der Mann konsequent höfisch redet, hat die Dame zwei Sprachregister: Sie äußert sich höfisch, wenn sie seine Werbefloskeln ironisch zitiert; ansonsten fertigt sie ihn ziemlich grob ab. Die Grobheit entsteht durch die Wörter um ›lügen‹ und ›zum Narren halten‹ (*toeren, göichelin, effen, gouchgovolt, toersch*), die den Betrugsvorwurf tragen. Dem witzigen Kontrast zwischen der höfischen und der – auch in manchen okzitanischen Dialogliedern anzutreffenden – weniger feinen Ausdrucksweise entspricht auf der Inhaltsseite der Kontrast zwischen dem Liebesideal, auf das sich die Rede des Mannes bezieht, und dem alles andere als idealen Verhalten, dessen die Dame den Sänger beschuldigt.

Der springende Punkt dabei ist natürlich, dass auch der Mann beansprucht, die Wahrheit zu sagen. In der dritten Strophe weist er den Vorwurf, sein Minnesang gelte einer anderen, eidlich zurück und fährt dann unverdrossen mit seiner höfischen Werbung fort. Wie es sich gehört, gelobt er, an seinem Dienst beständig festzuhalten, ob er nun dafür belohnt wird oder nicht; der Grund für seine Dienstbereitschaft sind die erneut gepriesenen Qualitäten der Dame. Nur dass sie ihn so rüde abweise, entspreche nicht ganz dem höfischen Anstand. Der Frauenpreis mündet in den Refrain. Da die Dame in ihrer Erwiderung die Werbungsargumentation der lügenhaften Floskelhaftigkeit bezichtigt hat, wirkt deren unbeeindruckte Fortsetzung, die dank des Refrains zur identischen Wiederholung wird, entweder hilflos oder frech – je nachdem, ob das Publikum dem Mann oder der Dame glaubt. Wer sich für die erste Alternative entscheidet, dem zeigt das Lied, dass die höfische Rhetorik gegen den Generalverdacht, sie diene nur der Verführung, nicht ankommt: Die Werbungsrede kann ihre eigene Ehrlichkeit nicht nachweisen und muss deshalb unausweichlich erfolglos bleiben, wenn ihr Unaufrichtigkeit unterstellt wird. Den Anhängern der zweiten Alternative zeigt das Lied, dass die höfische Rhetorik das Potential zur schamlosen Lüge in sich trägt. In beiden Fällen kommt die Werbungsargumentation (und damit die Rede der Minnekanzone, des wichtigsten Liedtyps des Minnesangs) schlecht weg; entweder erweist sie sich als unwirksam oder als perfide.

An den Frauenpreis knüpft die Dame mit ihrer Erwiderung in der vierten Strophe an: Das Lob ist Frauendienst, und der muss erwünscht und glaubhaft sein. Dann treibt sie ihre Anschuldigungen auf den Gipfel: Die andere Dame weise den Sänger ab, weil sie seine Unbeständigkeit kenne. Um sie selbst werbe er nur, weil er bei der anderen keinen Erfolg habe; keinen Erfolg habe er, weil seine Promiskuität bekannt sei. Seine eigene Rede besteht aus Sicht der Dame bloß aus der Abwehr der Vorwürfe, die die anständigen Frauen erheben, die er betrügt.

Die Behauptungen der Sprecherin gewinnen wegen ihrer logischen Kohärenz hohe Überzeugungskraft: Die Werbung des Sängers um sie selbst bestätigt jene *unstæte*, die der Grund für die Abweisung durch die andere Dame ist. Die Unterstellung lässt dem Sänger keine Chance, weil gerade seine Werbung samt der Aufrichtigkeitsbeteuerung seine Unaufrichtigkeit belegt. Ob die Anschuldigung tatsächlich wahr ist, bleibt aber natürlich ebenso offen wie der Geltungsanspruch der männlichen Rede: Es gibt keinen ›objektiven‹ Grund, der Dame oder dem Sänger zu glauben. Seine Behauptungen könnten eine Verführungsstrategie sein, die ihren eine Abweisungsstrategie.

Das Lied endet nach dem regelmäßigen Redewechsel der ersten vier Strophen in der fünften mit einem Schlagabtausch, der das Konstruktionsprinzip fortsetzt: Der Mann wirbt weiter, unbeeindruckt von den Anschuldigungen der Dame; die Dame weist seine Werbung zurück, unbeeindruckt von seinen Wahrheitsbeteuerungen. Im Dialog hat sie das letzte Wort; mit dem erneut variierten Refrain bezichtigt sie ihn noch einmal der Lüge. Im Lied jedoch hat er das letzte Wort. Als Sänger wendet er sich zum Schluss ans Publikum und hält dabei eisern an der höfischen Diktion fest: Die ihn grob abgewiesen hat, bleibt in seiner Rede doch die *süeze reine* – so wie er dem Publikum ja schon eingangs versichert hat, dass er sie wirklich liebt.

Das Lied verknüpft mehrere parodistische Aspekte miteinander. Zum einen bricht der Grund, den die Dame für ihre Abweisung anführt, bereits mit dem Standardmodell höfischer Idealität. In dessen Rahmen bliebe das gängigere Argument, dass das Eingehen auf die Werbung eine Gefahr für die weibliche Ehre darstellt; damit wird nicht gleich die männliche Aufrichtigkeit in Zweifel gezogen. Den Promiskuitätsvorwurf hat Ulrich von Winterstetten freilich nicht erfunden; er gehört zum thematischen Repertoire der okzitanischen Dialoglieder und liegt beispielsweise auch den Frauenstrophen in einem Lied Walthers von der Vogelweide (L 70,22) zugrunde, das eine Kombination aus Dialoglied und Wechsel darstellt.

Zum zweiten – und dies ist ein prekärerer Bruch des Ideals – erweist sich der höfische Mann, der ausdrücklich als Minnesänger erscheint, gegenüber dem Vorwurf der Unehrlichkeit als völlig hilflos. Die Werbungsargumentation, die konsequent den Konventionen der Minnekanzone folgt, kann den Verführungsverdacht nicht ausräumen. Indem die Werbung erfolglos leerläuft, wird sie als geradezu törichter Automatismus der Lächerlichkeit preisgegeben. Der höfischen Rhetorik gelingt es nicht, sich vom Floskelverdacht zu befreien, weil sie den eigenen Wahrheitsanspruch nicht zu beglaubigen vermag.

Zum dritten – und dies ist jener Bruch des Ideals, der den eigentlichen Witz des Textes ausmacht – hält der Sänger an seiner Rhetorik nicht nur im Dialog mit der Dame, sondern auch in seiner Rede zum Publikum unverdrossen fest. Das Publikum müsste entscheiden, ob es dem Minnesänger Glauben schenken will oder nicht; dafür stellt das Lied jedoch kein Kriterium zur Verfügung, denn es führt nur zwei einander widersprechende Behauptungen vor. Das Lied zeigt damit, dass der Minnesänger die Wahrheit seiner Rede auch gegenüber dem Publikum nicht beglaubigen kann. Es stellt nicht nur die Werbungsrhetorik unter den Verdacht, bloße Verführungstaktik zu sein; es stellt darüber hinaus das im Minnesang vertretene Konzept der höfischen Liebe unter den Verdacht, lediglich Verführungsabsichten zu kaschieren.

Wenn in diesem Lied die Dame die Wahrheit sagt, wäre der Minnesang Lüge, weil der Sänger sein Publikum genauso anlügt wie sie. Wenn der Sänger die Wahrheit sagt, wäre der Minnesang nutzlos, weil er die Wahrheit seiner eigenen Rede nicht belegen kann. In beiden Fällen könnte man ihn getrost beerdigen: Die Parodie des Werbungsdialogs öffnet einen Abgrund, in den die ganze Gattung gezogen wird – ein teuflisches Lied, weil die Poetologie des Minnesangs mit der Frage nach der Glaubhaftigkeit des vornehmen Ideals, von dem der Sänger singt, im Kern getroffen wird.

Ähnlich radikal, aber ganz anders ist Steinmars Herbstlied konstruiert: Mit dem Lob einer weniger anstrengenden und leichter verfügbaren Möglichkeit, Freude zu gewinnen, parodiert es das Modell der höfischen Liebe, das gleich am Anfang zugunsten der Alternative verabschiedet wird.

Abb. 11: Höfische Herren beim herbstlichen Schlemmen.
Miniatur zu den Liedern Steinmars in der
Manessischen Liederhandschrift.

Unter dem Namen *Steinmar* ist in der Manessischen Liederhandschrift ein nicht sehr großes Korpus von 14 Liedern eingetragen; höfische Minnenkanzonen stehen neben Texten mit Bauernpersonal nach Neidharts Vorbild. Wie bei Ulrich von Winterstetten haben viele Lieder einen Refrain. Die Textcharakteristika lassen vermuten, dass Steinmar ungefähr zur selben Zeit produktiv war wie Winterstetten – jedenfalls nach Neidhart und vor Johannes Hadlaub (vgl. Kap. 11), der gegen Ende des 13. Jahrhunderts auf Steinmars Lieder Bezug nimmt. Historisch identifizierbar ist der Minnesänger Steinmar nicht; spekulativ bleiben Versuche, in ihm einen der in der zweiten Hälfte des 13. Jahrhunderts urkundlich bezeugten Träger dieses Namens – einen Aargauer Ministerialen Berthold Steinmar von Klingnau (belegt 1251 bis 1293) oder einen schwäbischen Adeligen Steinmar von Sießen-Stralegg (belegt 1259 bis 1294) – zu sehen.

Steinmars Herbstlied begründete einen neuen Liedtyp, der als Zechlied noch erfolgreich war, als es schon lange keine höfischen Minnekanzonen alter Schule mehr gab. In den spätmittelalterlichen Fress- und Saufliedern ist der Bezug auf den Frauendienst freilich, anders als bei Steinmar, nicht mehr konstitutiv für den Bedeutungsaufbau. Die Manessische Handschrift überliefert das Herbstlied an erster Stelle im Steinmar-Korpus und hebt es dadurch hervor; auch die Autorminiatur bezieht sich auf die im Lied entfaltete Szenerie (SMS 26.1; Wachinger 2006, S. 326):

1 Sît si mir niht lônen wil,
der ich hân gesungen vil,
seht, sô wil ich prîsen
den, der mir tuot sorgen rât:
herbest, der des meien wât
vellet von den rîsen.
ich weiz wol, ez ist ein altez mære,
daz ein armez minnerlîn ist reht ein marterære.
seht, zuo den was ich geweten.
wâfen!
die wil ich lân und wil inz luoder treten.

2 Herbest, underwint dich mîn,
wan ich wil dîn helfer sîn
gegen dem glanzen meien.
durch dich mîde ich sende nôt.
sît dir Gebewîn ist tôt,
nim mich tumben leien
vür in zeime stæten ingesinde!
»Steimâr, sich, daz wil ich tuon, swenne ich nu baz bevinde,
ob dû mich kanst gebrüeven wol.«
wâfen!
ich singe, daz wir alle werden vol.

3 Herbest, nû hœre an mîn leben:
wirt, du solt uns vische geben,
mê danne zehen hande!
gense, hüener, vogel, swîn,
dermel, pfâwen sunt dâ sîn,
wîn von welschem lande.

des gib uns vil und heize uns schüzzel schochen!
köpfe und schüzzel wirt von mir unz an den grunt erlochen.
wirt, du lâ dîn sorgen sîn!
wâfen!
joch muoz ein riuwic herze trœsten wîn.

4 Swaz dû uns gîst, das würze uns wol,
baz danne man ze mâze sol,
daz in uns werde ein hitze,
daz gegen dem trunke gange ein dunst
als ein rouch von einer brunst,
und daz der man erswitze,
daz er wæne, daz er vaste lecke.
schaffe, daz der munt uns als ein apotêke smecke!
erstumme ich von des wînes kraft,
wâfen!
so giuz in mich, wirt, durch gesellescha ft!

5 Wirt, durch mich ein strâze gât,
darûf schaffe uns allen rât
manger hande spîse!
wînes, der wol tribe ein rat,
hœret ûf der strâze pfat.
mînen slunt ich prîse:
mich würget niht ein groziu gans, so ichs slinde.
herbest, trûtgeselle mîn, noch nim mich ze ingesinde!
mîn sêle ûf eime rippe stât;
wâfen!
diu von dem wîne darûf gehüppet hât.

1. Da sie mich nicht belohnen will – sie, für die ich viel gesungen habe –, schaut, so will ich den rühmen, der mich von den Sorgen befreit: den Herbst, der die Maikleider von den Zweigen fallen lässt. Ich weiß gewiss, es ist eine alte Geschichte, dass ein armer kleiner Liebender fürwahr ein Märtyrer ist. Schaut, mit denen zusammen war ich ins Joch gespannt. Zu Hilfe! Die will ich hinter mir lassen und mich der Völlerei ergeben.
2. Herbst, nimm mich in deine Obhut, denn ich will dein Helfer sein gegen den strahlenden Mai. Deinetwegen meide ich den Liebeskummer. Da dein Gebewin gestorben ist, nimm mich dummen Laien an seiner Stelle als deinen treuen Gefolgsmann. »Steinmar, schau, das will ich tun, wenn ich nun genauer herausfinde, ob du mich gut zu beschreiben verstehst.« Zu Hilfe! Ich singe, damit wir alle abgefüllt werden.
3. Herbst, nun höre meine Lebensbeschreibung an: Wirt, du sollst uns Fische auftragen, mehr als zehn Sorten! Gänse, Hühner, Vögel, Schweine, Würste, Pfauen soll es geben, Wein aus Italien. Davon gib uns viel und befiehl, dass uns die Schüsseln beladen werden. Becher und Schüsseln werden von mir bis auf den

Grund geleert. Wirt, mach dir keine Sorgen! Zu Hilfe! Wirklich, der Wein muss ein trauriges Herz trösten.

4. Was du uns aufträgst, das würze gut, über das Maß hinaus, damit uns heiß wird, damit ein Qualm dem Trank entgegenschlägt wie der Rauch einer Feuersbrunst und damit jeder ins Schwitzen kommt, so dass er glaubt, er sei im Bad. Sorg dafür, dass unser Mund wie eine Apotheke duftet! Wenn ich durch die Macht des Weines verstumme – zu Hilfe! –, dann schütte ihn um der Freundschaft willen in mich hinein, Wirt!
5. Wirt, durch mich hindurch führt eine Straße, auf der sollst du uns allen einen großen Vorrat jeder Art von Essen herbeischaffen. Soviel Wein, dass er ein Mühlrad antreiben kann, gehört auf diese Straße. Ich rühme meinen Schlund: Mich würgt nicht einmal eine große Gans, wenn ich sie verschlinge. Herbst, mein lieber Freund, nimm mich endlich in dein Gefolge auf! Meine Seele steht auf einer Rippe. Zu Hilfe! Die ist darauf gehüpft, um nicht im Wein zu ertrinken.

Fress- und Saufdichtung gab es schon vor Steinmar, nämlich in Gestalt lateinischer Zechlieder, wie sie aus dem 12. und 13. Jahrhundert vor allem in der Sammlung der ›Carmina Burana‹ überliefert sind. Auf Deutsch sind seit der Mitte des 13. Jahrhunderts Zechreden (also Reimpaardichtungen nicht zum gesungenen, sondern zum gesprochenen Vortrag) erhalten; ob sie wirklich älter sind als Steinmars Lied, ist freilich schwer nachzuweisen.

Eine Besonderheit Steinmars ist jedenfalls die Art und Weise, in der er das Zechen in Beziehung zur Liebe setzt. Die Verbindung zwischen beidem gibt es auch in lateinischen Liedern, aber dort bilden Trinken und Lieben keinen Gegensatz. Sich an Wein und Frauen zu erfreuen, kann zusammengehören, weil die Liebe in der lateinischen Lyrik keine höfische ist. Steinmar hat das Lob des Zechens aus den thematischen Konventionen der Minnekanzone heraus entwickelt; das macht sein Lied zur planvoll angelegten Parodie auf den höfischen Frauendienst.

Die erste Strophe begründet die Abkehr von der Liebe mit dem ausbleibenden Minnelohn. Da die Dame keine Freude stiftet, wendet sich der Sänger einem anderen, zuverlässigeren Freudelieferanten zu. Dass nicht schon zu Beginn das Zechen zum Thema gemacht, sondern erst der Herbst als neuer Dienstherr eingeführt wird, gehört zum Spiel mit den Minnesangmotiven: Der Minnesänger ist eigentlich für das Lob des Sommers und die Klage über den Winter zuständig; nun wendet er sich vom Mai als Zeit der Liebe ab und will in den Dienst des Herbstes treten. Der Winter aus dem Natureingang der Minnekanzone wird dabei durch den Herbst ersetzt, weil die Jahreszeit nicht als diejenige der leidvollen Kälte, sondern als diejenige der freudigen Fülle – der Ernte, des Schlachtens, der Weinlese – erscheinen muss. Der Rückblick auf den Minnedienst zielt mit ironischen Formulierungen auf den Komikeffekt; der Frauendiener ist ein *minnerlîn* und sein Martyrium schon eine alte Geschichte. Es wird Zeit auszusteigen.

Die zweite Strophe formuliert den Dienstantrag an den Herbst als neuen Herrn. Durch den Dienstwechsel wird der Sänger zum Gegner des Mai und damit auch der Liebe; das soll ihm weiteren Liebeskummer ersparen. Das in Steinmars Konstruktion parodierte Motiv des Dienstwechsels von der ungnädigen Herrin zu einer gnädigen konstituiert im romanischen Minnesang einen eigenen Liedtyp, die *chanson de change*, die zu Steinmars Zeit Ulrich von Winterstetten auf Deutsch aufgriff (vgl. S. 129).

Nicht mehr genau zu klären ist, was es mit der Figur Gebewin auf sich hat: Die Silbe *-wîn* als Bestandteil von Personennamen (wie Erwin) geht auf das alte Wort für ›Freund‹ zurück, so dass der Etymologie nach ein ›Freund des Gebens‹ erwähnt wäre; der Liedkontext legt es allerdings näher, den Namen als einen sprechenden im Sinn von ›Gib Wein‹ zu verstehen. Möglicherweise unterstellt die Bitte des Sängers an den Herbst, ihn als ungelehrten Laien in seinen Dienst aufzunehmen, dass Gebewin ein Kleriker war; dann ließe sich die Passage gut als Anspielung auf die literarische Tradition verstehen, die Steinmar aufnimmt: Nach den Studierten, die schon länger lateinische Zechlieder singen, will nun auch der volkssprachliche Dichter damit beginnen.

Jedenfalls möchte der Herbst, bevor er den Sänger in seinen Dienst aufnimmt, erst überprüfen, ob dieser das Thema Herbstlob denn auch gut genug beherrscht: Der neue Herr verlangt eine Probe der dichterischen Beschreibungskunst. Das parodiert das Dienstmodell der Minnekanzone: Der Minnesänger dient der Dame, indem er sie rühmt. Die für die Sinnkonstruktion des gesamten Lieds wichtigste Anspielung auf den Minnesang steht am Schluss der zweiten Strophe: Der Sänger wird ein Loblied auf den Herbst singen, aber nicht nur zu seiner eigenen Befriedigung; er wird singen, damit alle voll werden von der Freude, die sein neuer Herr zu bieten hat. An die Stelle des Lobs der Dame, mit dem der Minnesänger der ganzen Gesellschaft Freude zu vermitteln hatte, rückt das Lob des Herbstes; und auch damit bringt der Sänger allen Freude. Nur war die Minnedame eine höchst unsichere Freudestifterin; die Herbstfreude ist für Sänger und Gesellschaft zuverlässig zu erlangen. Die Abwendung von der Liebe als Ursprung gesellschaftlicher Freude wird mit der Verfügbarkeit der Zechfreude begründet.

In den Strophen 3 bis 5 führt der Sänger dann die geforderte Kunstfertigkeit in der rühmenden Beschreibung des Herbstes vor, und zwar in Gestalt der Aufforderungen an den Wirt, Essen und Trinken in Fülle aufzutragen. Die Rede an den Wirt parodiert die Minneapostrophe der Kanzone: Wie dort die personifizierte Minne dem Sänger die Beglückung durch die Dame verschaffen soll, vermittelt der Wirt hier die beschriebenen Genussfreuden des Herbstes. Dem Körperteilkatalog im Schönheitspreis entspricht der Speisenkatalog im Herbstpreis, als dessen Ziel sich das Lob des Weins herausstellt: In Strophe 4 erscheint das stark gewürzte Essen nur noch als Anlass zum Saufen. Die innere Hitze, die die Gewürze erzeugen sollen, parodiert das Minnefeuer; der Wein übernimmt die Funktion der Liebeserfüllung: Wie die personifizierte Minne vom Sänger traditionellerweise dazu aufgefordert wird, sein Liebesfeuer durch die Zuwendung der Dame zu löschen, so löscht der Wirt mit dem Wein das vom scharfen Essen ausgelöste Feuer im Mund. Im Gegensatz zur höfischen Liebe lässt sich diese Art der Befriedigung bis zur Bewusstlosigkeit treiben: Wer vor Liebe verstummte, hatte ein Problem; wer vor Trunkenheit nicht mehr reden kann, braucht nicht aufzugeben.

So sind die Freuden des Zechens nicht nur problemlos, sondern auch unbegrenzt verfügbar. Das bringt die letzte Strophe zum Ausdruck mit dem Bild von der Straße, die durch den Körper geht und auf der alles transportiert wird, was der Wirt heranschafft. Der Körper des Sängers ist jeder Herausforderung gewachsen, die die Herbstgenüsse stellen; auch eine ganze Gans ist keine Schwierigkeit – und selbst die Seele steht dem grenzenlosen Genuss nicht im Weg: Sie hat sich vor dem Weinstrom, der durch den Körper fließt, mit einem Sprung auf eine Rippe gerettet, um nicht zu ersaufen. Der Sänger hat seine Befähigung als Dienstmann des Herbstes mit seinem Lobpreis nachgewiesen und bittet noch einmal, ins Gefolge aufgenommen zu werden.

Mit dem Lob des problemlosen Lustgewinns durch die grenzenlos verfügbare Zechfreude parodiert das Lied die Freude des Frauendienstes, die nur durch Leidensbereitschaft und Anstrengung zu erreichen ist. Es wäre ein Irrtum, hielte man es bloß für ein deftiges Fress- und Sauflied; jeder Bestandteil der Konstruktion verdankt sich dem konsequent durchgehaltenen Bezug auf das Modell der ambitionierten höfischen Liebe.

Dabei macht die Feier der maßlosen Fülle allerdings auch deutlich, was das Kultivierte an der Freude ist, auf die der Frauendienst zielt – die maßvolle Kontrolle des Begehrens nämlich und der Wert, den das höfische Liebesglück daraus bezieht, dass man es nicht einfach im Wirtshaus bestellen kann. Die mit der Parodie aufgeworfene Frage, weshalb man sich eigentlich anstrengen soll, wenn man es sich auch einfacher machen kann, lässt deshalb implizit eine Erwiderung aufscheinen, die sich der Parodie entzieht: Der einfach verfügbare und grenzenlose körperliche Genuss endet in der Bewusstlosigkeit, in der die vom Ertrinken bedrohte Seele zuschaut, wie der Wein in den schon verstummten Körper geschüttet wird und durch ihn hindurch rinnt. Fast sieht es so aus, als ob hier ebenfalls ein Martyrium bevorsteht.

Das Kultivierte bleibt auch in diesem Lied als das Anstrengende gedacht: Indem der Text das alte Ideal durch den Hinweis auf seine zweifelhafte Funktionsfähigkeit lächerlich macht, lässt er doch immer noch deutlich werden, was das Vornehme daran ist. Die Selbstkontrolle, die die höfische Liebe als Beherrschung des Begehrens verlangt, verhindert eben auch, dass einem das Begehren das Bewusstsein seiner selbst raubt. Die Selbstbeherrschung ist in Wahrheit die Herrschaft über das eigene Selbst, der eine Chance zu Handlungsmächtigkeit und Freiheit innewohnt, die durch das Besäufnis zerstört wird. So macht gerade dieses Lied das – genuin aristokratische – Konzept männlicher adeliger Identität erkennbar, das der Minnesang an die Ideale der höfischen Liebe koppelt und mit dem er das Versprechen einer kulturellen Überlegenheit verbindet, deren Gegenteil das Besäufnis ist.

Ausgaben: Ulrich von Winterstetten: KLD Nr. 59; Steinmar: SMS Nr. 26; Wachinger (Auswahl zu beiden mit Übersetzung und Kommentar).

Literatur zu Ulrich von Winterstetten: Kuhn [2]1967, Hausner 1980, Streicher 1984, Hartmann 1989, Bremer 1996, Strohschneider 1999, Ranawake 2003, Laude 2003, Wachinger 2006.

Literatur zu Steinmar: Grunewald 1976, Adam 1979, Hausner 1980, Mehler 1990, Haas 1991, Lübben 1994, Müller 1995, Strohschneider 2006, Wachinger 2006.

Literatur zu Parodien im Minnesang: Schiendorfer 1983, Hoffmann 1985, Tervooren 1985, Mehler 1990, Schnyder 1998, Tomasek 1999.

9

Freude im Allgemeinen und Sprachartistik Konrad von Würzburg

Konrad von Würzburg war der produktivste und vielseitigste unter den deutschen Dichtern in der zweiten Hälfte des 13. Jahrhunderts. Von keinem anderen ist ein so umfangreiches Œuvre überliefert, und kein anderer griff eine so große Anzahl unterschiedlicher Gattungen auf: Konrad verfasste Sangsprüche, Minnelieder, einen Minneleich, höfische Romane, Versnovellen (›Mären‹), Heiligenlegenden, einen religiösen Leich, eine religiöse Reimpaarrede, allegorische Dichtungen und eine Turnierbeschreibung. Das breite Werk ist nur als Produktion eines Berufsdichters mit lateinischer Schulbildung vorstellbar; Konrads Texte selbst bezeugen Wissensbestände auf den verschiedensten Gebieten. Die Handschriften nennen ihn mit der schon seit der ersten Hälfte des 13. Jahrhunderts gängigen Bezeichnung für den gelehrten Dichter *meister* Konrad von Würzburg.

Außer über eine lateinische Bildung verfügte Konrad über eine professionelle Kenntnis der höfischen Literaturtradition; seine eigenen poetischen Techniken orientieren sich an seinem erklärten Vorbild in der Kunst des Dichtens, Gottfried von Straßburg. In der Geschichte der deutschen höfischen Dichtung ist Konrad von Würzburg derjenige Autor, der das Ideal einer eleganten, durch und durch geschliffenen Verssprache am glänzendsten verwirklichte. Sein eigenes Dichterbewusstsein entsprach seinen Fähigkeiten; immer wieder formulierte er ausdrücklich den Anspruch, dass es sich bei der volkssprachlichen Dichtung um eine höchst wertvolle Angelegenheit handle und dass er selbst ein Könner in der Kunst des Dichtens sei. Frauenlob (vgl. Kap. 10) beklagte seinen Tod in einem Sangspruch mit dem Ausruf *ach, kunst ist tot* (GA VIII,26).

Außerhalb der literarischen Überlieferung ist Konrad in zwei zeitgenössischen Quellen belegt: Eine Colmarer Chronik erwähnt seinen Tod im Jahr 1287; in einem Urkundenbuch der Stadt Basel aus dem Jahr 1295 ist die Rede von einem Haus, das früher Konrad von Würzburg gehört habe. Als Hausbesitzer in Basel muss Konrad wohlhabend gewesen sein. Alle weiteren Kenntnisse über ihn beruhen auf seinen Werken selbst, insbesondere auf den Erwähnungen von Gönnern. Den höfischen Roman ›Partonopier und Meliur‹ etwa dichtete Konrad nach einer französischen Vorlage aus dem 12. Jahrhundert für Peter Schaler, einen Basler Patrizier, der wiederholt Bürgermeister war. Sein längstes Werk, den ›Trojanerkrieg‹, verfasste er auf der Grundlage des französischen Trojaromans aus dem 12. Jahrhundert und zahlreicher Texte aus der lateinischen Troja-Literatur für den Basler Domherrn Dietrich an dem Orte, der als adeliger Kleriker zur Stadtelite gehörte.

Der ›Partonopier‹ und der ›Trojanerkrieg‹ bringen die Tradition der höfischen Adelsliteratur im Auftrag von Angehörigen der städtischen Führungsgruppen in die Stadt. Auch in seinen drei Heiligenlegenden nennt Konrad Basler Stadtbürger und einen Domherrn als Auftraggeber. Außer in Basel fand er im benachbarten Straßburg Gönner; eine der Versnovellen entstand für den Straßburger Domherrn Berthold von Tiersberg. Angehörige der städtischen Elite eigneten sich die höfische Dichtung an und ließen sich ihre literarischen Interessen von einem Berufsdichter bedienen.

Wann Konrad sich in Basel niederließ und ob er zuvor als fahrender Dichter an Adelshöfen unterwegs war, ist zwar Gegenstand mancher Spekulation, indes nicht mehr sicher zu klären. Rechnen muss man jedenfalls damit; vor allem die Gattung Sangspruchdichtung lässt an eine Fahrendenexistenz denken. Zum fränkischen Raum, auf den die Herkunftsbezeichnung verweist, stellt keines seiner Werke eine ausdrückliche Beziehung her. Angesichts eines Fürstenlob-Sangspruchs auf den Straßburger Bischof Konrad von Lichtenberg könnte man sich ausmalen, wie der fahrende Dichter in einem traditionellen höfischen Texttyp den Weg fand, der ihm die Führungsgruppen der wohlhabenden oberrheinischen Städte als Publikum erschloss, doch bleibt auch diese Vorstellung spekulativ.

In etlichen Werken nennt Konrad keine Gönner; in Minneliedern war dies ohnehin nicht üblich. Dass er seinen Minnesang von vornherein für das Basler Publikum produzierte, nimmt die Forschung zwar mit einiger Selbstverständlichkeit an; belegbar ist es aber nicht. Die Lieder können, zumindest teilweise, schon zu seinem Repertoire gehört haben, bevor er sich in Basel niederließ; es ist immerhin möglich, dass sie zuerst ein traditionelleres höfisches Publikum und erst später auch ein städtisches bedienten. Historisch nicht absichern lässt sich die von der älteren Forschung konstruierte Existenz eines Basler Minnesängerkreises um Walther von Klingen – er stammte aus einer Thurgauer Adelsfamilie, war Hausbesitzer in Straßburg und Basel und ist in der Manessischen Liederhandschrift als Minnesänger vertreten –, dem Konrad anzulagern wäre (Schiendorfer 2003).

Skepsis ist gegenüber Versuchen am Platz, die thematischen Konstruktionen von Konrads Minneliedtexten mit einem stadtbürgerlichen Dichtungsinteresse in Verbindung zu bringen, das sich vom traditionellen höfischen unterschieden hätte. Denn die Stadteliten wollten gegen Ende des 13. Jahrhunderts mit der Übernahme der höfischen Dichtungstradition vor allem zum Ausdruck bringen, dass sie über dieselbe Vornehmheit und Repräsentationskompetenz verfügten wie die Landaristokraten. Sie stellten deshalb gerade kein eigenes städtisches Selbstbewusstsein gegen die alten höfischen Ideale, sondern wollten ganz im Gegenteil in Gestalt der von ihnen geförderten Dichtung deren möglichst unveränderte Aneignung dargestellt sehen. Konrads Minnelieder hätten deshalb die Interessen eines städtischen Publikums auch dann gut bedienen können, wenn er sie ursprünglich nicht eigens für ein solches produziert hätte; genuin ›stadtbürgerliche‹ Charakteristika haben sie nicht.

Von Konrad sind, ausschließlich in der Manessischen Liederhandschrift, neben einem Minneleich 23 strophische Minnelieder überliefert, darunter drei Tagelieder (vgl. S. 134), fünf Minnekanzonen und fünfzehn Lieder eines Typs, den man ›verallgemeinertes Minnelied‹ oder ›generalisiertes Minnelied‹ nennen kann. Zu diesem Liedtyp, der eine Art Markenzeichen des Minnesängers Konrads von Würzburg darstellt, gehört das folgende Beispiel (Schröder 11):

1 Heide, velt, berg unde tal
sint gezieret überal;
von der boume blüete
stânt si wol becleit.
hœrent wie diu nahtegal
suoze dœnet âne zal,
wan des meien güete
machet si gemeit.
si kan singen lûte als ê,
daz diu heide ercrachet.
manec bluome durch den clê
wol betouwet âne wê
gein der sunnen lachet
gar ân underscheit.
Meien bluot
mannes lîp
frœlich tuot,
liebez wîp
trœstet sînen muot.

2 Meie wünneclîche zît
ûf dem liehten velde wît
mit den bluomen teilen
aber schône wil.
swer nû liebe nâhe lît,
hei, wie der ân allen strît
kan mit fröuden heilen
sender wunden vil.
liep von leide manecvalt
sich bî liebe lœset,
sô geloubet stât der walt
und diu heide wol gestalt
schône lît gerœset
in ir wunnespil.
Meien bluot
mannes lîp
frœlich tuot,
liebez wîp
trœstet sînen muot.

3 Wîp sint guot, süez unde wîs,
wîp hânt reiner tugende prîs;
nâch ir minne tougen
mannes herze quilt.
wîp sint heiles wünschelrîs,
aller fröuden paradîs
ûz ir liehten ougen
blüejet unde spilt.
swen ir berndez minnezwî
niht ergeilen künne,
der gê sterben unde sî
lebender fröude ûf erde frî!
wîp hânt alle wünne
mit trôste überzilt.
Meien bluot
mannes lîp
frœlich tuot,
liebez wîp
trœstet sînen muot.

1. Heide, Feld, Berg und Tal sind überall geschmückt; mit den Blüten der Bäume sind sie gut bekleidet. Hört, wie die Nachtigall süß singt in zahlloser Schar, weil der Mai sie mit seiner Vollkommenheit fröhlich macht. Sie kann laut wie früher singen, so dass die Heide laut erschallt. Viele Blumen lachen durch den Klee, reich betaut, ohne Leid, die Sonne an, eine wie die andere. (Refr.:) Die Maienblüte macht den Mann fröhlich, eine liebe Frau tröstet seinen Sinn.
2. Der Mai will die fröhliche Zeit auf dem hellen, weiten Feld wieder auf schöne Weise mit den Blumen teilen. Wer jetzt nah bei der Geliebten liegt, hei, wie der ohne jeden Streit mit Freude viele Liebeswunden heilen kann. Die Freude befreit sich von vielfachem Leid bei der Geliebten, wenn der Wald belaubt steht und die schöne Heide prachtvoll mit Rosen geschmückt daliegt in ihrem Freudenspiel. (Refr.:) Die Maienblüte macht den Mann fröhlich, eine liebe Frau tröstet seinen Sinn.
3. Frauen sind gut, süß und klug. Frauen haben den Ruhm makelloser Vortrefflichkeit. Nach ihrer heimlichen Liebe sehnt sich das Männerherz. Frauen sind die Wünschelrute des Glücks. Das Paradies aller Freuden blüht und glänzt aus ihren leuchtenden Augen. Wen ihr blühender Liebeszweig nicht froh machen kann, der soll sterben gehen und auf der Erde frei von aller Lebensfreude sein! Frauen haben alle Freude mit ihrem Trost übertroffen. (Refr.:) Die Maienblüte macht den Mann fröhlich, eine liebe Frau tröstet seinen Sinn.

Alle thematischen Bestandteile dieses Textes stammen aus dem traditionellen Repertoire der Minnekanzone. Den Anfang macht ein Sommereingang, der mit geläufigen motivischen Versatzstücken die ganze erste Strophe füllt: Die Bäume zieren das Land, die Nachtigallen singen, die Blumen blühen. So beginnen Minnekanzonen, und wer das Funktionsschema des Natureingangs in der Minnekanzone kennt (vgl. S. 48), erwartet nun eine Überleitung vom Mai zur Liebe. Die kommt tatsächlich auch gleich, nämlich im Refrain: Frauen sind wie der Mai; sie machen die Männer glücklich. Danach müsste im thematischen Aufbau, dem Schema gemäß, eine Überleitung von den beglückenden Frauen zur Minnedame folgen, die ihren Verehrer üblicherweise nicht erfreut, wie es die Frauen eigentlich tun sollten. Diese Erwartung erfüllt sich jedoch nicht.

Stattdessen kehrt das Lied in der zweiten Strophe zum Mai als Zeit der Freude zurück. Von der Maifreude geht es dann noch einmal zur Liebesfreude: Wer bei der Geliebten liegt, heilt seine Liebeswunden. Der Mai stiftet Freude, die Frauen tun es auch – und zwar wenn man ›ihnen nahe liegt‹, durch die Erfüllung der Liebe also. Die letzten vier Verse der Strophe thematisieren nach der Freude der Liebeserfüllung wieder den Mai als Zeit der Freude; der Refrain wiederholt die Analogie zwischen den beiden Freudequellen Mai und Frau. Was in der Mitte dieser zweiten Strophe steht, eingerahmt von den beiden Maipartien, ist ebenfalls ein Repertoire-Element aus der Tradition der Minnekanzone – die in den Liedern Gottfrieds von Neifen regelmäßig eingesetzte normative Generalisierung (vgl. S. 79), die das Ideal der höfischen Liebe in verallgemeinerter Form zum Ausdruck bringt. Bei Konrad von Würzburg erscheint sie als generalisiertes Lob der beglückenden Liebe.

Die dritte Strophe füllt ein verallgemeinerter Frauenpreis: Gelobt werden alle Frauen, nicht eine Minnedame. Am Beginn stehen verschiedene Aspekte des höfischen Frauenideals, die begründen, weshalb die Frauen Objekte des – den Konventionen des Minnesangs gemäß heimlichen – männlichen Begehrens sind. Danach konzentriert sich das Lob ganz auf die freudevermittelnde Leistung der Frauen, die mit drei Metaphern zum Ausdruck gebracht wird: Frauen sind die Wünschelrute des Glücks und das Paradies der Freude, ihr blühender Liebeszweig macht selig. Diese dritte Metapher stellt erneut die Analogie zum Mai her, indem sie die Frauen mit blühenden Baumzweigen vergleicht; sie gehört schon zur Aufforderung an alle Männer, die sich nicht an den Frauen erfreuen können, sich am besten gleich zum Sterben hinzulegen. Die Schlussverse der Strophe rühmen die Frauen noch einmal als größte Freude auf Erden; der Refrain beendet das Lied mit der Analogie zwischen Frauen und Mai.

Natureingang, Lob der Minne, Frauenpreis – das ist alles nicht neu, und doch weicht die Konstruktion des Lieds von den Minnesangkonventionen ab. Denn aus dem traditionellen thematischen Repertoire der Minnekanzone sind nur solche Versatzstücke aufgenommen, die eine verallgemeinerte Rede über die Liebe erlauben. Das Besondere dabei ist, dass eine spezifische Minnebeziehung überhaupt nicht mehr zur Sprache kommt. Es gibt weder einen Liebenden noch eine Dame, sondern nur allgemeines Mailob, allgemeines Minnelob und allgemeinen Frauenpreis.

Abgesehen von der Generalisierung ändert sich gegenüber der Minnekanzone nichts: Der Mai ist, was er immer war: die Zeit der Freude. Die Liebe verspricht, was sie immer versprach: Freude. Die Frauen sind, was sie immer waren: Inbegriff höfischer Werthaftigkeit und deshalb Vermittlerinnen wertvoller Freude. Es geht auch immer noch um eine heimliche Liebe. Aber kein Liebender weist einer

Dame die Qualität seiner Liebe mühselig nach und beklagt ihre leidbringende Ungnade. Die Konstruktion ist vollständig aus der Tradition der Minnekanzone abgeleitet; sie ergibt jedoch keine Minnekanzone mehr, weil keine spezifische Liebesbeziehung thematisiert wird.

Das verallgemeinerte oder generalisierte Minnelied ist ein Liedtyp, der ganz selten schon vor Konrad von Würzburg auftaucht, nämlich einmal bei Walther von der Vogelweide (L 45,37) und zweimal bei Ulrich von Liechtenstein (KLD 58. XXIX und XXXI). Bei Gottfried von Neifen gibt es fünfstrophige Minnekanzonen, in denen die verallgemeinerte Rede in Natureingang, normativer Generalisierung und allgemeinem Frauenpreis strophenweise streng von der spezifischen Klage über die ungnädige Dame und dem Lob ihrer Qualitäten getrennt ist (z.B. KLD 15.XIII); hier müsste man nur die Strophen, die das spezifische Dienstverhältnis thematisieren, weglassen, um ein generalisiertes Minnelied zu erhalten. Konrad von Würzburg wird die Anregung für den von ihm in Serie produzierten Liedtyp am ehesten bei Neifen gefunden haben; die Formulierungstechniken und thematischen Aufbauverfahren seiner Minnelieder sind erkennbar von diesem Vorbild beeinflusst (Hübner 1994, Worstbrock 1996).

Die generalisierte Rede über die Liebe mag zudem den Formulierungsgewohnheiten entgegengekommen sein, die der Berufsdichter Konrad aus der Sangspruchdichtung gewohnt war (vgl. S. 26-28). Unter seinen Sangsprüchen finden sich auch zwei zum Thema Minne. Einer von ihnen gehört zu dem Typus, der die Liebesentstehung und die Macht der Liebe behandelt (Schröder 32,106), der andere belehrt über die *kiusche* (gemeint ist Selbstbeherrschung) als Norm für das weibliche Verhalten in der Liebe (Schröder 32,91). Gerade der Vergleich mit diesem Typus lehrhafter Minnesprüche – und nicht anders der Vergleich mit den Verhaltensanweisungen erteilenden didaktischen Minnekanzonen Ulrichs von Liechtenstein (vgl. S. 96) – zeigt freilich, dass die Formulierungsverfahren in Konrads verallgemeinerten Minneliedern nicht auf moralische Belehrung ausgerichtet sind. Der Liedtyp ist nicht didaktisch; er feiert, genauso wie die normativen Generalisierungen in Neifens Liedern, das Ideal der höfischen Liebe. Dabei geht es ausschließlich um die Freude, die die Liebe vermittelt. Die Schwierigkeiten bei der Erlangung dieser Freude, die Minnekanzonen üblicherweise behandeln und die sie immer mit der spezifischen Liebesbeziehung verknüpfen, werden einfach nicht thematisiert. Wo es keine Minnedame gibt, kann es auch keine ungnädige geben; damit ist das Problem der anstrengenden Kompliziertheit der höfischen Liebe und der Leidensbereitschaft, die sie verlangt, kurzerhand entsorgt.

Die Liebe verliert nicht ihren hohen Wert, aber sie erscheint als etwas mühelos Beglückendes. In diesem Sinn gehören Konrads generalisierte Lieder zu den dezidierten Freude-Modellen im Minnesang des 13. Jahrhunderts. Insofern sie aus dem traditionellen thematischen Repertoire der Minnekanzone nur problemfreie Bestandteile aufgreifen und die problembeladenen meiden, kann man sie als das Ergebnis einer Entproblematisierung verstehen. Die Poetologie des Minnesangs hat gattungsgeschichtliche Profilierungen dieser Art ermöglicht; mit anderen, indes ebenfalls aus der Gattungstradition bezogenen Mitteln streben die freudigen Minnekanzonen Ulrichs von Liechtenstein und verschiedene Texte des Tannhäusers ein ähnliches Ziel an (vgl. Kap. 6 und 7).

Die Entproblematisierung ist dabei nicht die einzige hervorstechende Eigenschaft von Konrads verallgemeinerten Minneliedern. Sie zeichnen sich außerdem durch ein großes Maß an Ordnung aus, das die Orientierung am Vorbild Neifens besonders deutlich erkennen lässt. Im Beispieltext sind nicht nur die Themen ordentlich auf die drei Strophen verteilt; auch die thematische Gliederung der einzelnen Strophen ist jeweils mit der Strophenform synchronisiert.

Diese Strophenform ist immer noch die der Stollenstrophe mit einem Aufgesang aus zwei Stollen und einem Abgesang; daran hängt, wie bei Winterstetten und Steinmar, ein Refrain. In der zweiten Hälfte des 13. Jahrhundert breitete sich zudem die Mode aus, am Ende des Abgesangs die Stollenmelodie noch einmal zu wiederholen, so dass die ursprünglich dreiteilige musikalische Form der Stollenstrophe (AA/B) nun vierteilig wurde (AA/BA): Der Aufgesang besteht weiterhin aus zwei Stollen (AA); der Abgesang endet mit einem dritten Stollen (A), vor dem ein Erweiterungsteil steht, der sogenannte Steg (B). Diese Form hat auch das Beispiellied: Die ersten vier Verse jeder Strophe bilden den ersten Stollen, die nächsten vier den zweiten; dann folgen der Steg aus zwei Versen und der dritte Stollen.

Wie der thematische Aufbau mit der Strophenform harmoniert, erkennt man am leichtesten bei der zweiten Strophe: Im ersten Stollen geht es um den Mai als Freudestifter; der zweite Stollen bringt einen ersten Teil des allgemeinen Minnelobs, der Steg einen zweiten; der dritte Stollen behandelt wieder die Maifreude. Dasselbe Prinzip liegt der ersten Strophe zugrunde: Im ersten Stollen bekleiden die Baumblüten das Land; im zweiten Stollen und im Steg singt die Nachtigall; im dritten Stollen lachen die Blumen. Die Ordnung zielt darauf, ein Höchstmaß an Harmonie und Eleganz zu erzeugen.

Eine weitere charakteristische Eigenschaft der generalisierten Minnelieder Konrads ist die Behandlung der Natur. Sie nimmt nicht nur verhältnismäßig viel Platz in Anspruch, sondern wird zudem oft auffällig konsequent vermenschlicht. Das Beispiellied hält dieses Prinzip Aussage für Aussage durch: Die Blüten der Bäume sind die Kleider des Lands; der Mai verfügt wie ein Herrscher oder eine Minnedame über *güete*, die die Nachtigall glücklich singen lässt wie einen Minnesänger (zur traditionellen Nachtigallen-Analogie vgl. Obermaier 1995). Die Blumen lachen die Sonne an, der Mai will die Zeit mit ihnen teilen. Der Schluss der zweiten Strophe deutet ein Liebesspiel an zwischen dem Wald, der in der Pracht seines frischen Laubs steht, und der Heide, die in der Pracht ihrer Rosen vor ihm liegt. Diese Strophe zeigt besonders gut, dass die Naturszenerie erotisch aufgeladen ist, um die Analogie zwischen Maifreude und Liebesfreude zu verstärken: Mai und Blumen, Wald und Heide unterhalten wie Männer und Frauen Liebesverhältnisse.

Texte dieser Machart sind kleine Harmoniekunststücke: Sie evozieren inhaltlich eine Aura völliger Eintracht; die Synchronisation von thematischem und metrischem Aufbau unterstützt die Spannungslosigkeit; und die Verse perlen dahin, als ob sie nicht einem Formzwang unterworfen wären, sondern die Sätze ohne jede Anstrengung zum Gleichlauf brächten. Keiner verstand sich darauf so gut wie Konrad von Würzburg, der seine Kunstfertigkeit gerade in den generalisierten Liedern in dieser eleganten und unauffälligen Weise eingesetzt hat. Die Konstruiertheit drängt sich nicht in den Vordergrund; erst wenn man genauer Acht gibt, fällt sie auf.

Daneben gibt es allerdings auch Liedtexte, in denen Konrad seine dichtungstechnische Kompetenz massiv und auffällig demonstriert. Sie sind virtuose Sprachkunststücke, die ihre eigene Artistik zur Schau stellen (Schröder 13):

1 Jârlanc vrîjet sich diu grüene linde
loubes unde blüete guot.
wunder güete bluot des meien ê der werlte bar.
gerner ich dur liehte bluomen linde
hiure in touwes flüete wuot,
danne ich wüete fluot des rîfen nû mit füezen bar.
mir tuont wê die küelen scharphen winde.
swint, vertânez winterleit,
durch daz mînem muote sorge swinde!
wint mîn herze ie kûme leit,
wande er kleiner vogellîne fröude nider leit.

2 Owê, daz diu liebe mir niht dicke
heilet mîner wunden funt!
ich bin funden wunt von ir. nu mache si mich heil!
sendez trûren lanc, breit unde dicke
wirt mir zallen stunden kunt.
wil mir kunden stunt gelückes, sô vind ich daz heil,
daz si mich in spilnde fröude cleidet.
leit an mir niht lange wert.
ir gewant mir ungemüete leidet.
cleit nie wart sô rehte wert,
sô diu wât, der mich diu herzeliebe danne wert.

3 Werlt, wilt dû nu zieren dich vil schône,
sô gib dînen kinden wint,
der niht winden kint zunêren müge! dêst mîn rât.
swer mit stæte diene dir, des schône,
hilf im sorge binden! vint,
die dich vinden, bint si zuo dir, gib in hordes rât,
reiniu wîp! den rât mein ich ze guote.
muot und zuht ist in gewant.
swen si cleident mit ir reinen muote,
guot und edel daz gewant
ist. darumbe ich ûz ir dienste mich noch nie gewant.

1. In dieser Jahreszeit befreit sich die grüne Linde vom Laub und von der schönen Blüte. Alle Vollkommenheit brachte die Maienblüte vorher der Welt. Lieber bin ich durch strahlende zarte Blumen heuer in Taufluten geschritten, als dass ich jetzt durch Reiffluten mit bloßen Füßen schritte. Mir tun die kalten, scharfen Winde weh. Verschwinde, verfluchtes Winterleid, damit die Sorge aus meinem Sinn verschwindet! Wind ertrug mein Herz schon immer schlecht, weil er die Freude kleiner Vögelchen zerstört.
2. O weh, dass die Geliebte mir nicht oft meine vielen Wunden heilt. Ich bin von ihr verletzt gefunden worden. Jetzt soll sie mich heilen! Langes, tiefes und schweres Liebesleid lerne ich zu jeder Zeit kennen. Lerne ich die Stunde des Erfolgs kennen, dann finde ich das Glück, dass sie mich in strahlende Freude kleidet. Das Leid währt dann bei mir nicht lange: Ihr Gewand verleidet mir die Trauer. Kein Kleid war jemals so wertvoll wie das Gewand, das mir die Herzensgeliebte dann gewährt.
3. Welt, wenn du dich nun sehr schön schmücken willst, dann gib deinen Kindern einen Wind, der den Kindern nicht zur Schande weht! Das ist mein Rat. Wer dir beständig dient, den schone; hilf ihm, das Leid zu binden! Finde die, die dich finden, binde sie an dich, gib ihnen die Fülle des Schatzes: makellose Frauen! Den Rat gebe ich in guter Absicht. Einen guten Sinn und guten Anstand haben sie. Wenn sie jemanden mit ihrem reinen Sinn einkleiden, dann ist das Gewand gut und edel. Deshalb wandte ich mich noch nie von ihrem Dienst ab.

Das Lied ist eine thematisch konventionelle Minnekanzone, die freilich höchst kompliziert formuliert und deshalb schwer zu verstehen ist. Die erste Strophe setzt als Natureingang eine Winterklage an den Anfang. Im ersten Stollen beklagt der Sänger, dass die Linde Laub und Blätter verliert; im zweiten stellt er die Erinnerung an die taufeuchten Maiwiesen gegen den Winterreif. Der Abgesang, der wieder aus Steg und drittem Stollen besteht, rückt den kalten Winterwind in den Mittelpunkt.

Die zweite Strophe schließt eine Liebesklage an. Der Sänger bejammert im ersten Stollen die Liebeswunden, die ihm die Geliebte zugefügt hat und deshalb auch heilen soll. Der zweite Stollen setzt die Hoffnung auf die Zuwendung der Geliebten dagegen. Der Abgesang fasst die Freude, die sich der Sänger erhofft, in eine mehrmals wiederholte Metapher: Die beglückende Liebeserfüllung erscheint als Gewand, in das ihn die Dame kleiden soll; es wäre für ihn das kostbarste Kleid aller Zeiten. Die metaphorische Bezeichnung des Geschlechtsverkehrs als Einkleidung begegnet im späteren alemannischen Minnesang wiederholt, etwa auch bei Gottfried von Neifen (KLD 15.XXXVIII) und beim Schulmeister von Esslingen (KLD 10.VII).

In der dritten Strophe richtet der Sänger seine Rede an die personifizierte Welt, um ihr einen Ratschlag zu geben. In der Ratgeber-Rolle macht sich der Sangspruchdichter bemerkbar, zu dessen Aufgaben die Belehrung der Gesellschaft gehört; wäre nicht der letzte Vers, könnte diese Strophe auch ein Minnespruch sein. Der Rat an die Welt lautet im ersten Stollen zunächst, dass sie für ihre Kinder den richtigen Wind wehen lassen soll. Sowohl die Kinder als auch der

Wind erweisen sich im weiteren Verlauf der Strophe als Metaphern: Die Kinder der Welt sind diejenigen, die der Welt mit *stæte* dienen. Diesen ihren beständigen Dienern soll die Welt mit dem günstigen Wind helfen, das Leid loszuwerden, und zwar indem sie ihre Diener mit Frauen belohnt, die durch höfische Qualitäten ausgezeichnet sind. Die weiblichen Eigenschaften – Makellosigkeit, edle Einstellung, höfischer Anstand – erscheinen ihrerseits am Schluss metaphorisch als Gewänder, in die die Frauen die Diener der Welt kleiden sollen.

Die thematische Konstruktion beruht auf der Verschränkung der Wind- und der Kleidermetapher: Anstelle des – wörtlich zu verstehenden – kalten Winterwinds des Natureingangs soll der – metaphorisch gemeinte – beglückende Wind der weiblichen Zuwendung wehen. Diese Zuwendung kleidet die Männer mit der wertvollen Freude der höfischen Liebe ein. Die Kleidermetapher wird in der zweiten Strophe eingeführt, in der dritten wieder aufgenommen und mit der Windmetapher verbunden: Der richtige Wind und das edle Gewand bedeuten dasselbe, nämlich die Liebesfreude. Das Lied entfaltet das traditionelle Liebeskonzept des Minnesangs; insofern es sich um eine Minnekanzone mit der Klage darüber handelt, dass das Ziel noch nicht erreicht ist, findet hier keine Entproblematisierung statt.

Einen noch stärker verständniserschwerenden Effekt als die komplizierte metaphorische Ausdrucksweise hat die Reimkunst. Anders als bei Gottfried von Neifen (vgl. Kap. 5) kann die Reimdichte in diesem Lied kaum dazu dienen, Euphonie zu erzeugen. Das beherrschte Konrad, wie andere Lieder zeigen, zwar ebenfalls; hier aber sorgt die Reimartistik dafür, dass der Sinn etlicher Formulierungen nur mit einiger Anstrengung zu begreifen ist. Die Reimkunst schmeichelt nicht der Wahrnehmung, sondern soll als Artistik erkannt werden; sie lenkt das Interesse vom Inhalt auf die Ausdrucksform um.

Die Konstruktion ist in allen drei Strophen gleich; das Beispiel der ersten soll genügen. Auffällig sind zunächst die homonymen Reime, bei denen die Reimwörter der Lautgestalt nach identisch sind (*linde* : *linde*; *bar* : *bar*; *leit* : *leit* : *leit*). Identische Reime sind eigentlich Kunstfehler, weil der Dichter sie, anders als reine Reime, nicht suchen muss: *linde* auf *linde* kann jeder reimen. Bei homonymen Reimen sind die Reimwörter freilich trotz der identischen Lautgestalt lexikalisch oder morphologisch verschieden; solche Wörter zu finden, ist dann doch wieder eine Kunst. *linde* in Vers 1 ist der Baum, *linde* in Vers 4 das Adjektiv ›lind‹. *bar* in Vers 3 ist das Präteritum des Verbs *bern* (tragen, bringen), *bar* in Vers 6 das Adjektiv ›bar‹ (nackt). *leit* in Vers 8 ist das Substantiv ›Leid‹, *leit* in Vers 10 das Präteritum des Verbs *lîden* (leiden), *leit* (kontrahiert aus *leget*) in Vers 11 eine Präsensform des Verbs *legen*. Homonyme Reime gehen nicht ins Ohr, sondern fordern den Intellekt heraus, weil man hinter der Identität der Lautgestalt die semantische Differenz erkennen muss.

Als weitere Spielart der Reimartistik fallen die Schüttelreime auf. Ein Schüttelreim ist ein drei- oder viersilbiger Reim, bei dem die Anfangskonsonanten der Reimsilben vertauscht sind (weiße Haare : heiße Ware). Die Kunst besteht darin, entsprechende Wörter oder Wortformen zu finden. In beiden Stollen des Aufgesangs ist jeweils ein Schüttelreim untergebracht, und zwar im Versinnern als Binnenreim – *blüete guot* : *güete bluot* (*bluot* bedeutet ›Blüte‹) in den Versen 2 und 3; *flüete wuot* : *wüete fluot* in den Versen 5 und 6 (*wuot* ist das Präteritum, *wüete* der Konjunktiv II zu *waten*). Ein Bestandteil der Schüttelreime dient zugleich als Endreim (*guot* : *wuot* in den Versen 2 und 5); alle weiteren Endreime im Aufgesang sind homonyme Reime.

Auch im Abgesang jeder Strophe gibt es einen Schüttelreim, der jedoch nicht als Binnenreim im Versinnern platziert ist, sondern über das Versende hinweg auf den Beginn des folgenden Verses übergreift: *winde swint* : *swinde wint* in den Versen 7-8 und 9-10. Die Konstruktion hat zur Folge, dass im Abgesang auch noch ein Pausenreim (vgl. S. 180) entsteht: Der Anfang von Vers 8 (*swint*) reimt auf den Anfang von Vers 10 (*wint*). Die beiden anderen Bestandteile des Schüttelreims dienen in den Versen 7 und 9 als Endreim (*winde* : *swinde*). So gibt es im Abgesang neben dem homonymen Reim (*leit* : *leit* : *leit*) einen reinen Endreim und einen reinen Pausenreim, die als Schüttelreim miteinander verbunden sind.

Der gesamte Text ist darauf ausgerichtet, die Kunstfertigkeit seines Dichters vorzuführen. Das entspricht einem Aspekt des alten Dichtungsbegriffs, der aus der römischen Antike ins Mittelalter (und weiter in die frühe Neuzeit) vererbt wurde. Der Dichter ist danach in erster Linie ein Sprachkünstler, der über die Fertigkeit verfügt, Verse zu machen und Formulierungen zu gestalten. Gerade für den gelehrten Dichtungsbegriff, wie er im lateinischen Schulunterricht vermittelt wurde, war der Dichter vor allem ein Vers- und Stilartist. Genau diese Kompetenz stellt Konrad mit seinen komplizierten Reimen und Metaphern zur Schau. Anders als beim ersten Textbeispiel bleibt die Kunst hier nicht unauffällig; die Virtuosität soll bemerkt werden.

Der Reiz für das Publikum besteht darin, die Konstruiertheit zu durchschauen und die eigene Kennerschaft damit unter Beweis zu stellen. Besonders schlagend zeigt das die folgende Einzelstrophe (Schröder 30; Wachinger S. 272):

Swâ tac erschînen sol zwein liuten,
die verborgen inne liebe stunde müezen tragen,
  dâ mac verswînen wol ein triuten.
  nie der morgen minnediebe kunde büezen clagen.
er lêret ougen weinen trîben;
sinnen wil er wünne selten borgen.
swer mêret tougen reinen wîben
minnen spil, der künne schelten morgen.

Wo der Tag für zwei Menschen hell zu werden beginnt, die heimlich drinnen eine Freudenzeit haben dürfen, da wird die Umarmung gewiss verschwinden. Nie konnte der Morgen dem Liebesdieb das Leid heilen. Er lehrt die Augen weinen; den Sinnen will er niemals Freude anvertrauen. Wer heimlich makellosen Frauen das Liebesspiel steigert, der wird den Morgen beschimpfen können.

Der Text hat mit seiner Einstrophigkeit und der generalisierten Redeweise die Charakteristika eines Minnespruchs. Er behandelt die aus der Gattungstradition des Minnesangs bezogene Tageliedkonstellation in verallgemeinerter Diktion: Es wird nicht von der leidvollen morgendlichen Trennung eines höfischen Liebespaars nach freudvoller Nacht erzählt, sondern generalisiert dargestellt, dass in

Abb. 12: Dichter beim Dichten (Diktieren). Miniatur zu den Liedern Konrads von Würzburg in der Manessischen Liederhandschrift.

dieser Situation die Freude dem Leid weicht. Der eigentliche Gegenstand des Textes ist jedoch seine Reimkunst: Jede einzelne Silbe jedes Verses reimt mit der metrisch entsprechenden Silbe des übernächsten Verses (*Swâ tac er-schî-nen : dâ mac ver-swî-nen* und so weiter).

Texte wie die beiden zuletzt vorgestellten sind ein untrügliches Zeichen schriftlicher Produktion; dergleichen dichtet man nicht ohne Hilfe der Schrift aus dem Kopf. Auf der Autorminiatur zu Konrads Liedern in der Manessischen Handschrift ist der Dichter dargestellt, der einem Schreiber auf ein Pergamentblatt diktiert; das entspricht der Vorstellung, die man – nicht zuletzt wegen des Zusammenhangs zwischen dem lateinischen Wort *dictare* und dem deutschen Wort *tihten* – vom gelehrten Textproduzenten hatte. In der Lebenswirklichkeit werden die schreibkundigen Minnesänger ihre Texte auch selbst aufgeschrieben und dazu vielleicht, wie es verbreiteter Gewohnheit entsprach, Wachstäfelchen benutzt haben.

Während produktionsseitige Schriftlichkeit angesichts der Komplexität vieler Liedtexte im Minnesang schon seit dem späteren 12. Jahrhundert verbreitet gewesen sein dürfte, machen nur extrem artifizielle Gebilde wie Konrads Reimkunststücke die Annahme nötig, dass die Schrift auch für die Rezeption eine wichtige Rolle spielte. Dass sich die Konstruktion solcher Texte durch bloßes Zuhören erkennen ließ, ist jedenfalls schwer vorstellbar. Deshalb legen sie den – vom ›Frauendienst‹ Ulrichs von Liechtenstein geschürten (vgl. S. 94) – Verdacht nahe, dass Minneliedtexte gelegentlich auch gelesen wurden. In Zweifel ziehen zu wollen, dass der Liedvortrag die für die Rezeption grundsätzlich und selbst bei hochartistischen Texten primäre mediale Form des Minnesangs war, geht aber trotzdem zu weit. Zu den extrem komplizierten Leichtexten, die Frauenlob (vgl. Kap. 10) gegen Ende des 13. Jahrhunderts dichtete – darunter ein Minneleich –, sind die Melodien überliefert. Das zeigt, dass auch Texte vorgesungen wurden, die selbst für versierte zeitgenössische Rezipienten die Schwelle der Verständlichkeit erreicht oder überschritten haben müssen.

Auch wenn man damit rechnen muss, dass der zweite in diesem Kapitel behandelte Liedtext beim bloßen Hören extrem schwer zu verstehen war und dass seine Konstruiertheit nur beim Lesen erkennbar wurde, ändert das nichts daran, dass die Form der Stollenstrophe mit Steg und drittem Stollen allein im Gesangsvortrag zur Geltung kam. Lieder wie das davor behandelte Beispiel sind ohnedies ganz auf den Gesangsvortrag und das Zuhören berechnete Gebilde. Schon die Beliebtheit des Refrains in der zweiten Hälfte des 13. Jahrhunderts dokumentiert, dass der Minnesang eine musikalische Kunst blieb: Refrains sind zum Singen da, nicht zum Lesen, wo man sie als Wiederholung gern überspringt. Die Schreiber der Manessischen Handschrift haben das übrigens ebenfalls schon so gehalten und bei der Refrainwiederholung nur den ersten Vers notiert.

Konrad von Würzburg darf man sich als schriftlich produzierenden Dichter vorstellen, der als Minnesänger gleichwohl ein Vortragskünstler war, sein Publikum als Zuhörer, die gleichwohl den einen oder anderen Text auch gelesen haben werden (wie wir heute Liedtexte, die wir in erster Linie anhören, manchmal nachlesen). Ein solches Publikum konnte man in der zweiten Hälfte des 13. Jahrhunderts an Adelshöfen finden, wo neben den Hofklerikern und manchen Ministerialen zumindest die Frauen lesen und schreiben konnten. Sicher aber war es in den städtischen Führungsgruppen zu finden.

Ausgabe: Schröder; Wachinger (Auswahl mit Übersetzung und Kommentar).

Literatur: Brauneck 1965, Cramer 1977, Peters 1983, Brandt 1987, Hoffmann 1989, Wachinger 1989, Hübner 1994, Worstbrock 1996, Cramer 1998, Meyer 1998, Kern 1999, Egidi 2002, Huber 2005, Wachinger 2006.

10

Liebe als Weltprinzip, Liebe als Innerlichkeit Frauenlob (Heinrich von Meißen)

Frauenlob war ein fahrender Berufsdichter, der eigentlich Heinrich hieß und der Herkunftsbezeichnung nach aus Meißen stammte. Der Dichtername, unter dem er bekannt war, verdankt sich einem seiner bevorzugten Themen, dem Lob der Frauen und unter ihnen im Besonderen der Gottesmutter Maria. Überliefert sind unter Frauenlobs Namen zahlreiche Sangsprüche, drei lange und hochkomplizierte Leiche (zwei religiöse und ein Minneleich), ein längeres Streitgespräch zwischen der personifizierten Welt und der personifizierten Minne sowie einige Minnelieder.

Was man über Frauenlob weiß, beruht fast ausschließlich auf den überlieferten Texten selbst; urkundlich belegt ist lediglich, dass er im Jahr 1299 von Herzog Heinrich von Kärnten Geld für den Kauf eines Pferds bekam. Eine rheinländische Chronik aus dem 14. Jahrhundert berichtet von seinem Tod im Jahr 1317 und dem Begräbnis im Mainzer Dom. Der damals aufgestellte Grabstein soll im Domkreuzgang bis 1774 zu sehen gewesen sein. Nach seiner Zerstörung hat man ihn 1783 durch einen neuen ersetzt, der dort heute noch steht.

An Frauenlobs Fürstenpreis-Sangsprüchen lässt sich ablesen, zu welchen Höfen er Kontakt hatte. Produktiv gewesen sein muss er spätestens seit den 80er Jahren des 13. Jahrhunderts in einem weiten geographischen Raum: Genannt werden der Herzog von Kärnten, der Herzog von Niederbayern, der König von Böhmen, der Herzog von Schlesien, der Markgraf von Brandenburg, der Erzbischof von Bremen, der Herzog von Mecklenburg, mehrere norddeutsche Grafen, der Fürst von Rügen und der dänische König. Den Schwerpunkt von Frauenlobs Wirken bildeten demnach der Osten und der Norden, wo die hochadeligen Herren in den Jahrzehnten um 1300 noch einmal die Pracht der ritterlichen Festkultur in Szene setzten. Frauenlob hat als fahrender Sänger davon profitiert; viele seiner Sangspruchstrophen sind ein Medium für die Selbstdarstellung der Höfe jener Zeit. So beschrieb er beispielsweise in mehreren Strophen das Rostocker Ritterfest von 1311, auf dem sich die adelige Gesellschaft des Ostens und Nordens versammelte.

Neben der Orientierung an alten höfisch-ritterlichen Idealen dokumentieren Frauenlobs Dichtungen außerordentlich große Bestände gelehrten Wissens. Kein anderer zeitgenössischer deutscher Dichter kommt ihm in dieser Hinsicht gleich, auch Konrad von Würzburg nicht. Frauenlob verfügte nicht nur, wie viele Berufsdichter, über eine elementare Schulbildung; er kannte sich auch auf komplizierteren Gebieten der Theologie und der Naturphilosophie aus. Wo er seine Kenntnisse erwarb, lässt sich nicht klären. Ebenso unsicher ist, für welche Adressaten er seine inhaltlich teilweise äußerst schwierigen Texte dichtete, die das Verständnisvermögen höfischer Durchschnittsrezipienten gewiss überstiegen. Zumindest für einige besonders anspruchsvolle Produkte muss man sich ein Publikum aus Hofklerikern und ausnehmend gut gebildeten Laien vorstellen, die die volkssprachliche Verarbeitung elitären Bildungswissens verstehen und schätzen konnten.

Abb. 13: Orchester aus Spielleuten. Miniatur zu den Liedern Frauenlobs in der Manessischen Liederhandschrift.

Ein weiteres Charakteristikum vieler Texte Frauenlobs besteht in ihrer sprachlichen Kompliziertheit, die den elitären Gestus weiter verstärkt: Zum ohnehin schon anspruchsvollen Inhalt kommt oft noch eine auf Verständniserschwerung angelegte Ausdrucksweise. Frauenlobs Sprachkunst ist eine Kunst der Verrätselung, die den Rezipienten ein Höchstmaß an interpretatorischer Anstrengung abverlangt. Seine Texte wenden sich an Rezipienten, die Dichtung als intellektuelle Herausforderung begreifen, inhaltlich wie sprachlich.

Die komplizierte Ausdrucksweise nötigt die Rezipienten dazu, auf die sprachlichen Verfahrensweisen zu achten, und sorgt so dafür, dass der Sprachgebrauch selbst ins Bewusstsein tritt. Weil Frauenlobs Kenntnisse bis in die zeitgenössische Zeichentheorie reichten (Huber 1977), konnte er die Leistung der Sprache auch ausdrücklich thematisieren. In einem Sangspruch (GA V,38) behandelt er im Anschluss an den Satz *wort sint der dinge zeichen* die Lehre, dass die Wörter das Wesen der Dinge erkennbar machen. Diesem Zweck dienen oft auch seine Formulierungsanstrengungen. Während die gegenwärtige Sprachtheorie die Auffassung nahelegt, dass außergewöhnliche Formulierungen die Willkürlichkeit der Beziehungen zwischen Zeichen und Bezeichnetem und die Autonomie der Sprache vorführen, verfolgt Frauenlobs komplizierter Sprachgebrauch eher das Ziel, zur Erkenntnis des Wesens der behandelten Dinge beizutragen. Das Interesse an der Sprache gilt in erster Linie ihrem Wert als Erkenntnisinstrument.

Frauenlob war schon zu seiner Lebenszeit eine Berühmtheit. Das hat zu einer reichen Textüberlieferung geführt, die leider ausgesprochen problematisch ist. Von den zahlreichen Handschriften und Fragmenten, die Texte unter Frauenlobs Namen überliefern, sollen hier nur die drei wichtigsten erwähnt werden. In die Manessische Liederhandschrift (C), die noch zu Frauenlobs Zeit, aber weit entfernt von seinem bevorzugten Wirkungsraum angelegt wurde, gelangten nur 35 Sangspruchstrophen und der Marienleich. Minnelieder Frauenlobs finden sich hier nicht, obwohl man in Zürich vor allem an Minnesang interessiert war. Die nach ihrem heutigen Aufbewahrungsort benannte Jenaer Liederhandschrift (J) ist wegen ihres auf Sangspruchdichtung konzentrierten Sammelinteresses der wichtigste Überlieferungsträger dieser Gattung. Sie wurde in der ersten Hälfte des 14. Jahrhunderts im ostmitteldeutschen Sprachraum geschrieben. Hier stehen unter Frauenlobs Namen 88 Sangspruchstrophen, keine Minnelieder und Leiche.

Die umfangreichste Frauenlob-Sammlung – drei Leiche, über 300 Sangspruchstrophen und 14 Minnelieder – enthält die nach dem heutigen Aufbewahrungsort benannte Weimarer Liederhandschrift (F), die gegen Ende des 15. Jahrhunderts wahrscheinlich in Nürnberg entstand. Allerdings sind hier nicht Texte Frauenlobs, sondern Texte in Tönen Frauenlobs gesammelt. ›Ton‹ bezeichnet die Melodie, auf die Strophen gedichtet sind; seit dem 14. Jahrhundert verbreitete sich die Praxis, neue Texte auf Töne älterer Dichter zu verfassen, die dann oft unter dem Namen des älteren Tonautors und nicht unter dem des jüngeren Textautors aufgezeichnet und überliefert wurden. Ob diejenigen unter den Texten der Weimarer Liederhandschrift, die nicht auch in C, in J oder in anderen älteren Handschriften bezeugt sind, von Frauenlob selbst stammen oder von Dichtern, die neue Texte auf seine Melodien produzierten und dabei womöglich seinen Stil imitierten, ist im Einzelfall kaum mehr sicher zu klären. Selbst ganze Töne, die ursprünglich wohl nicht von ihm stammen, wurden dem weithin berühmten und verehrten alten *meister* später zugeschrieben.

Die Überlieferungslage ist hier also ähnlich verzwickt wie bei Neidhart: Auch im Fall Frauenlobs ist ein Autorwerk nicht klar abgrenzbar, weil die jüngeren Handschriften eher eine Frauenlob-Tradition als einen Autor Frauenlob zeigen. Trotzdem hat man versucht, das möglicherweise ›Echte‹ vom wahrscheinlich nicht von ihm selbst Stammenden zu trennen. Das Ergebnis dieser Bemühungen ist die 1981 erschienene Frauenlob-Ausgabe (GA für ›Göttinger Ausgabe‹). Von den 14 im Frauenlob-Korpus der Weimarer Liederhandschrift überlieferten Minneliedern enthält sie sieben; die anderen gelten als Texte anderer Verfasser. Ganz oder teilweise sind vier dieser für ›echt‹ gehaltenen Lieder noch in den ›Möserschen Fragmenten‹ (m) überliefert, dem Bruchstück einer um 1400 angelegten mitteldeutsch-niederdeutschen Liedersammlung.

Was die Zuverlässigkeit der Textüberlieferung vor allem der jüngeren Handschriften anbelangt, so ist der Fall Frauenlob noch prekärer als der Fall Neidhart. Weil Frauenlobs Texte so kompliziert sind, hatten schon die mittelalterlichen Schreiber offensichtliche Verständnisprobleme. Während die Frauenlob-Texte in C und J einen eher verständlichen und deshalb vertrauenerweckenden Eindruck machen, ist der Wortlaut der F-Texte nicht selten kaum nachvollziehbar. Die schlechte Qualität der F-Überlieferung tritt bei denjenigen Texten, die auch in C oder J stehen, offen zutage. Dass ausgerechnet vom anspruchsvollsten deutschen Dichter der Zeit um 1300 viele Texte so schlecht überliefert sind, stellt die Literaturwissenschaft vor ein unlösbares Problem: Bei der Interpretation von Frauenlobs kunstvoll-komplizierten Sprachgebilden kommt es auf jedes Wort an; bei etlichen Texten ist der Wortlaut aber teilweise das Ergebnis von Rekonstruktionen. Leider betrifft das auch die Minnelieder.

Die Liebe hat Frauenlob nicht nur in Minneliedern zum Thema gemacht, sondern auch in zahlreichen Sangsprüchen, im erwähnten Streitgespräch zwischen Minne und Welt sowie im Minne- und im Marienleich. Um den konzeptionellen Anspruch, mit dem Frauenlob die Liebe behandelte, und die Komplexität der dabei eingesetzten sprachlichen Verfahrensweisen jenseits der Minnelieder wenigstens anzudeuten, stelle ich zunächst zwei kurze Ausschnitte aus dem Marien- und aus dem Minneleich vor. Sie sollen einen Eindruck davon vermitteln, wie Frauenlob das höfische Liebeskonzept, den religiösen Liebesbegriff und die naturphilosophische Idee von der Liebe als dem Grundprinzip des Werdens und Lebens so miteinander kombiniert, dass die Liebe als »universales Prinzip« (Steinmetz 1994) erscheint: Sie liegt dem Verhältnis zwischen Gott und Mensch ebenso zugrunde wie dem zwischen den Geschlechtern; sie ist die Ursache der Schöpfung, der Menschwerdung Gottes und der Erlösung ebenso wie der Entstehung und steten Erneuerung alles Seienden sowie der Weitergabe des Lebens in der Fortpflanzung.

Der Marienleich ist ein langes, inhaltlich wie sprachlich hochkomplexes Lob auf Maria, das vor allem ihre Beziehung zur göttlichen Trinität und ihre heilsgeschichtliche Bedeutung zum Gegenstand hat. Maria wird dabei mit der ewigen, zeitlosen Weisheit Gottes identifiziert, die die gesamte Schöpfung durchdringt; dieser Aspekt ihres Seins ist zeitlos wie Gott. Als Gefäß der Inkarnation Gottes in

Jesus Christus, als Mutter des Gottessohns spielt sie eine unverzichtbare Rolle bei der Erlösung der Menschheit; dieser Aspekt ihres Seins besteht in Ereignissen im Zeitverlauf der Geschichte. Die Beziehung zu Gott, bei der die Jungfrau den Gottessohn empfängt, stellt Frauenlob in einer Verbindung aus höfischer Diktion und Paraphrasen des biblischen Hohenlieds als Liebesverhältnis dar (GA I,3; Wachinger S. 366):

> Ein bernde meit und eren riche vrouwe, din ouwe
> von dem grozen himeltouwe
> blumen birt in werder schouwe.
> man höret der turteltuben singen erklingen, volringen
> nach süzes meien horden.
> hin ist des winters orden,
> die blünden winrebe diner frucht sint vollen smachaft worden.
> des soltu gan, din friedel rufet arten dir zarten
> in dem heilwin tragenden garten:
> »kom, lieb, kom.« sust wirt sin warten
> dort uf dem lewenberge von mirren. kein virren sol irren
> dich, wan er wil erkosen
> sich mit dir in den rosen.
> des soltu, tochter, muter, meit, mit liebem liebe im losen.

> Fruchttragende Jungfrau und ehrenreiche Dame, deine Aue trägt dank des großen Himmelstaus Blumen von vornehmer Gestalt. Man hört den Gesang der Turteltauben erklingen im Wettstreit um die Schätze des süßen Mai. Die Weltordnung des Winters ist vergangen, die blühenden Weinreben deiner Frucht haben ihren vollen Duft gewonnen. Deshalb sollst du dich aufmachen, dein Geliebter ruft dir von Geburt Edlen, Lieblichen in dem Heilwein tragenden Garten zu: »Komm, Geliebte, komm!« So halte nach ihm Ausschau dort auf dem Löwenberg voll Myrrhe. Kein Fernbleiben soll dich stören, denn er will sich in den Rosen mit dir unterhalten. Deshalb sollst du, Tochter, Mutter, Jungfrau, ihm mit freudiger Liebe zuhören.

Maria wird mit Formulierungen angesprochen, die dem Vorbild des alttestamentlichen Hohenlieds folgen. Das Hohelied ist eigentlich eine Sammlung weltlicher Liebeslieder, die eine Braut und ein Bräutigam im Wechsel aneinander richten. In der Tradition der christlichen Bibelauslegung wurden drei religiöse Deutungen der ursprünglich nicht geistlich gemeinten Liebesbeziehung entwickelt: Die Braut steht demnach allegorisch für die Kirche, die menschliche Seele oder Maria; der Bräutigam ist jeweils Gott.

In der mariologischen Hohelied-Auslegung, die seit dem 12. Jahrhundert verbreitet war und die Frauenlob im Marienleich aufgriff, bedeutet die Liebesvereinigung zwischen dem Bräutigam und der Braut die Fleischwerdung des Gottessohns in der Jungfrau Maria. Vom Inkarnationsgeschehen erzählt vor allem das Lukas-Evangelium im Neuen Testament: Ein Engel verkündet Maria die bevorstehende Schwangerschaft mit dem Sohn Gottes und antwortet auf ihre Frage, wie dies ohne Verkehr mit einem Mann vonstatten gehen solle, mit den Worten »Heiliger Geist wird über dich kommen, und die Kraft des Höchsten wird dich überschatten« (Lukas 1,35). Der christlichen Auslegungstradition zufolge vollzog Gott in dieser Situation mit den Worten des Engels die Inkarnation Jesu in Maria. Das alttestamentliche Hohelied interpretierte man als Vorausdeutung auf dieses Geschehen.

Die Liebesbegegnung zwischen Braut und Bräutigam findet im Hohenlied in einer Naturszenerie statt, die Ähnlichkeiten mit den Motiven der Natureingänge und Lustorte des Minnesangs aufweist. Die Anklänge an die Ausdrucksweise der höfischen Dichtungstradition im zitierten Versikel des Marienleichs ergeben sich deshalb zum Teil schon aus der Paraphrase entsprechend ausgewählter Bruchstücke des Bibeltextes. Teile des lateinischen Hohenlieds, auf dem Frauenlobs Formulierungen gründen, waren in der Liturgie der Marienfeste im Gebrauch und erfreuten sich deshalb weiter Verbreitung. Weil hier lediglich das Ausmaß der motivischen Gemeinsamkeiten und Unterschiede angedeutet werden soll, verweise ich bei der Erläuterung von Frauenlobs Formulierungstechniken der Einfachheit halber auf die moderne deutsche Übersetzung der Jerusalemer Bibel.

Vorangestellt ist den im Textausschnitt aufgegriffenen Hohelied-Motiven das Bild Marias als vom Himmelstau befruchteter Wiese, eine im Marienlob traditionelle Allegorie auf die Inkarnation, die auf der entsprechenden Auslegung mehrerer Bibelstellen beruht (Richter 6,36-40; Jesaja 45,8). Die im Anschluss daran verarbeiteten Hohelied-Stellen lauten folgendermaßen: Hl 2,11-13, Lied des Bräutigams: »Denn sieh, der Winter ist vorüber, der Regen ist vorbei. Die Blumen erscheinen im Lande, die Zeit des Rebenschneidens ist gekommen, und der Ruf der Turteltaube erschallt in unserem Lande. Am Feigenbaum färbt sich die Frühfrucht, und die Reben knospen und duften. Mach dich auf, meine Freundin, meine Schönste, so komm doch!« Hl 4,6-8, Lied des Bräutigams: »Bis Kühle weht der Tag und die Schatten ausgreifen, ergehe ich mich am Myrrhenberg und am Weihrauchhügel. [...] Komme, o Braut, vom Libanon, komme her! Steige herab [...] vom Aufenthaltsort der Löwen, von den Bergen der Panther!« Hl 6,2, Lied der Braut: »Mein Geliebter ging in seinen Garten hinunter, zu den Beeten mit Balsam, um in den Gärten zu weiden und Lilien zu sammeln. Ich gehöre meinem Geliebten, und mein Geliebter gehört mir, der weidet bei den Lilien« (bei Frauenlob Rosen).

Die Formulierungsprinzipien Frauenlobs sind gut zu erkennen. Das Hohelied ist von vornherein im Sinn der mariologischen Auslegung paraphrasiert: Wein und Weinrebe bedeuten den Heilsbringer Christus, der in der Braut wächst; der plaudernde Bräutigam und die zuhörende Braut beziehen sich auf die Fleischwerdung des Worts. Thematisiert ist das Inkarnationsgeschehen als Liebesvereinigung gemäß der mariologischen Hoheliedauslegung; die Liebe in der Naturszenerie ist dabei mit einer Kombination aus Hohelied- und Minnesangdiktion (*ouwe, blumen, süzer meie, friedel, erkosen, rosen*) beschrieben. Frauenlob bewerkstelligt auf diese Weise eine Fusion von biblischer und höfischer Ausdrucksweise, die die Inkarnation als geschlechtliche Liebe erscheinen lässt und den religiösen Liebesbegriff mit dem höfischen verschmilzt. Der Unterschied zwischen der höfischen Liebe, die vornehmes körperliches Begehren meint, und der spirituellen

Liebe, die den Menschen zur ewigen Seligkeit erlöst, wird aufgehoben, indem die göttliche Liebe als höfisches Begehren erscheint: Gott und Maria begegnen einander wie ein höfisches Liebespaar im Lustort. Das Verfahren erreicht seinen Gipfel, wenn Gott an späterer Stelle in *gestrîfelter* Ausdrucksweise (vgl. S. 109) als *amis curtois* (altfranzösisch für ›höfischer Geliebter‹) Marias bezeichnet wird (GA I,11).

Auch der Minneleich enthält ein langes, inhaltlich wie sprachlich hochkomplexes Lob, das jedoch der Frau im Allgemeinen gilt. Von einer spezifischen Minnedame und einem spezifischen Liebesverhältnis ist dabei nicht die Rede. Der Frauenpreis knüpft an das traditionelle höfische Konzept der Frau als Quelle irdischer Freude an, geht aber weit darüber hinaus: Anspielungen auf Maria halten die heilsgeschichtliche Bedeutung der vornehmsten Vertreterin des weiblichen Geschlechts präsent, und die Thematisierung der weiblichen Fähigkeit zum Gebären eröffnet die Möglichkeit, die Frau nicht nur als Freude-, sondern ebenso als Lebensstifterin darzustellen. Frauenlob entfaltet dabei einen Liebesbegriff, der viel umfassender angelegt ist als der höfische. Die Liebe, die die Frauen den Männern schenken und um die sich die Männer bemühen, ist erheblich mehr als ein zum emotionalen und ethischen Wert erhobenes sexuelles Begehren: Sie wurzelt im selben Grund wie die Liebe Gottes zum Menschen, die sich in der neues Leben stiftenden Inkarnation in Maria manifestiert, und sie ist der Grund für die Weitergabe des Lebens, ja das naturphilosophische Prinzip allen Werdens. Die folgende Passage des Minneleichs entfaltet dieses Konzept auf sprachlich höchst komplizierte Weise in einer langen Reihe anspielungsreicher Überbietungsvergleiche (GA III,15-19,2):

> Sit wip der süze ir süze vürbaz reichet,
> ouch alsam der alrunen glanz
> der berendigen vrouwen schranz
> pinliche bürde weichet –
>   noch süzer dan der forme ir understende,
>   noch süzer dan der dürre ein regen,
>   noch süzer dan der vorchte ein segen,
>   ouch dan der ger ir ende,
>
> Noch süzer dan ein küler wint dem heizen pilgerine,
> noch süzer dan dem durstendigen ackerman ein kalt ursprinc,
>   noch süzer dan ins lewen hitzic sunne ein schate schine,
>   noch süzer dan dem niuwen leben der süzen armonien clinc,
>
> Noch süzer dan des lewen welf
> ir vater quickendiger gelf,
> noch süzer dan ein stolze meit in vlucht dem eingehürne,
>   noch süzer dan dem adelar
>   in siner muze ein brunne clar,
>   noch süzer dan dem fenice sin wandel nach der bürne,

Noch süzer dan der honiktrage
der blüte honicsaffec nage,
noch süzer dan dem salamander viures wage,
noch süzer dan der luft dem gamalione,
noch süzer dan der erden zins
dem moltwerfe und sins ordens vlins,
noch süzer dan dem hering dünke wazzers glins,
noch süzer dan dem vogelin morgens vrone,
noch süzer dan dem lebartin
dri roubes gernde sprünge sin,
noch süzer dan dem pantier tut sins ruches fin,
noch süzer dan dem kempfen siges crone,

Noch süzer ist der formelicher vröuden tag,
der dir uz wibes bilde bliczet durch din ougen in dins herzen eigen.

Da die Frau die Süße der Süße weiterreicht, ebenso auch die Alraune dem Schoß (eigentlich ›Schlitz‹) einer gebärenden Mutter die schmerzliche Last erleichtert – noch süßer als die Materie für die Form, noch süßer als ein Regen für die Dürre, noch süßer als ein Segensgruß für die Angst, noch süßer als das Ziel für das Streben,

noch süßer als ein kühler Wind für den erhitzten Pilger, noch süßer als ein kalter Brunnen für den durstigen Ackermann, noch süßer als ein Schatten, der in die heiße Sonne des Löwen fällt, noch süßer als der Klang der süßen Harmonien für das neue Leben,

noch süßer als des Vaters belebender Schrei für die Löwenjungen, noch süßer als eine herrliche Jungfrau für das fliehende Einhorn, noch süßer als ein klarer Brunnen für den Adler in der Mauser, noch süßer als die Wiedergeburt des Phönix nach dem Verbrennen,

noch süßer als das Nagen am Honigsaft der Blüte für die Biene, noch süßer als die Feuerwoge für den Salamander, noch süßer als die Luft für das Chamäleon, noch süßer als die Erde und das Gestein, in dem seine Art lebt, für den Maulwurf, noch süßer als dem Hering das Wasser vorkommt, noch süßer als die Herrlichkeit des Morgens für den Vogel, noch süßer als für den Leoparden seine drei Sprünge nach der Beute, noch süßer als die Wirkung seines feinen Geruchs für den Panther, noch süßer als die Siegeskrone für den Kämpfer, noch süßer ist der Tag formgebender Freude, der dir beim Anblick der Frau durch deine Augen in dein eigenes Herz leuchtet.

Die einzelnen ›noch süßer als‹-Vergleiche dienen dazu, die Liebe durch Anspielungen auf naturphilosophisches und theologisches Wissen als Prinzip des Werdens und der Inkarnation darzustellen (Hübner 2000). Die erste Vierergruppe gibt das Programm vor. *forme* und *understende* sowie *ger* und *ende* beziehen sich auf naturphilosophische Terminologie: Die formlose Materie wird zur Substanz, indem sie eine Form annimmt; das Prinzip des Werdens besteht darin, dass die

Materie zielgerichtet (*ende*) nach der Form strebt (*ger*). Der Regen auf dem trockenen Land ist in der Auslegung alttestamentlicher Bibelstellen (Psalm 72,6; Jesaja 45,8) ein Bild für die Zeugung Jesu in der Jungfrau Maria; der Segensgruß gegen die Angst spielt auf Marias Furcht in der Verkündigungsszene und den Gruß des Engels an, mit dem sich die Inkarnation vollzieht (Lukas 1,29-30).

Auch die zweite Vierergruppe kombiniert das Prinzip des Werdens und die Zeugung Jesu: Die ersten beiden Vergleiche spielen darauf an, dass sich die Formung der Materie nach der naturphilosophischen Lehre durch die Verbindung der vier Elemente vollzieht (Wind = Luft, heiß = Feuer, Acker = Erde, Brunnen = Wasser). Löwe und Schatten entstammen der oben zitierten Hohelied-Stelle (4,6-8), in der die Braut vom Löwenberg (dem Libanon) herabsteigen soll und der Bräutigam auf die abendlichen Schatten hofft; in der mariologischen Auslegung ›überschattet‹ Gottes Kraft Maria bei der Inkarnation (Lukas 1,35). Die süßen Harmonien und das neue Leben beziehen sich auf den im Marienleich (GA I,11 und 18) mehrmals erwähnten Engelsgesang bei der Inkarnation.

Die dritte Vierergruppe verarbeitet Wissensbestände der mittelalterlichen Naturkunde, die dem Verhalten bestimmter Tiere eine religiöse Bedeutung zuweist. Die natürlichen Verhaltensweisen der genannten Tiere sind Beispiele für den Wandel vom Tod zum Leben; in der geistlichen Auslegung stehen sie für Inkarnation und Auferstehung. Der Löwe erweckt seine totgeborenen Jungen nach drei Tagen mit einem Schrei zum Leben; das bezeichnet den Schrei Jesu am Kreuz und die lebensstiftende Auferstehung. Wie das Einhorn nur von einer Jungfrau gefangen werden kann, setzt die Inkarnation die Jungfräulichkeit Marias voraus. Wie sich der Adler durch ein Bad im Brunnen verjüngt, empfängt der Mensch neues Leben durch die Taufe. Dass der Phönix aus den Flammen zu neuem Leben ersteht, bezeichnet die Auferstehung.

Zum Bedeutungspotential der vier Tiere gehört außerdem die Anspielung auf bestimmte Aspekte der höfischen Liebe; in dieser Funktion erscheinen sie im Minnesang entweder schon vor Frauenlob oder in seinen eigenen Liedern: Der lebensspendende Ruf des Löwen dient ihm in Lied 4 als Vergleich für ein gnädiges Wort der Minnedame (GA XIV,20). Die Reinheit der Jungfrau, die das Einhorn fängt, vergleicht schon Burkhard von Hohenfels (KLD 6.II,5) mit der Makellosigkeit der Dame, die das Begehren des Liebenden auslöst. Die Verjüngungskur des Adlers erscheint bei Wachsmut von Mühlhausen, einem um die Mitte des 13. Jahrhunderts produktiven ostmitteldeutschen Minnesänger, als Analogie zur Liebeserfüllung (KLD 61.IV,2). Den Phönix im Feuer benutzt Frauenlob in Lied 4 als Vergleich für den Liebenden im Liebesbrand (GA XIV,19). Die Verbindung aus naturkundlichen, religiösen und höfischen Sinnpotentialen in dieser Vierergruppe zeigt besonders gut, wie die Liebe zugleich als Prinzip des Lebens, der Erlösung und des Begehrens vorgestellt wird.

Die anschließenden sechs Vergleiche behandeln die Liebe als Lebenselixier. Die mittlere Vierergruppe greift erneut naturkundliches Wissen auf: Der Salamander lebt nach der zeitgenössischen Zoologie vom Feuer, das Chamäleon von der Luft, der Maulwurf von der Erde und der Hering vom Wasser. Unschwer sind wieder die vier Elemente als Ordnungsprinzip zu erkennen. Die vom Honig lebende Biene und der morgens zu neuem Leben erwachende Vogel ergänzen die vom Elementensystem bestimmte Vierergruppe, in der nur Kriech-, Land- und Wassertiere vertreten sind, um die Flugtiere als vierter Ordnung der zeitgenössischen Zoologie.

Leoparden- und Panther-Vergleich spielen nochmals auf die geistliche Auslegung natürlicher Verhaltensweisen an: Wie der Leopard seine Beute mit drei Sprüngen erjagt, so bringen drei ›Sprünge‹ Christi (ans Kreuz, ins Grab, in die Hölle) mit dem Sieg über den Teufel neues Leben. Der Panther, der seine Beute mit seinem süßen Mundgeruch anlockt, steht für den Erlöser Christus, der den Teufel besiegt und durch seine Gnade die Menschheit zu sich zieht. Der abschließende Vergleich nimmt das Motiv des Sieges auf; die Siegeskrone des Kämpfers eröffnet die Möglichkeit der Anknüpfung an das Konzept des ritterlichen Frauendienstes, das der Minneleich später noch ausführlicher behandelt.

Auf das Bedeutungspotential der Vergleiche sind die schwer verständliche (und deshalb in der Forschung umstrittene) Einleitung zu der *noch-süzer*-Reihe und die Auflösung der Vergleiche am Ende der Passage bezogen. Die Einleitung spielt sowohl auf den Liebesakt (›die Süße der Süße‹) als auch auf den Vorgang der Geburt an. Der Saft der Alraune wurde, außer als Aphrodisiakum, als schmerzstillendes Narkotikum eingesetzt; möglicherweise soll die Bemerkung den Fluch mildern, der auf dem Gebären liegt, denn die Geburtsschmerzen gelten als Strafe für den Sündenfall (1 Mose 3,16). Was noch süßer als alles in den einzelnen Vergleichen Angeführte ist, deutet ihre Auflösung am Ende der Reihe an. Der zum Schluss erwähnte Freudentag der Liebesbegegnung ist *formelich* in dem Sinn, dass er eine Form (ein Muster, ein Vorbild) in sich trägt; im Zusammenhang mit dem Bedeutungspotential der Vergleiche bezieht sich das nicht bloß auf die Vorbildlichkeit der Liebe, sondern auf ihre ›formende‹ Qualität bei der Entstehung neuen Lebens.

Die im naturphilosophischen wie religiösen Sinn lebensstiftende Zuwendung weiblicher Liebe, die zugleich sexuelle Freude im traditionellen höfischen Sinn schenkt, übertrifft alles in den Vergleichen anspielungsweise Aufgerufene: Sie ist süßer als die Naturprinzipien, als die Inkarnation und die Erlösung – aber eben weil die Liebe sich in den Naturprinzipien manifestiert und weil Gott bei der Inkarnation als Voraussetzung der Erlösung gerade jenen süßen Weg ging. Die Liebe ist das dynamische Grundprinzip der gesamten Schöpfung und der Heilsgeschichte.

Das Konzept der Liebe als universales Prinzip, aus dem alles Sein und alles Leben hervorgeht, lässt sich mit der höfischen Idee wertvoller Sexualität nur verbinden, wenn dabei die lebensstiftende Funktion der Sexualität ins Spiel gebracht wird. Genau dies geschieht im Minneleich, und zwar sowohl unter dem weltlichen Aspekt der weiblichen Gebärfähigkeit als auch unter dem religiösen Gesichtspunkt der Rolle Marias im Erlösungsgeschehen. Ebenso zielt der Marienleich mit seiner Verbindung von Hoheliedparaphrase und höfischer Diktion auf die Darstellung einer vornehmen sexuellen Beziehung, die in die Mutterschaft mündet. Einigen der zahlreichen Sangsprüche Frauenlobs, die sich mit den Themen Liebe und Frauen beschäftigen, liegt dieses Konzept gleichfalls zugrunde; andere wie die beiden folgenden beschränken sich dagegen ohne erkennbare theologische oder naturphilosophische Erweiterung auf das höfische Modell (GA XIII,45-46):

> Frouwe, an dem bette sunder scham
> soltu bi liebem friunde sin.
> ez wart nie vrouwen man so gram,
> tut sie im solche fuge schin,
> ez muz ersenften sinen mut.
> swa sich nu lieb gein liebe schamt,
> da hat die minne nicht vol ir amt.
> scham grozer liebe unsanfte tut.
>
> Kein lieb sol scham gein liebe han,
> daz rate ich uf die triuwe min,
> so wirt in fröude kunt getan
> mit ganzer liebe sunder pin.
> swa lieb gein liebe schame hat,
> da enmag nicht rechter triuwe sin bi.
> lieb sol mit liebe wesen vri,
> soz nieman sehe, daz ist min rat.

> Dame, im Bett beim Geliebten sollst du ohne Scham sein. Ein Mann kann nie so zornig auf eine Dame sein, dass es ihn nicht besänftigt, wenn sie ihn so behandelt. Wo sich Liebende aber voreinander schämen, da regiert die Liebe nicht uneingeschränkt. Scham schädigt große Liebesfreude.
>
> Liebende sollen sich nicht voreinander schämen – dazu rate ich aufrichtig –, dann lernen sie das Glück in ganzer Freude ohne Leid kennen. Wenn sich Liebende voreinander schämen, kann keine richtige Aufrichtigkeit vorliegen. Liebende sollen frei miteinander umgehen, wenn es niemand sieht, so lautet mein Rat.

Beide Texte – sie stehen in der Manessischen Liederhandschrift und sind damit Teil des älteren Überlieferungsbestands – gehören zum Typus der lehrhaften Minnesprüche (vgl. S. 27). Sie vermitteln nicht den Eindruck, als ob sie von etwas anderem handeln als von geschlechtlicher Liebe und der daraus bezogenen Freude; es geht hier weder konzeptionell noch sprachlich kompliziert zu. In der unumwundenen Formulierung als Verhaltensanweisung wirkt die vertretene Position zwar drastisch; die dabei zum Ausdruck gebrachte Einstellung liegt aber ebenso der Beschreibung des Geschlechtsverkehrs in vielen Tageliedern zugrunde: Stets in vornehmer Diktion gehalten, erreichen manche Texte doch ein hohes Maß an Deutlichkeit, wenn sie die uneingeschränkt positiv bewertete Erfüllung höfischer Liebe in Sprache fassen. Die Unterscheidung zwischen richtiger und falscher Scham gehörte zum thematischen Repertoire der Sangspruchdichtung, wie beispielsweise eine Strophengruppe des Kanzlers (KLD 28.XVI,14-16), eines

Zeitgenossen Frauenlobs, zeigt, in der sich auch der Vers *scham ist niht guot gen guoter tat* (Scham über eine gute Tat ist nicht gut) findet. Ein emphatisches Lob der Liebesvereinigung, die auf der Grundlage von *triuwe* und *stæte* vor *schame* geschützt sei, hat vor Frauenlob schon der Sangspruchdichter Reinmar von Zweter verfasst (Roethe 50).

So ist die Liebe bei Frauenlob nicht immer das alles durchwirkende universale Prinzip von Schöpfung, Leben und Heilsgeschichte. Minnelieder, die dieses Konzept aufnehmen wollten, müssten radikal mit der Tradition des Minnesangs brechen. Denn es ist schwer vorstellbar, dass der Minnesänger seine heimlich und illegitimerweise umworbene Dame nicht nur als Freude-, sondern darüber hinaus auch noch als Lebensstifterin rühmt. Der Effekt einer Übertragung des Konzepts in den Minnesang würde unfreiwillig komisch ausfallen, weil die mit naturphilosophischen und inkarnationstheologischen Analogien beladene Minnedame als potentielle Mutter erscheinen müsste.

Frauenlob verfolgt in seinen Minneliedern dann auch eine andere Strategie: Er konzipiert die Liebe, zugespitzter noch als es etwa schon bei Burkhard von Hohenfels der Fall ist (vgl. Kap. 4), als radikale Innerlichkeit. Die für die Minnesangtradition grundlegende Leistung der Liebe für die kultivierte Freude der Gesellschaft tritt dabei ganz in den Hintergrund. Im Extremfall bleibt noch nicht einmal mehr die bloße Zweierbeziehung, weil das Objekt des Begehrens vollständig zum Bewusstseinsinhalt des Liebenden gemacht wird. Man kann diese aus der Interaktion mit Gesellschaft und Dame herausgelöste und zum reinen Innenweltphänomen abstrahierte Liebe als ein absolutes Prinzip verstehen, das in seiner Absolutheit Gemeinsamkeiten mit dem Konzept der Liebe als Weltprinzip aufweist (Köbele 2003). Die Unterschiede zwischen den beiden Modellen sollten dabei jedoch nicht übersehen werden: Auch die verinnerlichte Dame ist ein Objekt sexuellen Begehrens; Thema der Minnelieder ist die Liebe als Begehren, nicht als Prinzip der Inkarnation oder des Werdens. Die Verinnerlichung der Liebe prägt alle für echt gehaltenen Minnelieder Frauenlobs (Köbele 2003); am prägnantesten ist sie in Lied 1 entwickelt (GA XIV,1-5):

1 Got grüze mines herzen wirt
und miner hohen selden minniglichen gast,
der zaller stunde
mit niuwen, süzen aventiuren
mir zu wernden freuden komt.
    daz ist ein wip, die hat gefromt
    den sinnen min so übercreftiglichen last
    mit minniglicher
    lust grunt suchender lieben liebe,
    davon ofte mich verbirt
min selbes craft,
sus sigehaft
ist sie gein mir.
wol mich der reinen, senften, süzen meisterschaft.

2 Nu merket wunder, daz ein wip
mich mit mir selben überwindet. minne, ich clage:
min ir gedenken
verderbet mir min selbes witze,
so kan sie ane ir danc gesigen.
ich prüfe in ir ougen ligen
min sterben und min uferstan von todes hage,
min gerndez hoffen,
min sendez trösten und min wünschen.
ei, sie lieber, reiner lip!
swie gar mich lat
mins herzen rat,
min sinne wert,
doch fröuwe ich mich, daz sie so stete güte hat.

3 Swenn ich aleine bin bi mir,
so frege ich minen mut, wa sie, die schöne, si.
er sprichet: »genzlich
sie wont bi uns hie inne. warte,
waz du daruze bi dir habest.
waz well wir, wie du dich erlabest?«
»und ist die senfterinne mir so nahen bi,
ei, lat mich kosen
mit ir zu trost min sehenden ougen.«
»nahen«, sie sprechen, »habe sie dir«.
so ist mir leit.
ich swer den eit
den sinnen min:
»zwar wirt sie mir, ir komt sin alle in arebeit.«

4 »Her mut, ich sihe min lebendez heil,
gar engel unde wip. wol, wünschet ir, wol mich, wol.
her mut, und wizzet,
sie tusent selde in min ougen
hat gewidemt in ir wesen.
wie well wir in herschaft genesen
an sie, die gar gehiuren, lieben? man mac, sol,
swer sie wil, schouwen.
sie hat so vil der schönen schöne,
daz uns blibet unser teil.«
»Du sichst si gar,
doch ist daz war«,
so gicht der mut,
»wir haben sie me wan halb bi uns in eren schar.«

5 »Ich wil sie ungeteilet han,
die reinen, guten, süzen, hochgebornen frucht.«
»friunt, la din kriegen,
din ougen han sich uf geslozzen,
durch die gat ein straze her,
die git sie uns nach unser ger.«
»ouch steln min ougen mir min frouwen, ist daz zucht?«
»ja sunder lougen.«
»wer hilfet mir zu kriegen danne?«
»nieman, la den frefel bestan!«
»so ger ich ir:
sie hilfet mir,
daz ich gesige.«
»zwar nein, sie entut. wir han sie gar enzücket dir.«

1. Gott grüße den Hausherrn meines Herzens und den liebenswerten Gast meiner edlen Glückseligkeit, der zu jeder Zeit mit neuen, süßen Begebenheiten zu meiner dauerhaften Freude bei mir einkehrt. Das ist eine Frau, die meinen Gedanken eine so übermächtige Last bereitet hat mit liebevoller, das Fundament der Lust suchender freudiger Liebe, dass mich deshalb oft meine eigene Kraft verlässt, so siegreich ist sie über mich. Glücklich preise ich mich wegen der reinen, sanften, süßen Herrschaft!
2. Nun hört etwas Außergewöhnliches, nämlich dass eine Frau mich mit mir selbst besiegt. Liebe, ich klage: Meine Gedanken an sie verderben mir meine eigene Klugheit, auf diese Weise kann sie ohne ihr Zutun siegen. Ich erkenne, dass in ihren Augen mein Sterben liegt und meine Auferstehung aus dem Reich des Todes, mein begehrliches Hoffen, meine sehnsüchtige Zuversicht und mein Wünschen. Ach, sie Liebe, Reine! Wie sehr mich Hilfe und Rat meines Herzens und meiner vornehmen Gedanken auch im Stich lassen, freue ich mich doch, dass sie so beständige Vollkommenheit besitzt.
3. Wenn ich allein mit mir bin, frage ich meinen Sinn (mein Inneres), wo sie, die Schöne, ist. Er sagt: »Zur Gänze wohnt sie bei uns hier drinnen. Sieh zu, was du draußen bei dir hast. Was geht es uns an, wie du dich erquickst?« »Wenn mir die Beglückende derart nahe ist, ach, lasst mich mit ihr sprechen, zum Trost für meine sehenden Augen.« »Hol sie doch nahe zu dir!«, sagen sie. Dann geht es mir schlecht. Ich schwöre meinen Gedanken den Eid: »Fürwahr, wenn ich sie bekomme, werdet ihr damit viel Mühe haben!«
4. »Herr Sinn, ich sehe mein lebendiges Glück, ganz Engel und Frau. Glücklich preist ihr mich, glücklich, glücklich. Herr Sinn, und ihr sollt wissen, sie hat in meine Augen – in ihren Aufenthalt – tausendfache Glückseligkeit gestiftet. Wie sollen wir unsere Herrlichkeit bewahren ohne sie, die Reizende, Liebe? Wer will, kann und soll sie anschauen. Sie hat so viel schöne Schönheit, dass uns unser Teil bleiben wird.« »Du siehst sie ganz, aber die Wahrheit ist«, sagt der Sinn, »dass wir sie mehr als halb bei uns in unserer ehrenvollen Schar haben.«
5. »Ich will sie ungeteilt haben, das reine, gute, süße, hochgeborene Geschöpf.« »Freund, gib deinen Kampf auf, deine Augen haben sich geöffnet, durch die

führt eine Straße hierher, die bringt sie zu uns nach unserem Verlangen.« »Also stehlen meine Augen mir meine Dame; ist das anständig?« »Ja, gewiss.« »Wer hilft mir dann im Kampf?« »Niemand, gib die Kühnheit auf!« »Dann wende ich mich an sie selbst: Sie wird mir helfen, damit ich siege.« »Das wird sie sicher nicht tun: Wir haben sie dir ganz entrissen.«

Wie bei allen Liedern Frauenlobs handelt es sich um eine Minnekanzone ohne Natureingang. Hier steht das alte Motiv von der Dame im Herzen am Anfang, das auch das in Kap. 4 behandelte Lied Burkhards von Hohenfels entfaltet. Dort hatte die Dame das Herz des Liebenden erobert, und er konnte sie nicht mehr daraus vertreiben; deshalb blieb ihm nur der Wunsch, seinerseits ins Herz der Dame zu gelangen.

Bei Frauenlob erscheint die Dame in paradoxer Ausdrucksweise zugleich als Hausherr (*wirt*) und als Gast; als Herr beherrscht sie das Innere des Liebenden, als Gast bringt sie ihm Freude (1,1-5). Wie bei Burkhard dient das Motiv von der Dame im Herzen zunächst vor allem dazu, ihre Macht über den Liebenden zum Ausdruck zu bringen: Sie hat seine Gedanken (*sinne*) so siegreich überwältigt, dass ihm die Kräfte schwinden; sie beherrscht ihn völlig, doch beglückwünscht er sich angesichts der damit verbundenen Freude zu dieser Herrschaft (1,6-14). Die erste Strophe bleibt im Rahmen der Minnesangkonventionen; dass es Außergewöhnliches zu berichten gibt (*merket wunder*), kündigt die zweite Strophe an.

Sie fasst das alte Stereotyp der Minneherrin, die den Liebenden beherrscht, ein wenig komplizierter (2,1-5): Die Dame besiegt den Liebenden ›mit ihm selbst‹; und eben das ist der Grund für die anschließende Klage, die sich an die personifizierte Minne richtet. Der rätselhafte Sieg beruht darauf, dass die Gedanken an die Dame dem Liebenden den Verstand rauben. Auf diese Weise beherrscht sie ihn, ohne selbst etwas zu tun (*ane ir danc*).

So wird das Thema eingeführt, um das es im weiteren Verlauf des Lieds geht: das Verhältnis zwischen der Dame als Person und der Dame als Gedankeninhalt des Liebenden. Im Rest der zweiten Strophe ist zunächst von der Dame außerhalb der Gedanken die Rede. Sie hat die typischen Charakteristika einer Minnedame: Ihre Augen – gemeint ist der gnädige oder abweisende Blick – entscheiden über Wohl und Wehe des Liebenden (2,6-7). Als reale Person (*lip*) ist sie das Ziel seines Begehrens (2,8-10); ihre Qualitäten sind der Grund seiner Freude, auch wenn er ihr gegenüber hilflos ist (2,11-14).

Die dritte Strophe behandelt dagegen die Dame als Gedankeninhalt. Die imaginierte Situation ist nun verändert: Der Liebende blickt nicht in die Augen der Dame, die über sein Ergehen entscheiden; er ist allein und unterhält sich mit seinem Innern, seinem *mut*. Der dialogische Aufbau sorgt dafür, dass eine innere Instanz vom Sprecher-Ich abgetrennt wird; für das Ich selbst bleibt im weiteren Verlauf nur noch die Außenwelt als Zuständigkeitsbereich. Die Konstruktion ist aus dem Motiv der Dame im Herzen abgeleitet: Der *mut* als innere Instanz entspricht dem Herzen, das traditionell als Zentrum der Person galt.

Das Ich fragt den *mut*, wo die Dame sei; der *mut* antwortet, die Dame sei ›bei uns‹ im Innern (3,1-4). Der auch im Weiteren benutzte Plural rührt daher, dass der *mut* als innere Instanz mit den Gedanken, den *sinnen*, identifiziert wird, von denen schon in der ersten Strophe die Rede war und an die sich das Ich am Ende der zweiten Strophe ausdrücklich wendet. Wenn sich der Liebende mit seinem *mut* unterhält, dann spricht er mit dem Teil seiner selbst, der an die Dame denkt; deshalb ist die Dame ganz in seinem Innern. Der *mut* behandelt seinen Gesprächspartner ein wenig spöttisch: Ihm ist egal, wie es dem Ich in der Außenwelt mit der realen Dame ergeht (3,4-6). Das Ich seinerseits ist jedoch höchst erfreut über die Nachricht, dass die Dame im *mut* ist, denn wenn sie in seinem eigenen Inneren ist, ist sie ganz in der Nähe, und der *mut* könnte dann doch so gut sein, sie dem Ich zum *kosen* (plaudern) vor Augen zu stellen (3,7-9). Darauf antwortet der *mut* wieder spöttisch: Das Ich möge die Dame nur schön nahe zu sich heranholen (3,10).

Der erste Gesprächszug zeigt schon, worauf die Konstruktion zielt: Der Liebende verfügt über die Dame als Bewusstseinsinhalt; in seinen Gedanken ist sie ihm greifbar nah. Aber mit der mentalen Dame kann er nicht in Interaktion treten, und die Augen können sie trotz guten Sehvermögens nicht sehen (3,9). Das äußere Ich ist deshalb unglücklich und schwört den eigenen Gedanken Rache für den Fall seines Erfolgs bei der realen Dame: Dann müssten die Gedanken leiden, denn dann wäre die Dame nicht mehr ihr Besitz, sondern der des Ichs (3,11-14).

Ob die vierte Strophe die Dame weiter als Gedankeninhalt oder wieder als reale Person thematisiert, wird zunächst nicht ganz klar. Entweder bleibt es bei der am Ende der vorangehenden Strophe unterstellten Situation und das Ich imaginiert die Dame nun als Gedankenbild, oder die unterstellte Situation ist erneut verändert und das Ich sieht die reale Dame. Am Ende wird sich freilich zeigen, dass zwischen Wahrnehmung und Imagination kein Unterschied besteht, weil es gerade die Wahrnehmung ist, die aus der Dame einen imaginierten Bewusstseinsinhalt macht.

Jedenfalls spricht das Ich, entzückt von ihrem Anblick, den *mut* an, der es zu soviel Freude gewiss beglückwünschen werde (4,1-5). In dieser seligen Situation wechselt die Rede des Ichs in den Plural (4,6), der offenbar den *mut* mit einbezieht, und bringt dann einen neuen Gedanken ins Spiel (4,6-11): ›Wir‹ (das Ich und der *mut*) können nur durch die Dame Freude erlangen; sie schenkt durch ihre Schönheit nicht nur uns, sondern allen Freude, die sie anschauen; diese Freude sei allen großzügig gegönnt, weil die Schönheit der Dame zur Beglückung aller reicht. Das greift den alten Gedanken auf, dass die Dame eine Quelle gesellschaftlicher Freude ist. Während im traditionellen Modell jedoch der Minnesänger die Freude, die ihm die Dame schenkt, durch seine Lieder an die Gesellschaft weitervermittelt, wird hier eine potentielle Konkurrenz zwischen dem Liebenden und der Gesellschaft angedeutet, dann aber gleich wieder ausgeräumt: Die Dame verfügt über soviel Schönheit, dass das äußere Ich keine Bedenken hat, zu wenig davon abzubekommen, wenn alle sie sehen. Dass der Liebende als Sänger für eine gesellschaftliche Wirkung der Liebe sorgen müsste, scheint nicht mehr nötig.

Die Antwort, die der *mut* auf die freudige Rede des Ich gibt (4,11-14), macht zunächst einen rätselhaften Eindruck: Der *mut* gesteht zu, dass das Ich die Dame vollständig sieht. Er beansprucht dann aber, die Dame gerade in dieser Situation

›mehr als zur Hälfte‹ in seinem Besitz zu haben: Sie gehört zu ›unserer Schar‹, der der Gedanken nämlich, für die der *mut* von Anfang an stand. Dagegen wehrt sich das Ich in der fünften Strophe: Es will die Dame nicht mit dem *mut* teilen, sondern sie ganz und vollständig haben. Aber der *mut* belehrt das Ich darüber, dass das im Moment der Wahrnehmung schon nicht mehr der Fall sein kann (5,3-6): Von den Augen führt eine Straße ins Innere, und diese Straße führt die Dame zum *mut*. Die Wahrnehmung macht die reale Dame unweigerlich zum Wahrnehmungsbild und damit zum Gedankeninhalt; der Weg von der realen zur mentalen Person ist unvermeidbar. Deshalb bleibt es am Ende gleichgültig, ob das Ich die reale Dame sieht oder sie als Gedankenbild imaginiert: Die Wahrnehmung lässt die Person immer zur Imagination werden; die Dame kann stets nur dem inneren *mut* gehören, nie dem äußeren Ich.

Das Ich reagiert empört auf diese Belehrung (5,7): Das würde ja bedeuten, dass seine eigenen Augen ihm die Dame als reale Person stehlen; das sei doch unanständig. Der *mut* aber bestätigt, dass es sich unabweislich so verhält und dass es zwecklos sei, dagegen anzukämpfen. Das letzte Aufbäumen des Ichs besteht am Schluss in der Hoffnung, die Dame selbst könnte ihm gegen seinen eigenen *mut* beistehen; doch diesen Ausweg weist der *mut* sogleich als unmöglich zurück: Die reale Dame kann dem Ich nicht helfen, weil der *mut* sie ganz zum Gedankeninhalt gemacht hat.

Neu an der Sinnkonstruktion des Lieds ist die restlose Verinnerlichung der Geliebten, die der Liebe jeden Interaktionscharakter nimmt. Der Minnesang hatte die vorbildliche, höfisch kultivierte Liebe immer als eine ›innere‹ Angelegenheit aufgefasst, die nicht allein auf die körperliche Vereinigung zielt, sondern wegen ihrer emotionalen und ethischen Qualitäten eine existentielle Lebensmacht darstellt. Das Motiv von der Dame im Herzen brachte genau diesen Aspekt zum Ausdruck. Frauenlob jedoch akzentuiert seinen Sinn anders: Die Dame im Herzen ist eine mentale Abstraktion der realen Dame, und nur diese mentale Abstraktion kann Gegenstand wahrer Liebe sein. Die Liebe, nur noch ausgelöst von einem Wahrnehmungsobjekt, ist reine Innerlichkeit.

Das Gespräch zwischen dem Liebenden und seinem eigenen Inneren ist deshalb alles andere als eine Spielerei. Wenn die Geliebte schon mit der Wahrnehmung zum mentalen Abbild der realen Person wird, beruht die Hoffnung, es könne jenseits des Gedankeninhalts noch eine Interaktion mit der realen Geliebten geben, auf einem Irrtum: Sobald man die Geliebte auch nur sieht, wird sie bereits zu einem Gedanken. Dabei geht es selbstverständlich nicht um die moderne Vorstellung, dass es sich bei der ganzen Außenwelt um eine mentale Konstruktion handelt. Frauenlobs Konzept, das aus der Minnesangtradition abgeleitet ist und sie auf eine originelle Weise zuspitzt, betrifft nur die Liebe und ihr Objekt: Weil die wahre Liebe eine Angelegenheit des Herzens ist, ist es die Geliebte auch. Weil der Gegenstand einer solchen Liebe uns innerlich beherrscht, ist er ein Gegenstand in unserem Innern. Die Dame im Herzen ist deshalb das eigentliche Objekt der Liebe. Gerade die wahre, den Menschen innerlich erfassende Liebe gilt nicht einer anderen Person, sondern dem Gedankenbild dieser Person.

Die Idee ist fatal, weil der verinnerlichte Gegenstand der Liebe als Wahrnehmungsbild und Gedankeninhalt körperlos ist. Deshalb versucht das Ich des Lieds, durch den Anblick oder die Vorstellung des schönen Körpers den Folgen aus der Lehre des *mutes* zu entkommen. Die Wahrnehmung soll die Geliebte als körperlichen Gegenstand der Liebe retten – aber gerade die Wahrnehmung setzt die Geliebte unvermeidlich auf die Straße, die von den Augen ins Herz führt. Die radikale Konsequenz besteht darin, dass sich die wahre Liebe nie auf den Körper beziehen kann, weil sie immer einem Gedankeninhalt gilt. Deshalb beklagt das Ich am Ende, dass sein eigenes Inneres ihm die Dame raubt: Indem man liebt, wird einem das körperliche Objekt der Liebe entzogen.

Von Liebesfreude im traditionellen Sinn des Minnesangs kann bei dieser Konzeption keine Rede mehr sein. Die zur reinen Innerlichkeit abstrahierte, aus der Interaktion mit der Geliebten und der Verpflichtung zur Vermittlung gesellschaftlicher Freude gelöste Liebe ist zugleich die reine Anstrengung. Freilich wird die Ambition des Liebenden als Sänger nun zu einer vorrangig intellektuellen: Sie besteht nicht mehr im Frauendienst als moralischer Leistung und Minnesangproduktion, sondern im anspruchsvollen Reflektieren des einsamen Ichs über seine Liebe zu einem Gedankenbild. Was dem Publikum an Kultiviertheit vorgeführt wird, ist diese Intellektualität. Ihren Ausdruck findet sie in der sprachlichen Entfaltung der inneren Reflexionswelt. Die komplizierte, kunstvolle Rede demonstriert hier nicht in erster Linie die sprachartistische Fertigkeit des Dichters, sondern dient als Erkenntnisinstrument: Sie macht das wahre Wesen der Liebe als reine Innerlichkeit erkennbar. Das folgt dem Prinzip von Frauenlobs Sprachkunst, auf dem auch seine Leistung als Minnelieddichter beruht; in der Geschichte des Minnesangs im späten 13. Jahrhundert vollzieht er eine erneute – und massive – Problematisierung der Liebe.

Ausgabe: GA; Wachinger (Auswahl mit Übersetzung und Kommentar).

Literatur: Wachinger 1973, Huber 1977, Bein 1988, Eikelmann 1988 (a), Huber 1988, Schröder (Hg.) 1988, Wachinger 1988, Scheer 1990, Wachinger 1992, Steinmetz 1994, Stackmann 1997 und 1998, Hübner 2000, Kreibich 2000, Steinmetz 2001, Egidi 2002, Egidi 2002 (a), Haustein u. Steinmetz (Hg.) 2002, Stackmann 2002, Köbele 2003, Wachinger 2006.

11

Städtische Anstrengungen
Johannes Hadlaub

Unter der Überschrift *Meister Johans Hadloub* steht in der Manessischen Liederhandschrift ein großes Autorkorpus von 54 Liedern, das durch eine zweiteilige Miniatur und die prächtigste Initiale der ganzen Handschrift in besonderer Weise ausgezeichnet ist. Die damit zum Ausdruck gebrachte Wertschätzung beruht darauf, dass Johannes Hadlaub in Zürich lebte, als die Handschrift dort entstand. 1302 ist er in einer Zürcher Urkunde anlässlich eines Hauskaufs belegt, 1340 in den Jahrbüchern des Zürcher Großmünsters als verstorben erwähnt. Eines seiner Lieder handelt von dem großen Sammelprojekt, aus dem die umfangreichste erhaltene Handschrift höfischer Lieddichtung hervorging (SMS 30.8):

1 Wa vunde man sament so manig liet?
man vunde ir niet in dem künigrîche,
als in Zürich an buochen stât.
des prüevet man dike da meister sang.
der Manesse rank darnâch endelîche,
des er diu liederbuoch nu hât.
gegen sim hove mechten nîgin die singære,
sîn lob hie prüeven und andirswâ,
wan sang hât boun und würzen dâ.
und wisse er, wâ guot sang noch wære,
er wurbe vil endelîch darnâ.

2 Sin sun, der kuster, der treibz ouch dar,
des si gar vil edils sanges,
die herren guot, hânt zemne brâcht.
ir êre prüevet man dabî.
wer wîste sî des anevanges?
der hât ir êren wol gidâcht.
daz tet ir sin, der richtet sî nach êren;
daz ist ouch in erborn wol an.
sang, dâ man dien frowen wolgetân
wol mitte kan ir lob gemêren,
den wolten sî nit lân zergân.

3 Swem ist mit edlem sange wol,
des herze ist vol gar edler sinne.
sang ist ein sô gar edlez guot:
er kumt von edlem sinne dar,
dur frowen clâr, dur edil minne,
von dien zwein kumt so hôher muot.
waz wære diu welt, wæren wîb nicht so schœne?
dur sî wirt sô vil süezzekeit,
dur sî man wol singet unde seit
so guot geticht und süez gedœne.
ir wunne sang ûz herzen treit.

1. Wo könnte man so viele Lieder an einem Ort finden? Man könnte nirgends im ganzen Königreich so viele finden, wie in Zürich in Büchern stehen. Deshalb beschäftigt man sich dort oft mit dem Gesang der Könner. Der Manesse bemühte sich zielstrebig darum, deshalb besitzt er nun die Liederbücher. Vor seinem Hof sollten sich die Sänger verneigen, seine Ehre hier und anderswo rühmen, denn der Gesang hat hier Stamm und Wurzeln. Und wüsste er, wo es noch guten Gesang gibt, würde er sich zielstrebig darum bemühen.
2. Sein Sohn, der Kustos, kümmerte sich auch darum, deshalb haben sie sehr viel edlen Gesang zusammengetragen, die vornehmen Herren. Ihr Ansehen erkennt man daran. Wer hat sie darauf gebracht, damit anzufangen? Der war sehr auf ihr Ansehen bedacht. Es war ihr Kunstverstand, der ließ sie nach Ansehen streben; sicher ist ihnen das angeboren. Gesang, mit dem man den Ruhm schöner Damen vergrößern kann, den wollten sie nicht verloren gehen lassen.
3. Wer Gefallen an vornehmem Gesang hat, dessen Herz ist voll vornehmer Gedanken. Gesang ist ein so vornehmes Gut: Er kommt aus vornehmen Gedanken, um schöner Damen willen, um vornehmer Liebe willen, die beiden bringen edle Freude. Was wäre die Welt, wären Frauen nicht so schön? Ihretwegen gibt es so viel Beglückendes, ihretwegen singt man Lieder mit so schönen Texten und süßen Melodien. Ihre Herrlichkeit trägt den Gesang aus den Herzen heraus.

Die beiden im Liedtext erwähnten Herren – ›der Manesse‹ und ›sein Sohn, der Kustos‹ – sind historisch identifizierbar: Das hohe Amt des Kustos, des Schatzmeisters der Chorherren am Zürcher Großmünster, übte der 1297 verstorbene Johann Manesse aus; sein Vater, Rüdiger Manesse, lebte bis 1304. Die Manesse waren eine Zürcher Patrizierfamilie; Rüdiger führte den Titel Ritter und gehörte als Ratsherr zur Stadtspitze. Hadlaub zufolge sammelten sie Lieder in schriftlicher Gestalt (*liederbuoch*), um damit ihr eigenes gesellschaftliches Ansehen zu zeigen und um den Gesang zur Ehre der Frauen – Minnesang also – nicht verloren gehen zu lassen. Die dritte Strophe stellt den gesellschaftlichen Rang und die kulturelle Qualität des Minnesangs emphatisch heraus mit der fünfmaligen Wiederholung des Wortes *edel*, das eigentlich ›adelig‹, im weiteren Sinn ›vornehm‹ bedeutet; die zweite Hälfte der Strophe ruft das alte Modell der Freudevermittlung durch die ambitionierte Liebe und den Minnesang auf.

Hadlaubs Formulierungen bringen das literarische Interesse, das der Zürcher Sammelaktion zugrunde liegt, prägnant zum Ausdruck: Eine vornehme Stadtadelsfamilie übernimmt die Tradition der höfischen Dichtung, um die eigene Kultiviertheit und mit ihr den eigenen gesellschaftlichen Status vorzuführen. Dabei ist man sich darüber im Klaren, dass die Tradition der Pflege bedarf: Die Manesse sammeln Lieder in schriftlicher Form, weil sie sonst verloren gehen könnten. Das Unternehmen hat eine archivarische Seite, die sich auch im Bemühen äußert, möglichst umfassende Bestände zusammenzutragen. Die Behauptung, dass die in Zürich gesammelte Liedermenge weit und breit die konkurrenzlos größte sei, dürfte die Wahrheit getroffen haben. Aber das Archivieren soll zugleich die kulturelle Funktion der alten Kunst erneut zur Geltung bringen; die vornehme Freude des Minnesangs soll in Zürich gesellschaftliche Praxis sein. Minnesang wird hier nicht bloß gesammelt, sondern auch produziert; und der wichtigste Produzent heißt Johannes Hadlaub.

Hadlaubs Lied ist der Grund dafür, dass die Manessische Liederhandschrift im späten 18. Jahrhundert den Zürcher Patriziernamen erhielt. Dabei dokumentiert der Text freilich nur, dass die Manesse in Zürich am Ende des 13. Jahrhunderts ›Liederbücher‹ zusammentrugen. Sie legten damit wahrscheinlich das Fundament für die große Liederhandschrift, deren Entstehungszeit weit über die Lebensspanne von Vater und Sohn Manesse hinausreichte. Während Hadlaub deren Sammeltätigkeit ausschließlich auf Minnelieder bezieht, enthält die Handschrift mit Sangsprüchen und religiösen Liedern außerdem auch die beiden anderen Typen höfischer Liedkunst. Die kostbare Ausstattung entspricht freilich genau dem repräsentativen Anspruch, den Hadlaubs Lied dem Minnesang zuweist. Mit der Schreibarbeit wurde um 1300 begonnen, und der weitaus größte, heute ›Grundstock‹ genannte Teil wurde recht zügig fertiggestellt. Aber das Sammeln und Aufschreiben ging noch weiter bis um 1340; man trug immer wieder Texte innerhalb des Grundstocks nach und fügte ganze Autorsammlungen im Anschluss an ihn hinzu. Die Lieder Hadlaubs stehen am Ende des Grundstocks und sollten dem ursprünglichen Plan nach wahrscheinlich den Abschluss der Handschrift bilden. Die Platzierung und die prächtige Initiale sind ein Ausdruck des Stolzes auf den städtischen Minnesänger, der die in Zürich aufgenommene höfische Kunst produktiv fortführte.

Johannes Hadlaubs Situation als Liederdichter in Zürich dürfte in der Geschichte des deutschen Minnesangs einmalig gewesen sein: Er verfügte in Form schriftlicher Aufzeichnungen über weite Traditionsbestände. Hadlaub ist der einzige Minnesänger, dem wir einen ähnlich breiten Überblick über die Gattung unterstellen können wie wir ihn haben, denn der größte Teil des heute bekannten deutschen Minnesangs ist in der Manessischen Liederhandschrift überliefert. Weil sich Hadlaub aus einer unvergleichlichen Schatzkammer bedienen konnte, ist es nicht verwunderlich, dass seine Lieder viele Typen und Motive der Minnesangtradition aufgreifen. Bemerkenswert ist die Art, in der er das Aufgenommene verarbeitet hat.

Ein auffälliges Beispiel dafür sind drei Herbstlieder (SMS 30.18, 20, 44), die unverkennbar an Steinmars Vorbild anknüpfen (vgl. Kap. 8). Hadlaub steuert

Steinmars Verabschiedung der anstrengenden Liebe jedoch konsequent ins Gattungsmuster der Minnekanzone zurück und bekräftigt das alte Liebeskonzept damit aufs Neue. Das Herbstlob erhält dabei die Funktion eines Natureingangs: Alle drei Lieder beginnen mit einem Lob der Herbstfreuden, die aber, anders als bei Steinmar, die Liebe nicht ablösen. Frauen können den Herbst als Freudestifter stets noch überbieten. Gegen den Wert der vornehmen Liebe kommen Schlemmen und Zechen nicht an – und zwar selbst dann nicht, wenn der Sänger von seiner ungnädigen Dame Leid erfährt. Das kehrt Steinmars Konstruktion geradewegs um und führt das Herbstlied sozusagen heim in den Schoß der Minnekanzone.

Ähnlich auffällig ist das Motiv des Blumenbetts als Ort eines Geschlechtsverkehrs im Freien. Obwohl pastourellenhafte Lustorte im Minnesang verschiedentlich begegnen (vgl. Kap. 7), ist das aus Blumen gebaute Bett kein verbreitetes Versatzstück. Hadlaub fand das Motiv offenbar im ›Lindenlied‹ Walthers von der Vogelweide (L 39,11), das sonst keine erkennbare Wirkung entfaltete; eine Frau erzählt dort von der für sie beglückenden Vereinigung mit dem Geliebten im Blumenbett. Der Zürcher Dichter baute das idyllische Lager in die Sängerrede zweier Minnekanzonen ein (35, 41) und veränderte seinen Sinn dabei geradezu ins Gegenteil: In beiden Liedern imaginiert der Liebende, dass sich die Dame gegen sein Begehren nicht zur Wehr setzen könnte, wenn er mit ihr allein in einem Blumenbett im Freien wäre. In der intimen Situation der Abgeschiedenheit wäre es womöglich, Gott bewahre, vorbei mit der männlichen Selbstkontrolle, die die Vornehmheit der Liebe garantiert.

Neidharts *dörper*-Personal (vgl. Kap. 3) griff Hadlaub in einem Lied auf, in dem die Bauern Rudolf und Kunz um das Mädchen Elle streiten (15): Kunz hat ihr eine Geiß und hundert Eier geschenkt, weil er sie über die Maßen liebt; doch Rudolf entschädigt Kunz mit zwei Geißen und einem Huhn dafür, dass er von seiner Werbung ablässt. Wie bei Neidhart dienen die *dörper* als Gegenmodell zur höfischen Liebe, die nicht gekauft wird; allerdings gibt es bei Hadlaub keinen Minnesänger, der die höfische Exklusivität preisgibt und sich unter die Bauern mischt. Die Kontrastfunktion liegt auch einem Liedtyp zugrunde, den Hadlaub aus dem Neidhart-Modell neu herausgesponnen hat: dem Erntelied. Die Ernte bietet Knechten und Mägden eine willkommene Gelegenheit, sich paarweise in Scheune und Stroh zurückzuziehen und dort für Freude zu sorgen. In einem der drei Erntelieder Hadlaubs (22) bleibt die Bauernfreude unproblematisch; die beiden anderen (24, 43) integrieren das Erntemotiv jedoch ins Gattungsmuster der Minnekanzone: Die Darstellung der Bauernfreude leitet wie ein Natureingang die Klage des Sängers ein, den die *huote* – die personifizierte gesellschaftliche Norm – an jeder intimen Begegnung mit der Dame hindert. Hier wird deutlich, dass die simple Freude als Gegensatz zur ambitionierten höfischen Liebe dient, deren Wert auf ihrer Angestrengtheit beruht.

Die vier Tagelieder Hadlaubs (14, 33, 34, 50) sind thematisch nicht auf den Kontrast zwischen Liebesglück und Abschiedsleid am Morgen konzentriert, sondern auf die Einsicht, dass die Trennung unumgänglich ist; diese eher vernunftbetonte Variante gehört zu den traditionellen Möglichkeiten des Liedtyps (vgl.

S. 39). Drei der Tagelieder weichen freilich von Hablaubs genereller Neigung, mit der Vornehmheit der höfischen Liebe den Ernst des alten Konzepts herauszustellen, durch Komikeffekte ab: Einmal überzeugt eine äußerst pragmatische Dame den jammernden Ritter so erfolgreich von der Notwendigkeit des Abschieds, dass ihr seine Eile beim schnellen Aufbruch dann doch nicht passt. Zweimal ist der Wächter angesichts der drohenden Entdeckung weniger um das Wohlergehen des Liebespaars als mehr um sein eigenes besorgt; im einen Fall verflucht er am Ende seine Aufgabe, im anderen verlässt er aus Furcht seinen Posten. Noch in den witzigen Zuspitzungen kommt mit der Entdeckungsgefahr indes die Problematik zur Sprache, der sich die vornehmen Liebenden aussetzen. Neben dem Typus des Tagelieds griff Hadlaub auch den sehr seltenen der Serena auf (51), die vom abendlichen Empfang des Liebenden im Schlafzimmer der Dame erzählt (vgl. S. 39).

Die weitaus meisten Lieder Hadlaubs sind traditionelle Minnekanzonen, die sich thematisch oft auf die Distanz zwischen dem Liebenden und der Dame konzentrieren. Dabei werfen die Texte immer wieder die Frage auf, wer am Liebesleid eigentlich schuld ist, und spielen verschiedene Antworten durch: Zum einen gibt es Männer, die ihre sexuellen Erfolge nicht geheim halten, so dass die Frauen aus Furcht um ihre Ehre auch den Rücksichtsvollen nicht trauen. Zum andern gibt es Damen, die ihren Verehrer entweder gar nicht erhören wollen oder nicht erkennen, dass er es ehrlich meint. Und drittens hindert die minnefeindliche Gesellschaft, die *huote*, den Liebenden an einer Begegnung mit der Dame, bei der er ihr seine Aufrichtigkeit versichern könnte. Hadlaubs Minnekanzonen bringen auf diese Weise das gesellschaftliche Problem der vornehmen, aber illegitimen Liebe wieder verstärkt ins Spiel.

Hadlaubs Verarbeitung der Vorbilder, die ihm dank des Zürcher Sammelprojekts zur Verfügung standen, hat ihre konzeptionelle Mitte in dem Bemühen, mit der anstrengenden Schwierigkeit der höfischen Liebe ihren exklusiven Wert erneut herauszustellen. In einigen Fällen hat er auf Entproblematisierung angelegte Modelle zu diesem Zweck gezielt ins Gegenteil verkehrt: Der Herbst ist der leidenswilligen Liebe als Freudestifter doch wieder unterlegen; die einfache Bauernfreude erscheint als Kontrast zur komplizierten höfischen Anstrengung; das Blumenbett im Freien verheißt kein Idyll, sondern die Entwertung des Begehrens durch den drohenden Verlust der Selbstkontrolle. Nicht weniger deutlich zeigt sich das Konzept in der als kaum überwindbar dargestellten Distanz zwischen dem Liebenden und der Dame, für die mit der *huote* die gesellschaftliche Norm verantwortlich gemacht wird.

Wie in Frauenlobs Liedern (vgl. Kap. 10) erscheint die höfische Liebe noch einmal als komplizierte Ambition, die ihren Wert aus ihrer eigenen Schwierigkeit bezieht. Doch anders als bei Frauenlobs radikaler Verinnerlichung der Liebe ist es bei Hadlaub der problematische Gesellschaftsbezug, der den kulturellen Wert der Liebe begründet. Nur die Edlen nehmen die Mühen der edlen, zugleich aber von den sozialen Regeln behinderten Liebe auf sich. Die mit dem alten Konzept zum Ausdruck gebrachte Vornehmheit war, Hadlaubs oben zitiertem Liedtext zufolge, der Grund, aus dem die Manesse in Zürich Minnelieder sammelten. Dem literarischen Interesse, das Hadlaub beschreibt, war weder mit Entproblematisierung noch mit Verinnerlichung zu dienen, sondern nur mit der Versicherung sozialer Exklusivität.

Dieses Programm verfolgen auch die sogenannten Erzähllieder, Hadlaubs gattungsgeschichtliche Innovation. Sie sind eigentlich Minnekanzonen, in denen der Sänger in traditioneller Weise die Erfolglosigkeit seines Dienstes beklagt; die Klage ist jedoch jeweils mit einer längeren Erzählung verbunden. Das aufschlussreichste Beispiel ist das folgende (SMS 30.2):

1 Ich diene ir, sît daz wir beidiu wâren kint.
diu jâr mir sint gar swær gesîn,
wan si wag so ringe mînen dienest ie.
sin wolte nie geruochen mîn.
daz wart irbarmende herren, dien wartz kunt,
daz ich nie mit rede ir was gewesen bî.
des brâchten sî mich dar zestunt.

2 Swie ich was mit hôhen herren komen dar,
doch was si gar hert wider mich.
sî kêrt sich von mir, do sî mich sach, zehant.
von leide geswant mir, hin viel ich.
die herren huoben mich dar, dâ si saz,
unde gâben mir balde ir hant in mîn hant.
do ich des bevant, do wart mir baz.

3 Mich dûhte, daz nieman möchte hân erbetten sî,
daz sî mich frî nôt hæte getân,
wan daz si vorchte, daz si schuldig wurde an mir.
ich lag vor ir als ein tôt man
und sach si jæmerlîch an ûz der nôt.
des irbarmet ich si, wan ichz hâte von ir,
des sî doch mir ir hant do bôt.

4 Dô sach sî mich lieblîch an und rete mit mir.
ach, wie zam ir daz sô gar wol!
ich mochte sî so recht geschowen wolgetân.
wa wart ie man so fröiden vol?
die wîle lâgen mîn arme ûf ir schôz.
ach, wie suozze mir daz dur mîn herze gie!
mîn fröide nie mêr wart so grôz.

5 Do hâte ich ir hant so lieblîch vaste, gotte weiz,
davon si beiz mich in mîn hant.
si wânde, daz ez mir wê tæt, do frœte ez mich,
so gar suozze ich ir mundes bevant.

ir bîzzen was so zartlich, wîblich, fîn,
des mir wê tet, daz so schiere zergangen was.
mir wart nie baz, daz muoz wâr sîn!

6 Sî bâten si vaste eteswaz geben mir,
des sî an ir lange hæte gehân.
also warf si mir ir nâdilbein dort her.
in süezzer ger balde ich ez nam.
si nâmen mirz und gâbenz ir wider dô
und irbâten sî, daz sî mirz lieblîch bôt.
in sender nôt wart ich so frô.

7 Der vürste von Konstenz, von Zürich diu vürstîn
vil sælig sîn! der vürste ouch sâ
von Einsidellen, von Toggenburg lobelîch
grâf Friderîch, und swer was dâ
und half alt riet, daz man mich brâchte für sî.
daz tâten hôhe liut, der frume Reginsberger
nach mîner ger ouch was dabî.

8 Und der abt von Pêtershûsen tuginde vol
half mir ouch wol. da wâren ouch bî
edil frowen, hôhe pfaffen, ritter guot.
da wart mîn muot vil sorgen frî.
ich hâte ir gunst, die doch nit hulfen mir.
her Ruodolf von Landenberg, guot ritter gar,
half mir ouch dar und liebte mich ir.

9 Dem die besten helfent, daz vervât ouch icht.
diu zuoversicht wart mir wol schîn,
wan der vürste von Kostenze loblich, gerecht,
und her Albrecht, der bruoder sîn,
und her Rüedge Manesse, die werden man,
hulfen mir vür mîn edlen frowen klâr,
des manger jâr nie mochte irgân.

10 Ez ist lang, daz mich von êrst ir wunne vie
und daz ich nie so nâch ir kan,
wan si stalte ungruozlîch sich ie gegen mir,
des ich zuo zir nie getorste gegân.
ich dâchte: sît sî nicht ruochet grüezzen mich,
gienge ich vür sî, daz wære lîchte so verre ir haz.
nicht wan umb daz verzagt dan ich.

11 Möchte ein herze von fröiden dur den lîb ûzgân,
in möchte behân des mînen niet,

sît ich vür die wolgetânen komen bin,
von der mîn sin mich nie geschiet.
ich hâte ir hant in mînen henden, ach!
êst ein wunder, daz von rechten minnen nicht
in der geschicht mîn herze brach.

12 Ach, ich hôrte ir süezzen stimme, ir zarten wort,
si reiner hort, des hât si prîs.
sô sach ich ir munt, ir wengel rôsenvar,
ir ougen clâr, ir kelîn wîz,
ir wîblich zucht, ir hende wîz als der snê.
mir was lieblîch wol, unz ich mües dannan gân;
mir sendem man tet daz so wê.

13 Wol uns, daz der Klingenberger vürste ie wart!
die rechten vart, die vuoren sî,
dien ze herren walten. er kan wîse unde wort,
der sinne hort, der wont im bî.
sîn helfe, sîn rât, sîn kunst sint endelîch.
des die wîsen habten sîn ze herren ger,
des heizzet er bischof Heinrîch.

1. Ich diene ihr, seit wir beide Kinder waren. Die Jahre waren mir sehr schwer, denn mein Dienst hatte für sie immer wenig Gewicht. Sie wollte mir nie Aufmerksamkeit schenken. Das erregte das Mitleid von Herren, die davon erfuhren, dass ich nie mit ihr gesprochen hatte. Deshalb brachten sie mich sogleich zu ihr.
2. Obwohl ich mit hohen Herren dorthin gekommen war, war sie doch ganz hart zu mir. Sie wandte sich sofort von mir ab, als sie mich sah. Vor Schmerz wurde ich ohnmächtig, ich fiel hin. Die Herren hoben mich auf und brachten mich dorthin, wo sie saß, und gaben mir schnell ihre Hand in meine Hand. Als ich das bemerkte, wurde mir besser.
3. Ich glaubte, dass niemand sie erfolgreich darum hätte bitten können, mich vom Leid zu befreien, wenn sie nicht gefürchtet hätte, an mir schuldig zu werden. Ich lag wie ein Toter vor ihr und sah sie jammervoll an aus meiner Not. Deshalb erbarmte ich sie, denn mein Leid kam von ihr, weshalb sie mir dann doch ihre Hand reichte.
4. Da sah sie mich auf liebevolle Weise an und redete mit mir. Ach, wie gut passte das zu ihr! Ich konnte ihre Schönheit genau betrachten. Wo wurde ein Mann jemals so glücklich? Unterdessen lagen meine Arme in ihrem Schoß. Ach, wie süß war mir davon in meinem Herzen! Meine Freude war nie wieder so groß.
5. Da hielt ich ihre Hand so liebevoll fest, weiß Gott; deshalb biss sie mich in meine Hand. Sie glaubte, es würde mir weh tun, doch mich freute es. Ihr Mund kam mir vollkommen süß vor. Ihr Biss war so zart, weiblich, fein, dass es mich schmerzte, dass er so schnell vorbei war. Es ging mir nie besser, das ist die Wahrheit.

6. Sie (die Herren) baten sie inständig, mir etwas zu geben, das sie lange bei sich getragen hatte. So warf sie mir ihre elfenbeinerne Nadelbüchse zu. In süßem Begehren ergriff ich sie schnell. Sie nahmen sie mir ab und gaben sie ihr zurück und baten sie, dass sie sie mir auf liebevolle Weise reichte. Im Liebesleid wurde ich so glücklich.
7. Der Fürst von Konstanz, die Fürstin von Zürich sollen glücklich sein! Ebenso der Fürst von Einsiedeln, der ruhmvolle Graf Friedrich von Toggenburg und wer sonst dort war und Hilfe oder Rat bot, so dass man mich zu ihr brachte. Das taten hohe Leute, der tapfere Regensberger war meinem Wunsch gemäß auch dabei.
8. Und der vortreffliche Abt von Petershausen half mir ebenfalls gut. Es waren auch dabei vornehme Damen, hohe Geistliche, edle Ritter. Dort wurde mein Herz frei von Sorgen. Ich hatte auch die Gunst derjenigen, die mir nicht selbst halfen. Herr Rudolf von Landenberg, der edle Ritter, half mir dort auch und brachte mich ihr nahe.
9. Wenn einem die Besten helfen, nützt das auch. Diese Hoffnung bewahrheitete sich an mir, denn der ruhmvolle, gerechte Fürst von Konstanz und Herr Albrecht, sein Bruder, und Herr Rüdiger Manesse, die edlen Männer, halfen mir, vor meine vornehme, schöne Dame zu kommen, was viele Jahre nie geschehen wollte.
10. Es ist lange her, dass mich ihre Herrlichkeit erstmals gefangen nahm, und lange kam ich ihr nie nahe, denn sie schenkte mir nie einen Gruß, weshalb ich nie zu ihr zu gehen wagte. Ich dachte: Da sie mich nicht grüßen will, würde es ihr sicher gar nicht passen, wenn ich zu ihr ginge. Nur deshalb verzagte ich.
11. Wenn ein Herz vor Freude den Körper verlassen könnte, dann könnte ich meines nicht zurückhalten, weil ich zu der Schönen gekommen bin, von der ich in Gedanken nie getrennt war. Ich hatte ihre Hand in meinen Händen, ach! Es ist ein Wunder, dass aus wahrer Liebe bei diesem Ereignis mein Herz nicht brach.
12. Ach, ich hörte ihre süße Stimme, ihre zarten Worte; sie reiner Schatz, das ist ihr Ruhm. Ebenso sah ich ihren Mund, ihre rosenfarbenen Wangen, ihre klaren Augen, ihren weißen Hals, ihren weiblichen Anstand, ihre schneeweißen Hände. Es ging mir sehr gut, bis ich fortgehen musste. Mir sehnsüchtigem Mann tat das so weh.
13. Glücklich sind wir, weil der Klingenberger Fürst wurde! Den rechten Weg gingen die, die ihn zum Herrscher wählten. Er kennt Melodien und Texte, der Schatz des Kunstverstands liegt bei ihm. Seine Hilfe, sein Rat, sein Können sind vollendet. Weil die Weisen ihn zum Herrscher wollten, deshalb heißt er Bischof Heinrich.

Das Lied beginnt wie eine konventionelle Minnekanzone: Der Sänger beklagt die Ungnade seiner Dame; das Motiv des erfolglosen Dienstes von Kindheit an bringt das Ausmaß sowohl seiner Beständigkeit als auch seines Unglücks zum Ausdruck. Der Abgesang der ersten Strophe stellt dann jedoch eine ungewöhnliche Konstellation in Gestalt der Helfer vor, die für den Liebenden ein Treffen mit der Dame arrangieren, und leitet damit die lange Erzählung von dieser Begegnung ein.

Narrative Elemente – wie etwa die Erinnerung des Liebenden an die erste Begegnung mit der Dame und den Ausbruch der Liebe – gehörten schon früh zu den thematischen Mustern der Minnekanzone. Diese war indes nie ein dominant narrativer Liedtyp wie das Tagelied oder die Pastourelle; narrative Passagen sind in Minnekanzonen gewöhnlich in die Werbungsargumentation, die Liebesklage oder den Frauenpreis eingefügt. Hadlaub schuf mit seinen narrativen Minnekanzonen eine neue Variante des Liedtyps. Die Innovation besteht freilich nicht allein in der Struktur; auch die erzählten Geschichten stammen nicht aus der Minnesangtradition. Der Beispieltext etwa knüpft zwar an die Konstellation des erfolglosen Dienstes an, und der Handlung selbst liegt mit dem Liebenden, der im Angesicht der Dame vor Entzücken die Besinnung verliert, ebenfalls ein altes Versatzstück zugrunde. Das von Helfern herbeigeführte Treffen und sein Verlauf beruhen aber offenbar auf einer neuen Idee.

Das Lied spitzt das Geschlechterverhältnis des Frauendienst-Modells in der erzählten Handlung bis zur Belustigung zu: Der unterwürfig agierende Liebende freut sich über die Zuwendung, die die Dame ihm gewährt; sie aber beißt ihn in die Hand, als er die ihre zu fest hält. Er wiederum, ganz Frauendiener, findet noch den Biss beglückend. (Die Szene ist auf dem oberen Bild der Hadlaub-Miniatur in der Manessischen Handschrift mit einer kleinen Entschärfung dargestellt: Statt der Dame selbst beißt ihr Schoßhund zu. Das untere Bild der Miniatur zeigt eine Szene aus einem weiteren Erzähllied Hadlaubs; wie im Fall Steinmars nahm der Miniaturenmaler die gattungsgeschichtliche Innovation ins Autorbild auf.) Nach dem Biss bitten die Herren die Dame in einer zweiten Vermittlungsaktion um ein Liebesgeschenk für ihren Diener; sie wirft ihm aus der Distanz die Büchse zu, in der sie ihre Sticknadeln aufbewahrt. Er ist erneut beglückt, aber die Herren intervenieren und verlangen von der Dame eine freundlichere Geschenkübergabe.

Die Ich-Erzählung des Liebenden wirft recht gezielt die Frage auf, ob seine eigene Interpretation der Vorgänge dem Geschehen angemessen ist. Seiner Ansicht nach wäre die Hilfe der Herren erfolglos geblieben, hätte die Dame nicht auch aus eigenem Willen gehandelt (Str. 3); Biss wie Büchsenwurf sind für ihn beglückende Zeichen der Zuwendung. Gegenüber diesen Einschätzungen evoziert die Erzählung selbst Zweifel. Am Ende beurteilt der Liebende die Begegnung als vollen Erfolg (Str. 10-12), weil die bislang unüberwindbare Distanz zur Dame aufgehoben wurde; mit der Beschreibung der Freude und dem Frauenpreis kehrt das Lied zum traditionellen thematischen Repertoire der Minnekanzone zurück.

Auch wenn im Kontrast zwischen den Einschätzungen des Erzählers und den erzählten Vorgängen ein Komikeffekt liegt, bleibt das Verhalten des Liebenden gegenüber der Dame im höfischen Sinn doch uneingeschränkt vorbildlich. Gerade die Ich-Erzählung lässt deutlich werden, dass sein Vertrauen in die Gutartigkeit der Dame so aufrichtig ist, wie es sich für einen Frauendiener gehört. Noch in der witzigen Zuspitzung kommt, ähnlich wie in den Tageliedern, die Ernsthaftigkeit der vornehmen Liebe zum Ausdruck. Ebenso wenig wie in den anderen Erzählliedern Hadlaubs dient die Konstruktion dazu, den Frauendienst lächerlich zu machen; gezeigt wird hier wie in weiteren Fällen, dass die Liebe gerade angesichts der Schwierigkeit, die Distanz zur Dame zu überwinden, mustergerecht beständig und ehrlich bleibt.

Abb. 14: Zwei Szenen aus Hadlaubs Erzählliedern. Miniatur zu den Liedern Johannes Hadlaubs in der Manessischen Liederhandschrift.

Darauf ist im Beispieltext auch die ausführlich entfaltete Rolle der Helfer bezogen. Im Unterschied zum Verhalten der Dame und des Liebenden fällt sie nicht bloß unkonventionell aus, sondern steht geradezu im Gegensatz zur Minnesangtradition, in der die Gesellschaft für den Liebenden als *huote* üblicherweise ein Hindernis bedeutet. Eine Anregung könnte Hadlaub aus Liedern bezogen haben, in denen sich der Sänger mit der Bitte an sein Publikum wendet, ihm doch bei der

Werbung um die Dame zu helfen (etwa Heinrich von Morungen, MF 146,3). Der Sinn der Konstruktion einer Gesellschaft aus Frauendienst-Helfern beruht darauf, dass es die namentlich genannten Herren und die an zweiter Stelle erwähnte Fürstin von Zürich allesamt tatsächlich gab.

Der Fürst von Konstanz, mit dem die Reihe beginnt und den die letzte Strophe als Bischof rühmt, war Heinrich von Klingenberg, unter König Rudolf von Habsburg Vizekanzler des Reichs und von 1293 bis zu seinem Tod 1306 Fürstbischof von Konstanz. Heinrich von Klingenberg häufte im Lauf seiner Politikerkarriere zahlreiche Ämter und Pfründen an; in Zürich hatte er als Kaplan der Stephanskapelle seit 1293 wahrscheinlich eine Chorherrenpfründe inne. Der Fürstenpreis am Ende des Lieds lobt ihn nicht nur als Minnesangkenner und -förderer, sondern unterstellt sogar, dass sein Kunstverstand die Wahl zum Bischof rechtfertigt; so direkt wurde der Anspruch der höfischen Dichtung, dass ästhetische Kompetenz Herrscherqualität unter Beweis stellt, selten formuliert. (Im Konstanzer Domkapitel hatte es übrigens erhebliche Vorbehalte gegen den Kandidaten gegeben, weshalb die Wahl recht prekär verlief.) Mit der Fürstin von Zürich ist Elisabeth von Wetzikon gemeint, die als Äbtissin des Zürcher Fraumünsters, das bis zum Ende des 13. Jahrhunderts den Status einer Reichsabtei hatte, zu den Reichsfürsten gehörte. Die anderen Herren sind Kirchenfürsten, Adelige und Ministeriale aus der näheren oder weiteren Umgebung Zürichs; unter ihnen erscheint, in enger textueller Nachbarschaft zu Heinrich von Klingenberg (Str. 9), auch der Minnesangfreund Rüdiger Manesse.

Aus den historischen Belegen eines Rechtsstreits im Jahr 1294 lässt sich schließen, dass die erwähnten Personen zu einem – 1294 bereits zerfallenen – politischen Beziehungsgeflecht um Heinrich von Klingenberg gehörten; wahrscheinlich motivierte dies ihre Zusammenstellung im Liedtext (Schiendorfer 1993). Die Interpretation, dass hier Hadlaubs Zürcher Publikum in Gestalt eines ›Manessekreises‹ (Renk 1974) abgebildet wäre, gehört demnach – ebenso wie der ›spätstaufische Dichterkreis‹ und der Basler ›Klingen-Kreis‹ – ins Reich der germanistischen Legendenbildung. Die Rolle, die Hadlaub der mutmaßlichen politischen Seilschaft im Liedtext andichtet, bleibt von den lebensweltlichen Personenbeziehungen allerdings unberührt: Er lässt die Gruppe als Förderer einer lokalen Minnekultur auftreten. Der Fürstbischof, die Fürstäbtissin und die übrigen Herren agieren dabei nicht als Publikum des Sängers, sondern als Helfer des Liebenden, der als Sänger dann von seinem Ergehen erzählt. Die Minnefreunde, unter ihnen der Minnesangfreund Rüdiger Manesse, fördern die vornehme Frauendienst-Liebe selbst. Übrigens folgt in der Manessischen Handschrift auf dieses Lied, das am Schluss den Fürstbischof als Minnesangkenner rühmt, das Preislied auf die Manesse als Minnesangsammler.

Der Blick auf die anderen narrativen Minnekanzonen Hadlaubs zeigt, dass alle von der Distanz zur Dame handeln, die der Liebende nicht zu überwinden vermag. Erzählt wird von Interaktionsversuchen, die entweder schon im Ansatz scheitern oder nicht erfolgreich verlaufen: Der Liebende verkleidet sich als Pilger und lauert der Dame nach der Frühmesse vor der Kirche auf, um ihr einen Brief ans Kleid zu stecken. (Die Szene ist auf dem unteren Bild der Autorminiatur in der Manessischen Handschrift dargestellt.) Sie jedoch reagiert nie auf diesen Brief, weshalb er weiter leidet, ohne mit ihr in Kontakt treten zu können (SMS 30.1). Der Liebende beobachtet, wie die Dame ein Kind küsst; zuerst ist er neidisch, aber dann fängt er das Kind ab und küsst es auf dieselbe Stelle wie die Dame (4). Der Liebende macht einen Spaziergang vor der Stadt, wo er die Dame in Gesellschaft anderer Frauen sieht; sie sieht ihn ebenfalls und entfernt sich sogleich. Doch dann berichtet ihm ein Ritter, dass sie nach ihm gefragt habe. Er trifft sie noch einmal unterwegs, diesmal allein, bringt aber kein Wort heraus; sie geht grußlos vorbei (6). Ein Versuch von Helfern, ein Rendezvous für den Liebenden zu arrangieren, scheitert: Als er mit den Unterstützern ankommt, schließt sich die Dame in ihrem Zimmer ein und will allen Bitten zum Trotz erst wieder herauskommen, wenn der Liebende fort ist (5).

In den erzählten Episoden wird neben der Distanz, die die anstrengende Kompliziertheit der Liebe begründet, stets auch die Unbeirrbarkeit des Liebenden vorgeführt: Trotz der scheiternden Interaktion hält er an seiner schwierigen Liebe fest. Mit Ausnahme der Geschichte vom geküssten Kind bringen die narrativen Konkretisierungen außerdem immer ein wenig Stadtszenerie ins Spiel – in Gestalt der Hilfe, die die Zürcher High Society dem Liebenden angedeihen lässt, des Spaziergangs vor der Stadt oder der Frühmesse, die sich das Publikum in einer städtischen Kirche vorgestellt haben wird. Es handelt sich um wenige, knappe Andeutungen, aber sie machen doch klar, wo die exklusive Liebe des Minnesangs nun ihren Ort hat.

Einen Zuwachs an Realismus leisten die narrativen Konkretisierungen in Hadlaubs Erzählliedern dabei gewiss nicht: Indem sie die Stadt als Handlungsraum andeuten, erzählen sie ebenso wenig von städtischer Lebenswirklichkeit, wie Neidharts artifizielle Dorfwelt bäuerliche Lebenswirklichkeit abbildet. Mit den imaginierten Szenen geben sie aber die komplizierte alte Frauendienst-Liebe als örtliche Praxis, als Praxis in der Stadt aus; und anders als unter Neidharts *dörpern* behält die Liebe dabei den in ihrer Vornehmheit verbürgten Wert. Die erzählten Episoden geben vor, dass man in Zürich die Minne selbst lebt, nicht allein das Sammeln und die Produktion von Minneliedern fördert. Anders als beim Tannhäuser sorgt das im Lied imaginierte Geschehen gerade nicht für eine Abtrennung der Kunst von der gesellschaftlichen Praxis (vgl. Kap. 7); der Wert der Kunst bleibt im Gegenteil entschieden an die imaginierte Praxis gebunden. Hadlaubs Lieder bedienen dabei das literarische Interesse von Rezipienten, die in der Darstellung der exklusiven Liebe alter Schule ihre eigene soziale und kulturelle Exklusivität bestätigt sehen können.

So exaltiert die Handlungen der Erzähllieder heute wirken mögen, scheinen sie mir doch gerade keine Distanz zum alten Liebesideal zum Ausdruck zu bringen, das nur noch als Gegenstand fast schon nostalgischer, zur Lektüre gedachter Texte tauglich wäre (Mertens 1998, 1998a, 1998b). Ebenso wenig kann man sie sozialhistorisch als Instrument von Stadtpatriziern verstehen, die ihren gesellschaftlichen Geltungsanspruch mit dem adeligen Minnesang erst noch auf den Weg hätten bringen müssen. Der ritterliche Ratsherr Rüdiger Manesse und sein mit einem der vornehmsten Ämter versehener Sohn, die Hadlaubs eingangs zitiertes Preislied wie fürstliche Gönner rühmt, hatten den Minnesang ebenso wenig als Aufstiegshilfe nötig wie der Reichsfürst Heinrich von Klingenberg, der seinen allerdings bemerkenswerten Aufstieg bereits bewerkstelligt hatte, und die Adeligen aus der Zürcher Umgebung, die Hadlaub zusammen mit Rüdiger als Frauendiensthelfer aufzählt. Die dank des Zürcher Sammelprojekts in der Gattungstradition hochversierten Lieder Hadlaubs zielen auf ein lokales Publikum, das im Minnesang eine durch die Tradition verbürgte Vornehmheit sehen wollte – nicht als Kompensation eines Minderwertigkeitsgefühls, sondern aus einem Aristokratenstolz heraus, der Fürsten, Stadtadelige und Landadelige in der Region verband.

Dass in der Kompliziertheit der Frauendienst-Liebe der alte Exklusivitätsanspruch des Minnesangs zu neuer Geltung gebracht wird, verbindet ausgerechnet Hadlaubs Zürcher Stadt-Lieder mit dem Minnesang, der im späteren 13. Jahrhundert von hochadeligen Fürsten im Kontext jener östlichen Spätblüte höfischer Kultur betrieben wurde, an der auch Frauenlob – jedenfalls als Sangspruchdichter – seinen Anteil hatte (vgl. S. 146). Ein Lied König Wenzels II. von Böhmen (gestorben 1305; KLD 65.I) etwa feiert die in preziöser Diktion als exklusiven Gipfel männlicher Selbstbeherrschung dargestellte Leistung, es ins Bett der Dame gebracht und dann doch nicht mit ihr geschlafen zu haben. Ein Lied Herzog Heinrichs IV. von Breslau (gestorben 1290; KLD 23.II) inszeniert auf allegorisch-kunstvolle Weise die Grenzenlosigkeit der männlichen Leidensbereitschaft und Selbstunterwerfung: Auf eine Anklage des Liebenden hin sitzen die Personifikationen von Mai, Sommerfreude, Heide, Klee, grünem Wald und Sonne zusammen mit der Göttin Venus über die ungnädige Dame zu Gericht und verurteilen sie zum Verlust aller Freude; doch zieht der Kläger angesichts des Urteils seine Klage zurück, weil er lieber selbst sterben als die Dame solcherart bestraft sehen will.

Die poetischen Verfahrensweisen und die thematischen Konstruktionen dieser Lieder sind gewiss nicht dieselben wie bei Hadlaub, aber in der gezielten Profilierung der Vornehmheit zeigt sich doch ein ähnliches Programm, das für die Fürsten und ihre Höfe ebenso attraktiv war wie für die Zürcher Minnefreunde. Neben den Entwürfen eines einfachen und problemlosen Liebesglücks, neben den parodistischen Belustigungen über die mühevolle Frauendienst-Liebe, neben der vom Gesellschaftsbezug abstrahierenden Verinnerlichung der Liebe steht noch in den Jahrzehnten um 1300 der ungebrochene, ja mit neuer Emphase und neuer Kunstfertigkeit erhobene Anspruch, der der konzeptionelle Kern der Gattung Minnesang ist: In der anstrengenden Kompliziertheit der höfischen Liebe liegt eine männliche Vornehmheit, die das Begehren adelt und den Adel aller unter Beweis stellt, die etwas von höfischer Liebe und höfischen Liebesliedern verstehen. Von Minnesang kann solange die Rede sein, wie dieses durch und durch aristokratische Modell, das der Sänger mit seinem eigenen Ergehen als Liebender beglaubigt und einem Publikum von Vornehmen vorträgt, jener Mittelpunkt bleibt, auf den alle anderen Entwürfe, in welcher Weise auch immer, bezogen sind. Im Lauf des 14. Jahrhunderts änderte sich dies, langsam und alles andere als kontinuierlich, am Ende aber doch deutlich.

Ausgaben: SMS Nr. 30, Schiendorfer, Leppin; Wachinger (Auswahl mit Übersetzung und Kommentar).

Literatur: Renk 1974, Adam 1979, Bolduan 1982, Peters 1983, Leppin 1984/85, Mertens 1988, Brinker u. Flühler-Kreis 1991, Schiendorfer 1993, J.-D. Müller 1995 und 1996, Eikelmann 1996, Fischer 1996, Mertens 1998, 1998a und 1998b, Neudeck 2004, Oswald 2005, Wachinger 2006.

Literatur

Ausgaben

Backes: Tagelieder des deutschen Mittelalters. Mhd./Nhd. Hg. v. Martina Backes. Einleitung von Alois Wolf. Stuttgart 1992.

Beyschlag: Die Lieder Neidharts. Der Textbestand der Pergament-Handschriften und die Melodien. Text u. Übertragung, Einführung u. Worterklärungen, Konkordanz. Hg. v. Siegfried Beyschlag. Edition der Melodien v. Horst Brunner. Darmstadt 1975. (Bestand von R und A/B/C, mit nhd. Übersetzung.)

CB: Carmina Burana. Texte und Übersetzungen. Mit den Miniaturen aus der Handschrift und einem Aufsatz von Peter und Dorothee Diemer. Hg. v. Benedikt Konrad Vollmann. Frankfurt a.M. 1987.

Freund: Deutsche Tagelieder. Von den Anfängen der Überlieferung bis zum 15. Jahrhundert. Nach dem Plan Hugo Stopps hg. v. Sabine Freund. Heidelberg 1983.

GA: Frauenlob (Heinrich von Meissen). Leichs, Sangsprüche, Lieder. 2 Bde. Auf Grund der Vorarbeiten von Helmuth Thomas hg. v. Karl Stackmann u. Karl Bertau. Göttingen 1981.

Goosens/Willaert: Jan Goosens, Frank Willaert: De liederen van Jan I. Diplomatische editie. In: Queeste 10 (2003), S. 115-126.

Hausner: *Owe do tagte ez.* Tagelieder und motivverwandte Texte des Mittelalters und der frühen Neuzeit. Hg. v. Renate Hausner. Göppingen 1983.

Höver-Kiepe: Epochen der deutschen Lyrik Bd. 1. Gedichte von den Anfängen bis 1300. Nach den Handschriften in zeitlicher Folge hg. v. Werner Höver u. Eva Kiepe. München 1978. (Mit nhd. Übersetzung.)

KLD: Deutsche Liederdichter des 13. Jahrhunderts. Hg. v. Carl von Kraus. Bd. 1. Text. Bd. 2. Kommentar. Besorgt v. Hugo Kuhn. 2. Aufl. durchgesehen v. Gisela Kornrumpf. Tübingen 1978.

L: Walther von der Vogelweide: Leich, Lieder, Sangsprüche. 14., völlig neubearbeitete Auflage der Ausgabe Karl Lachmanns mit Beiträgen v. Thomas Bein u. Horst Brunner hg. v. Christoph Cormeau. Berlin, New York 1996.

Leppin: Johannes Hadlaub: Lieder und Leichs. Hg. v. Rena Leppin. Stuttgart 1995.

MF: Des Minnesangs Frühling. 38. Aufl. hg. v. Hugo Moser u. Helmut Tervooren. Stuttgart 1988.

Müller: Deutsche Gedichte des Mittelalters. Mhd./Nhd. Hrsg. v. Ulrich Müller. Stuttgart 1993.

Roethe: Die Gedichte Reinmars von Zweter. Hg. v. Gustav Roethe. Leipzig 1887.

Sappler: Die Lieder Neidharts. Hg. v. Edmund Wießner, fortgef. v. Hanns Fischer, 5. Aufl. hg. v. Paul Sappler. Mit einem Melodieanhang v. Helmut Lomnitzer. Tübingen 1999. (Enthält im wesentlichen die Lieder des R-Bestands, jedoch mit Zusatzstrophen anderer Handschriften.)

Schiendorfer: Johannes Hadlaub: Die Gedichte des Zürcher Minnesängers. Hg. v. Max Schiendorfer. Zürich 1986. (Mit nhd. Übersetzung.)

Schröder: Kleinere Dichtungen Konrads von Würzburg. Hg. v. Edward Schröder. III. Die Klage der Kunst, Leiche, Lieder und Sprüche. 4. Aufl. Dublin, Zürich 1970.

Siebert: Der Dichter Tannhäuser. Leben – Gedichte – Sage. Von Johannes Siebert. Halle a.d.S. 1934.

SMS: Die Schweizer Minnesänger. Nach der Ausgabe v. Karl Bartsch neu bearb. u. hg. v. Max Schiendorfer. Bd. 1. Texte. Tübingen 1990.

SNE: Neidhart-Lieder. Texte und Melodien sämtlicher Handschriften und Drucke. Hg. v. Ulrich Müller, Ingrid Bennewitz u. Franz Viktor Spechtler (Salzburger Neidhart-Edition). 3 Bde. Berlin, New York 2007.

Spechtler: Ulrich von Liechtenstein: Frauendienst. Hg. v. Franz Viktor Spechtler. Göppingen 1987. (Lieder auch in KLD.)

Strauch: Der Marner. Hg. v. Philipp Strauch. Straßburg 1876.

Tannhäuser online: www.lapidarius.de/Tanhuser/index.html. Die Dichtungen des Tannhäusers. Kommentierte Kieler Online-Edition. Hg. v. Ralf-Henning Steinmetz. Kiel 2006-2007.

Wachinger: Deutsche Lyrik des späten Mittelalters. Hg. v. Burghart Wachinger. Frankfurt a.M. 2006.

Forschungsliteratur

Vor 1980 erschienene Forschungsliteratur ist nur in Ausnahmefällen verzeichnet; sie ist in den Verfasserlexikon-Artikeln zu den einzelnen Autoren, die hier ebenfalls nicht eigens angeführt sind, leicht zu recherchieren: Die deutsche Literatur des Mittelalters. Verfasserlexikon. Hg. v. Kurt Ruh u.a. 12 Bde. Berlin, New York 1978-2006.

Adam, Wolfgang: Die ›*wandelunge*‹. Studien zum Jahreszeitentopos in der mittelhochdeutschen Dichtung. Heidelberg 1979.

Apfelböck, Hermann: Tradition und Gattungsbewußtsein im deutschen Leich. Ein Beitrag zur Gattungsgeschichte mittelalterlicher musikalischer »discordia«. Tübingen 1991.

Ashcroft, Jeffrey: Fürstlicher Sex-Appeal. Politisierung der Minne bei Tannhäuser und Jansen Enikel. In: Liebe in der deutschen Literatur des Mittelalters. Hg. v. Jeffrey Ashcroft u.a. Tübingen 1987, S. 91-106.

–: *Als ein wilder valk erzogen*. Minnesang und höfische Sozialisation. In: Zeitschrift für Literaturwissenschaft und Linguistik 19 (1989), H. 74, S. 58-74.

Bärmann, Michael: Herr Göli. Neidhart-Rezeption in Basel. Berlin, New York 1995.

Bärmann, Michael; Lutz, Eckart Conrad: Ritter Johannes Brunwart von Auggen. Ein Minnesänger und seine Welt. Freiburg 1987.

Bauschke, Ricarda: Burgen und ihr metaphorischer Spielraum in der höfischen Lyrik des 12. und 13. Jahrhunderts. In: Die Burg im Minnesang und als Allegorie im deutschen Mittelalter. Hg. v. Ricarda Bauschke. Frankfurt a.M. u.a. 2006, S. 11-40.

Becker, Hans: Die Neidharte. Studien zur Überlieferung, Binnentypisierung und Geschichte der Neidharte der Berliner Handschrift germ. fol. 779 (c). Göppingen 1978.

–: *Meie dîn liehter schîn*. Überlegungen zu Funktion und Geschichte des Minnelieds HW XI,1 ff. in den Neidhart-Liedern der Riedegger Handschrift. In: Festschrift Walter Haug und Burghart Wachinger. Hg. v. Johannes Janota u.a. Bd. 2. Tübingen 1992, S. 725-742.

Behr, Hans-Joachim: Literatur als Machtlegitimation. Studien zur Funktion der deutschsprachigen Dichtung am böhmischen Königshof im 13. Jahrhundert. München 1989.

–: Landesherren als Minnesänger. Zur Lieddichtung Markgraf Ottos IV. von Brandenburg (mit dem Pfeil), Herzog Heinrichs IV. von Breslau und König Wenzels II. von Böhmen. In: Jahrbuch der Oswald von Wolkenstein Gesellschaft 6 (1990/91), S. 85-92.

–: Die Inflation einer Gattung: Das Tagelied nach Wolfram. In: Lied im deutschen Mittelalter. Überlieferung – Typen – Gebrauch. Hg. v. Cyril Edwards u.a. Tübingen 1996, S. 195-202.

Bein, Thomas: *Sus hup sich ganzer liebe vrevel*. Studien zu Frauenlobs Minneleich. Frankfurt a.M. u.a. 1988.

Beloiu-Wehn, Ioana: *Der tageliet maneger gern sanc*. Das deutsche Tagelied des 13. Jahrhunderts. Versuch einer gattungsorientierten intertextuellen Analyse. Frankfurt a.M. u.a. 1989.

Bennewitz-Behr, Ingrid u. Müller, Ulrich: Grundsätzliches zur Überlieferung, Interpretation und Edition von Neidhart-Liedern. Beobachtungen, Überlegungen und Fragen, exemplifiziert an Neidharts Lied von der ›*werltsüeze*‹ (Hpt. 82,3 = WL 28). In: Zeitschrift für deutsche Philologie 104 (1985), Sonderheft, S. 52-79.

Bennewitz-Behr, Ingrid: Original und Rezeption. Funktions- und überlieferungsgeschichtliche Studien zur Neidhart-Sammlung R. Göppingen 1987.

Bennewitz, Ingrid: Die Pastourelle. Neidhart: *Wie sol ich die bluomen uberwinden*. In: Gedichte und Interpretationen. Mittelalter. Hg. v. Helmut Tervooren. Stuttgart 1993, S. 321-337.

– : »Wie ihre Mütter«? Zur männlichen Inszenierung des weiblichen Streitgesprächs in Neidharts Sommerliedern. In: Sprachspiel und Lachkultur. Festschrift Rolf Bräuer. Stuttgart 1994, S. 178-193.

– : Die obszöne weibliche Stimme. Erotik und Obszönität in den Frauenstrophen der deutschen Literatur des Mittelalters. In: Frauenlieder. Cantigas de amigo. Hg. v. Thomas Cramer u.a. Stuttgart 2000, S. 69-84.

– : Von Nachtigallen, Krähen, Hühnern und Sängern. Überlegungen zu Aufführung und Sängerrollen im Minnesang, speziell bei Neidhart. In: Edition und Interpretation. Neue Forschungsparadigmen zur mittelhochdeutschen Lyrik. Festschrift Helmut Tervooren. Hg. v. Johannes Spicker. Stuttgart 2000, S. 73-85.

Biehl, Jürgen: Der wilde Alexander. Untersuchungen zur literarischen Technik eines Autors im 13. Jahrhundert. Diss. Hamburg 1970.

Birkhan, Helmut: Minnesang und Sangspruchdichtung der Stauferzeit. Wien 2003.

Birkhan, Helmut (Hg.): Neidhart von Reuental. Aspekte einer Neubewertung. Wien 1983.

Bockmann, Jörn: Translatio Neidhardi. Untersuchungen zur Konstitution der Figurenidentität in der Neidhart-Tradition. Frankfurt a.M. 2001.

Bolduan, Viola: Minne zwischen Ideal und Wirklichkeit. Studien zum späten Schweizer Minnesang. Frankfurt a.M. 1982.

Brandt, Rüdiger: Konrad von Würzburg. Darmstadt 1987.

Brauneck, Manfred: Die Lieder Konrads von Würzburg. Diss. München 1965.

Bein, Thomas: *Sus hup sich ganzer liebe vrevel*. Studien zu Frauenlobs Minneleich. Frankfurt a.M. u.a. 1988.

Bremer, Ernst: Ästhetische Konvention und Geschichtserfahrung. Zur historischen Semantik im Minnesang Ulrichs von Winterstetten. In: Lied im deutschen Mittelalter. Überlieferung – Typen – Gebrauch. Hg. v. Cyril Edwards u.a. Tübingen 1996, S. 129-145.

Breslau, Ralf: Die Tagelieder des späten Mittelalters. Rezeption und Variation eines Liedtyps der höfischen Lyrik. Berlin 1987.

Brinker, Claudia u. Flühler-Kreis, Dione: Die Manessische Liederhandschrift in Zürich. Ausstellungskatalog. Zürich 1991.

Brinkmann, Sabine: Die deutschsprachige Pastourelle. 13. bis 16. Jahrhundert. Göppingen 1985.

Brunner, Horst: Das deutsche Liebeslied um 1400. In: Gesammelte Vorträge der 600-Jahrfeier Oswalds von Wolkenstein. Hg. v. Hans-Dieter Mück u. Ulrich Müller. Göppingen 1978, S. 105-146.

–: Minnesangs Ende. Die Absage an die Geliebte im Minnesang. In: *Durch aubenteuer muess man wagen vil*. Festschrift Anton Schwob. Hg. v. Wernfried Hofmeister u. Bernd Steinbauer. Innsbruck 1997, S. 47-59.
–: Minnesang. In: Die Musik in Geschichte und Gegenwart. 2. Aufl. Sachteil. Bd. 6 (1997) (a), Sp. 302-313.
–: Geschichte der deutschen Literatur des Mittelalters im Überblick. 3. Aufl. Stuttgart 2003.
Brunner, Horst (Hg.): Neidhart. Darmstadt 1986.
Cramer, Thomas: Minnesang in der Stadt. Überlegungen zur Lyrik Konrads von Würzburg. In: Literatur, Publikum, historischer Kontext. Hg. v. Gert Kaiser. Bern u.a. 1977, S. 91-108.
–: *Sô sint doch gedanke frî*. Zur Lieddichtung Burgharts von Hohenfels und Gottfrieds von Neifen. In: Liebe als Literatur. Aufsätze zur erotischen Dichtung in Deutschland. Hg. v. Rüdiger Krohn. München 1983, S. 47-61.
–: *Waz hilfet âne sinne kunst?* Lyrik im 13. Jahrhundert. Studien zu ihrer Ästhetik. Berlin 1998.
Diehr, Achim: Mediale Doppelgestalt. Text und Melodie in Frauenlobs *Minneleich*. In: Jahrbuch der Oswald von Wolkenstein Gesellschaft 10 (1998), S. 93-110.
–: Literatur und Musik im Mittelalter. Eine Einführung. Berlin 2004.
Edwards, Cyril: Von Archilochos zu Walther von der Vogelweide. Zu den Anfängen der Pastourelle in Deutschland. In: Lied im deutschen Mittelalter. Typen–Überlieferung–Gebrauch. Hg. v. Cyril Edwards u.a. Tübingen 1996, S. 1-25.
Egidi, Margreth: Höfische Liebe: Entwürfe der Sangspruchdichtung. Literarische Verfahrensweisen von Reinmar von Zweter bis Frauenlob. Heidelberg 2002.
–: Poetik der Unterscheidung. Zur Frauenlobs Liedern. In: Studien zu Frauenlob und Heinrich von Mügeln. Festschrift Karl Stackmann. Hg. v. Jens Haustein u. Ralf-Henning Steinmetz. Freiburg (Schweiz) 2002 (a), S. 103-123.
Eikelmann, Manfred: Denkformen im Minnesang. Untersuchungen zu Aufbau, Erkenntnisleistung und Anwendungsgeschichte konditionaler Strukturmuster des Minnesangs bis um 1300. Tübingen 1988.
–: *Ahi, wie blüt der anger miner ougen*. Todesmotivik und Sprachgestalt in Frauenlobs Lied 4. In: Wolfram-Studien 10 (1988) (a), S. 169-178.
–: *wie sprach sie dô? war umbe redte ich dô niht mê?* Zu Form und Sinngehalt narrativer Elemente in der Minnekanzone. In: Wechselspiele. Kommunikationsformen und Gattungsinterferenzen mittelhochdeutscher Lyrik. Hg. v. Michael Schilling u. Peter Strohschneider. Heidelberg 1996, S. 19-42.
Fischer, Ursel: Meister Johans Hadloub. Autorbild und Werkkonzeption der Manessischen Liederhandschrift. Stuttgart 1996.
Fritsch, Bruno: Die erotischen Motive in den Liedern Neidharts. Göppingen 1976.
Gaier, Ulrich: Satire. Studien zu Neidhart, Wittenwiler, Brant und zur satirischen Schreibart. Tübingen 1967.
Gerhardt, Christoph: Burkarts von Hohenfels *Nâch des aren site ir êre* (KLD 6,II). In: Beiträge zur weltlichen und geistlichen Lyrik des 13. bis 15. Jahrhunderts. Hg. v. Kurt Ruh u. Werner Schröder. Berlin 1973, S. 54-67.
Giloy-Hirtz, Petra: Deformation des Minnesangs. Wandel literarischer Kommunikation und gesellschaftlicher Funktionsverlust in Neidharts Liedern. Heidelberg 1982.
Glier, Ingeborg: Der Minneleich im späten 13. Jahrhundert. In: Werk – Typ – Situation. Festschrift Hugo Kuhn. Hg. v. Ingeborg Glier u.a. Stuttgart 1969, S. 161-183.

– : Konkretisierung im Minnesang des 13. Jahrhunderts. In: From Symbol to Mimesis. The Generation of Walther von der Vogelweide. Hg. v. Franz H. Bäuml. Göppingen 1984, S. 150-168.

Goheen, Jutta: Mittelalterliche Liebeslyrik von Neidhart von Reuental bis zu Oswald von Wolkenstein. Eine Stilkritik. Berlin 1984.

Greenfield, John: *wahtaere, swîc*. Überlegungen zur Figur des Wächters im *tageliet*. In: Die Burg im Minnesang und als Allegorie im deutschen Mittelalter. Hg. v. Ricarda Bauschke. Frankfurt a.M. u.a. 2006, S. 41-61.

Grubmüller, Klaus: Minne und Geschichtserfahrung. Zum ›Frauendienst‹ Ulrichs von Liechtenstein. In: Geschichtsbewußsein in der deutschen Literatur des Mittelalters. Hg. v. Christoph Gerhardt u.a. Tübingen 1985, S. 37-51.

Grunewald, Eckhard: Die Zecher- und Schlemmerliteratur des Spätmittelalters. Köln 1976.

Haas, Norbert: Trinklieder des deutschen Spätmittelalters. Philologische Studien anhand ausgewählter Beispiele. Göppingen 1991.

Händl, Claudia: Rollen und pragmatische Einbindung. Analysen zur Wandlung des Minnesangs nach Walther von der Vogelweide. Göppingen 1987.

Haferland, Harald: Hohe Minne. Zur Beschreibung der Minnekanzone. Berlin 2000.

Hages-Weißflog, Elisabeth: Zu Neidharts Sommerlied 12 und Winterlied 37. In: Zeitschrift für deutsche Philologie 117 (1998), S. 346-360.

Hartmann, Sieglinde: Ulrich von Winterstetten und die ›Materie‹ des Dichtens. Eine Interpretationsstudie zu Lied KLD Nr. XVI. In: *Ist zwîfel herzen nâchgebûr*. Festschrift Günther Schweikle. Hg. v. Rüdiger Krohn. Stuttgart 1989, S. 105-126.

Haubrichs, Wolfgang: Die Epiphanie der Person. Zum Spiel mit Biographiefragmenten in mittelhochdeutscher Lyrik des 12. und 13. Jahrhunderts. In: Autor und Autorschaft im Mittelalter. Hg. v. Elizabeth Andersen u.a. Tübingen 1998, S. 129-147.

Haufe, Hendrijke: Minne, Lärm und Gewalt. Zur Konstruktion von Männlichkeit in Winterliedern Neidharts. In: Aventiuren des Geschlechts. Modelle von Männlichkeit in der Literatur des 13. Jahrhunderts. Hg. v. Martin Baisch u.a. Göttingen 2003, S. 101-119.

Hausmann, Albrecht: Rudolf von Rotenburg im Budapester Fragment? In: Entstehung und Typen mittelalterlicher Lyrikhandschriften. Hg. v. Anton Schwob u. András Vizkelety. Bern u.a. 2001, S. 65-77.

Hausner, Renate: Spiel mit dem Identischen. Studien zum Refrain deutschsprachiger lyrischer Dichtung des 12. und 13. Jahrhunderts. In: Sprache – Text – Geschichte. Hrsg. v. Peter K. Stein. Göppingen 1980, S. 281-384.

Haustein, Jens: Marner-Studien. Tübingen 1995.

– : Neidharts *hiuselîn* in intertextueller Perspektive. In: Eine Epoche im Umbruch. Volkssprachliche Literalität 1200–1300. Hg. v. Christa Bertelsmeier-Kierst u. Christopher Young. Tübingen 2003, S. 307-316.

– : Gattungsinterferenzen in Sangspruch und Minnelied des Kanzlers. In: Sangspruchdichtung. Gattungskonstitution und Gattungsinterferenzen im europäischen Kontext. Hg. v. Dorothea Klein u.a. Tübingen 2007, S. 169-186.

Haustein, Jens u. Steinmetz, Ralf-Henning (Hg.): Studien zu Frauenlob und Heinrich von Mügeln. Festschrift Karl Stackmann. Freiburg, Schweiz 2002.

Heinen, Hubert: Ulrich von Liechtenstein: *Homo (il)litteratus* or Poet/Performer? In: Journal of English and Germanic Philology 83 (1984), S. 159-172.

– : Poetic Truth and the Appearance of Reality in Ulrich von Liechtenstein's Dawn Songs. In: From Symbol to Mimesis. The Generation of Walther von der Vogelweide. Hg. v. Franz H. Bäuml. Göppingen 1984 (a), S. 169-189.

–: Ulrich von Liechtenstein's Sense of Genre. In: Genres in Medieval German Literature. Hg. v. Hubert Heinen u. Ingeborg Henderson. Göppingen 1986, S. 16-29.

Heinzle, Joachim: Wandlungen und Neuansätze im 13. Jahrhundert (1220/30-1289/90). 2. Aufl. Frankfurt a.M. 1994.

Hoffmann, Werner: Tageliedkritik und Tageliedparodie in mittelhochdeutscher Zeit. In: Germanisch-Romanische Monatsschrift 35 (1985), S. 157-178.

–: Minnesang in der Stadt. In: Mediaevistik 2 (1989), S. 185-202.

Hofmeister, Wernfried: Die steirischen Minnesänger. Göppingen 1987.

Holznagel, Franz-Josef: Wege in die Schriftlichkeit. Untersuchungen und Materialien zur Überlieferung der mittelhochdeutschen Lyrik. Tübingen, Basel 1995.

–: Typen der Verschriftlichung mittelhochdeutscher Lyrik vom 12. bis zum 14. Jahrhundert. In: Entstehung und Typen mittelalterlicher Lyrikhandschriften. Hg. v. Anton Schwob u. András Vizkelety. Bern u.a. 2001, S. 107-130.

–: *Habe ime wîs und wort mit mir gemeine...* Retextualisierungen in der deutschsprachigen Lyrik des Mittelalters. Eine Skizze. In: Zeitschrift für deutsche Philologie 124 (2005), Sonderheft, S. 47-81.

–: u.a.: Geschichte der deutschen Lyrik. Stuttgart 2004.

Huber, Christoph: *Wort sint der dinge zeichen.* Untersuchungen zum Sprachdenken der mittelhochdeutschen Spruchdichtung bis Frauenlob. München 1977.

–: Die Aufnahme und Verarbeitung des Alanus ab Insulis in mittelhochdeutschen Dichtungen. Untersuchungen zu Thomasin von Zerklære, Gottfried von Straßburg, Frauenlob, Heinrich von Neustadt, Heinrich von St. Gallen, Heinrich von Mügeln und Johannes Tepl. München 1988.

–: Wege aus der Liebesparadoxie. Zum Minnesang Heinrichs von Mügeln im Blick auf Konrad von Würzburg. In: Gattungen und Formen des europäischen Liedes vom 14. bis zum 16. Jahrhundert. Münster u.a. 2005, S. 89-110.

Hübner, Gert: Versuch über Konrad von Würzburg als Minnelyriker. In: Artibus. Kulturwissenschaft und deutsche Philologie des Mittelalters und der frühen Neuzeit. Festschrift Dieter Wuttke. Hg. v. Stephan Füssel u.a. Wiesbaden 1994, S. 63-94.

–: Frauenpreis. Studien zur Funktion der laudativen Rede in der mittelhochdeutschen Minnekanzone. 2 Bde. Baden-Baden 1996.

–: *Gerne ich von dem selben spraeche ...* Leibhaftiges in Liechtensteins Liedern. In: Ich – Ulrich von Liechtenstein. Literatur und Politik im Mittelalter. Hg. v. Franz Viktor Spechtler u. Barbara Maier. Klagenfurt 1999, S. 319-345.

–: Lobblumen. Studien zur Genese und Funktion der ›Geblümten Rede‹. Tübingen, Basel 2000.

–: Die Rhetorik der Liebesklage im 15. Jahrhundert. Überlegungen zu Liebeskonzeption und poetischer Technik im ›mittleren System‹. In: Deutsche Liebeslyrik im 15. und 16. Jahrhundert. Hg. v. Gert Hübner. Amsterdam, New York 2005, S. 83-117.

Jaehrling, Helke: Die Gedichte Burkharts von Hohenfels. Hamburg 1970.

Jaehrling, Klaus-Dieter: Die Lieder Ottos von Bodenlouben. Hamburg 1970.

Janota, Johannes: Freiheit der Gedanken. In: Germanisch-Romanische Monatsschrift 52 (2002), S. 3-17.

–: Orientierung durch volkssprachliche Schriftlichkeit (1280/90-1380/90). Tübingen 2004.

Janssen, Hildegard: Das sogenannte ›Genre objectif‹. Zum Problem mittelalterlicher literarischer Gattungen, dargestellt an den Sommerliedern Neidharts. Stuttgart 1980.

Kartschoke, Dieter: Ulrich von Liechtenstein und die Laienkultur des deutschen Südostens im Übergang zur Schriftlichkeit. In: Die mittelalterliche Literatur in Kärnten. Hg. v. Peter Krämer. Wien 1981, S. 103-143.

Kasten, Ingrid: Die Pastourelle im Gattungssystem der höfischen Lyrik. In: Lied im deutschen Mittelalter. Überlieferung – Typen – Gebrauch. Hg. v. Cyril Edwards u.a. Tübingen 1996, S. 27-41.

Kern, Manfred: Von Parisjüngern und neuen Helenen. Anmerkungen zur antiken Mythologie im Minnesang. In: Neophilologus 83 (1999), S. 577-599.

Kischkel, Heinz: Tannhäusers heimliche Trauer. Über die Bedingungen von Rationalität und Subjektivität im Mittelalter. Tübingen 1998.

Klein, Dorothea: Der Sänger in der Fremde. Interpretation, literarhistorischer Stellenwert und Textfassungen von Neidharts Sommerlied 11. In: Zeitschrift für deutsches Altertum und deutsche Literatur 129 (2000), S. 1-30.

Klein, Thomas: Zur Verbreitung mittelhochdeutscher Lyrik in Norddeutschland (Walter, Neidhart, Frauenlob). In: Zeitschrift für deutsche Philologie 106 (1987), S. 72-112.

Knapp, Fritz Peter: Die Literatur des Früh- und Hochmittelalters in den Bistümern Passau, Salzburg, Brixen und Trient von den Anfängen bis zum Jahre 1273. Graz 1994.

Köbele, Susanne: Frauenlobs Lieder. Parameter einer literarhistorischen Standortbestimmung. Tübingen, Basel 2003.

Köhler, Erich: Pastorela. In: Grundriß der romanischen Literaturen des Mittelalters. Hg. v. Hans-Robert Jauß u.a. Bd. 2/1,5. Heidelberg 1979, S. 33-43.

Koller, Erwin: Mutter-Tochter-Dialoge in *cantigas de amigo* und bei Neidhart. In: Frauenlieder. Cantigas de amigo. Hg. v. Thomas Cramer u.a. Stuttgart 2000, S. 103-122.

Kragl, Florian: Walther, Neidhart und die Musik. Samt einem Anhang: Zur Erforschung der Musik des Minnesangs bis 1300. In: Der achthundertjährige Pelzrock. Walther von der Vogelweide – Wolfger von Erla – Zeiselmauer. Hg. v. Helmut Birkhan. Wien 2005, S. 273-346.

– : Walther, Neidhart und die Musik. Möglichkeiten der musikalischen Analyse. In: Der mittelalterliche und der neuzeitliche Walther. Beiträge zu Motivik, Poetik, Überlieferungsgeschichte und Rezeption. Hg. v. Thomas Bein. Frankfurt a.M. u.a. 2007, S. 165-212.

Kreibich, Christina: Der mittelhochdeutsche Minneleich. Ein Beitrag zu seiner Inhaltsanalyse. Würzburg 2000.

Kühnel, Jürgen: Zu den Tageliedern Ulrichs von Liechtenstein. In: Jahrbuch der Oswald von Wolkenstein Gesellschaft 1 (1980/81), S. 99-138.

– : Der Minnesänger Tannhäuser. Zu Form und Funktion des Minnesangs im 13. Jahrhundert. In: Ergebnisse der XXI. Jahrestagung des Arbeitskreises »Deutsche Literatur des Mittelalters«. Greifswald 1989, S. 125-151.

– : Aus Neidharts Zettelkasten. Zur Überlieferung und Textgeschichte des Neidhartschen Sommerliedes 23. In: *Dâ hoeret ouch geloube zuo.* Überlieferungs- und Echtheitsfragen zum Minnesang. Hg. v. Rüdiger Krohn. Stuttgart, Leipzig 1995, S. 103-173.

Kuhn, Hugo: Minnesangs Wende. 2. Aufl. Tübingen 1967.

Laude, Corinna: Minnesangs Ohnmacht – Minnesangs Chance. Zur Kunstauffassung Ulrichs von Winterstetten. In: Germanisch-Romanische Monatsschrift 53 (2003), S. 1-26.

– : Walthers *Enzwischen* und Neidharts Spiegelraub. Beobachtungen zur poetologischen Funktion von Leerstellen im Minnesang. In: Der mittelalterliche und der neuzeitliche Walther. Beiträge zu Motivik, Poetik, Überlieferungsgeschichte und Rezeption. Hg. v. Thomas Bein. Frankfurt a.M. u.a. 2007, S. 213-232.

Leppin, Rena: Studien zur Lyrik des 13. Jahrhunderts. Tanhuser, Friedrich von Leiningen. Göppingen 1980.

– : Johannes Hadlaubs ›Nachtlied‹. In: Jahrbuch der Oswald von Wolkenstein Gesellschaft 3 (1984/85), S. 203-231.

Lieb, Ludger: Die Eigenzeit der Minne. Zur Funktion des Jahreszeitentopos im Hohen Minnesang. In: Literarische Kommunikation und soziale Interaktion. Studien zur Institutionalität mittelalterlicher Literatur. Hg. v. Beate Kellner u.a. Frankfurt a.M. 2001, S. 183-206.

Lienert, Elisabeth: Spiegelraub und rote Stiefel. Selbstzitate in Neidharts Liedern. In: Zeitschrift für deutsches Altertum und deutsche Literatur 118 (1989), S. 1-16.

–: Gattungsinterferenzen im späten Minnesang. Gottfrieds von Neifen ›Wiegenlied‹ als Antitagelied-Parodie. In: Zeitschrift für deutsches Altertum und deutsche Literatur 125 (1996), S. 264-275.

–: *Hœrâ, Walther, wie ez mir stât.* Autorschaft und Sängerrolle im Minnesang bis Neidhart. In: Autor und Autorschaft im Mittelalter. Hg. v. Elizabeth Andersen u.a. Tübingen 1998, S. 114-128.

Lindemann, Dorothee: Studien zur Neidhart-Tradition. Untersuchungen zu den Liedern c 2, 8 und 15/16 der Berliner Handschrift c (Edition und Kommentar), zum Spiegelraubmotiv und zu den Fürst-Friedrich-Liedern. Herne 2004.

Linden, Sandra: Die Liedüberschriften im ›Frauendienst‹ Ulrichs von Lichtenstein und die Handschriftenlücke vor der Artusfahrt. Ein Klärungsversuch. In: Zeitschrift für deutsche Philologie 122 (2003), S. 409-415.

–: Kundschafter der Kommunikation. Modelle höfischer Kommunikation im ›Frauendienst‹ Ulrichs von Lichtenstein. Tübingen, Basel 2004.

Lübben, Gesine: »Ich singe daz wir alle werden vol«. Das Steinmar-Oeuvre der Manessischen Liederhandschrift. Stuttgart 1994.

März, Christoph: Frauenlobs Marienleich. Untersuchungen zur spätmittelalterlichen Monodie. Erlangen 1987.

–: Lai, Leich. In: Die Musik in Geschichte und Gegenwart. 2. Aufl. Sachteil. Bd. 5 (1996), Sp. 852-867.

–: Liedkorrespondenzen. Zu Guillaumes de Machaut ›Le Voir Dit‹ und einigen deutschen Liedern. In: Literatur und Wandmalerei II. Konventionalität und Konversation. Hg. v. Eckart Conrad Lutz u.a. Tübingen 2005, S. 95-107.

–: Die Jahreszeiten der Sentimente. Zum »Natureingang« in den Liedern Neidharts. In: Deutsche Sprache und Literatur im Donauraum. Hg. v. Christine Pfau u. Kristyna Slámová. Olomouc 2006, S. 221-236.

Mehler, Ulrich: Techniken der Parodierung. Dargestellt an ausgewählten Beispielen der mittel- und frühneuhochdeutschen Tageliedparodie. In: Architectura poetica. Festschrift Johannes Rathofer. Hg. v. Ulrich Ernst u. Bernhard Sowinski. Köln, Wien 1990, S. 253-276.

Mertens, Volker: Erzählerische Kleinstformen. Die genres objectifs im deutschen Minnesang: »Fragmente eines Diskurses über die Liebe«. In: Kleinere Erzählformen im Mittelalter. Hg. v. Klaus Grubmüller u.a. Paderborn, München u.a. 1988, S. 49-65.

–: Hiltbolt von Schwangau. Versuch über einen Minderdichter des 13. Jahrhunderts als Beitrag zu einer nachklassischen Ästhetik des Minnesangs. In: *bickelwort* und *wildiu maere.* Festschrift Eberhard Nellmann. Hg. v. Dorothee Lindemann u.a. Göppingen 1995, S. 294-312.

–: Liebesdichtung und Dichterliebe. Ulrich von Liechtenstein und Johannes Hadloub. In: Autor und Autorschaft im Mittelalter. Hg. v. Elizabeth Andersen u.a. Tübingen 1998, S. 200-210.

–: ›Biographisierung‹ in der spätmittelalterlichen Lyrik. Dante – Hadloub – Oswald von Wolkenstein. In: Kultureller Austausch und Literaturgeschichte im Mittelalter. Hg. v. Ingrid Kasten u.a. Sigmaringen 1998 (a), S. 331-334.

– : Der Sänger und das Buch. Minnesang zwischen Performanz und Schriftlichkeit. In: Paragrana 7.1 (1998) (b), S. 113-134.

Meves, Uwe u.a. (Hg.): Regesten deutscher Minnesänger des 12. und 13. Jahrhunderts. Berlin, New York 2005.

Meyer, Matthias: ›Objektivierung als Subjektivierung‹. Zum Sänger im späten Minnesang. In: Autor und Autorschaft im Mittelalter. Hg. v. Elizabeth Andersen u.a. Tübingen 1998, S. 185-199.

Millet, Viktor: Der Mutter-Tochter-Dialog und der Erzähler in Neidharts Sommerliedern. In: Frauenlieder. Cantigas de amigo. Hg. v. Thomas Cramer u.a. Stuttgart 2000, S. 123-132.

Müller, Jan-Dirk: Lachen – Spiel – Fiktion. Zum Verhältnis von literarischem Diskurs und historischer Realität im ›Frauendienst‹ Ulrichs von Lichtenstein. In: Deutsche Vierteljahrsschrift für Literaturwissenschaft und Geistesgeschichte 58 (1984), S. 38-73.

– : Strukturen gegenhöfischer Welt: Höfisches und nicht-höfisches Sprechen bei Neidhart. In: Höfische Literatur – Hofgesellschaft – Höfische Lebensformen um 1200. Hg. v. Gert Kaiser u. Jan-Dirk Müller. Düsseldorf 1986, S. 409-451.

– : Jahreszeitenrhythmus als Kunstprinzip. In: Rhythmus und Saisonalität. Hg. v. Peter Dilg u.a. Sigmaringen 1995, S. 29-47.

– : Ritual, Sprecherfiktion und Erzählung. Literarisierungstendenzen im späteren Minnesang. In: Wechselspiele. Kommunikationsformen und Gattungsinterferenzen mittelhochdeutscher Lyrik. Hg. v. Michael Schilling u. Peter Strohschneider. Heidelberg 1996, S. 43-74.

– : Männliche Stimme – weibliche Stimme in Neidharts Sommerliedern. In: Bi-Textualität. Inszenierungen des Paares. Hg. v. Annegret Heitmann u.a. Berlin 2001, S. 334-345.

– : Minnesang und Literaturtheorie. Hg. v. Ute v. Bloh u.a. Tübingen 2001 (a).

– : Präsens und Präsenz. Einige Beobachtungen zum Tempusgebrauch bei Neidhart. In: Zeit und Text. Philosophische, kulturanthropologische, literarhistorische und linguistische Beiträge. Hg. v. Andreas Kablitz u.a. München 2003, S. 192-207.

Müller, Ulrich: Neidharts Pastourellen der ›Manessischen Handschrift‹. Unechter »Schmutz« oder die Kehrseite der Medaille? In: Entzauberung der Welt. Deutsche Literatur 1200-1500. Hg. v. James F. Poag u. Thomas C. Fox. Tübingen 1989, S. 73-88.

– : Der Autor – Produkt und Problem der Überlieferung. Wunsch- und Angstträume eines Mediävisten anläßlich des mittelalterlichen Liedermachers Neidhart. In: Der Autor im Dialog. Beiträge zu Autorität und Autorschaft. Hg. v. Philipp Ingold u. Werner Wunderlich. St. Gallen 1995, S. 33-53.

Neudeck, Otto: Tradition und Gewalt. Zur Verknüpfung von konträren Minnekonzepten bei Johannes Hadlaub. In: Walther verstehen – Walther vermitteln. Neue Lektüren und didaktische Überlegungen. Hg. v. Thomas Bein. Frankfurt a.M. u.a. 2004, S. 141-155.

Obermaier, Sabine: Von Nachtigallen und Handwerkern. »Dichtung über Dichtung« in Minnesang und Sangspruchdichtung. Tübingen 1995.

Ortmann, Christa u.a.: Literarisches Handeln als Medium kultureller Selbstdeutung am Beispiel von Neidharts Liedern. In: Internationales Archiv für Sozialgeschichte der deutschen Literatur 1 (1976), S. 1-29.

Oswald, Marion: *wan sang hat bovn vnd wiurzen da.* Zur Inszenierung von Sangtradition und Gönnerrolle, zu Geltungsansprüchen und Legitimationsstrategien in Johannes Hadloubs Liedern. In: Geltung der Literatur. Formen ihrer Autorisierung und Legitimierung im Mittelalter. Hg. v. Beate Kellner u.a. Berlin 2005, S. 29-42.

Paule, Gabriela: Der Tanhûser. Organisationsprinzipien der Werküberlieferung in der Manesseschen Handschrift. Stuttgart 1994.

Peters, Ursula: Frauendienst. Untersuchungen zu Ulrich von Lichtenstein und zum Wirklichkeitsgehalt des Minnesangs. Diss. FU Berlin 1970.

–: Literatur in der Stadt. Studien zu den sozialen Voraussetzungen und kulturellen Organisationsformen städtischer Literatur im 13. und 14. Jahrhundert. Tübingen 1983.

–: Neidharts Dörperwelt. Mittelalter-Philologie zwischen Gesellschaftsgeschichte und Kulturanthropologie. In: Nach der Sozialgeschichte. Konzepte einer Literaturwissenschaft zwischen Historischer Anthropologie, Kulturgeschichte und Medientheorie. Hg. v. Martin Huber u. Gerhard Lauer. Tübingen 2000, S. 445-154.

Räkel, Hans-Herbert u. Aubrey, Elisabeth: Troubadours, Trouvères. In: Die Musik in Geschichte und Gegenwart. 2. Aufl. Sachteil. Bd. 9 (1998), Sp. 921-971.

Ragotzky, Hedda: Zur Bedeutung von Minnesang als Institution am Hof. Neidharts Winterlied 29. In: Höfische Literatur – Hofgesellschaft – Höfische Lebensformen um 1200. Hg. v. Gert Kaiser u. Jan-Dirk Müller. Düsseldorf 1986, S. 471-488.

–: Minnethematik, Herrscherlob und höfischer Maitanz. Zum I. Leich des Tannhäusers. In: Ergebnisse der 21. Jahrestagung des Arbeitskreises »Deutsche Literatur des Mittelalters«. Greifswald 1989, S. 101-125.

Ranawake, Silvia: Höfische Strophenkunst. Vergleichende Untersuchungen zur Formentypologie von Minnesang und Trouvèrelied an der Wende zum Spätmittelalter. München 1976.

–: *der manne muot – der wîbe site.* Zur Minnedidaxe Walthers von der Vogelweide und Ulrichs von Lichtenstein. In: Walther von der Vogelweide. Hamburger Kolloquium 1988. Hg. v. Jan-Dirk Müller u. Franz Josef Worstbrock. Stuttgart 1989, S. 177-196.

–: *hübscher klaffe vil.* Das Werbegespräch Ulrichs von Winterstetten (KLD Nr. 11) und das deutsche Dialoglied. In: Dialoge. Sprachliche Kommunikation in und zwischen Texten im deutschen Mittelalter. Hg. v. Nikolaus Henkel u.a. Tübingen 2003, S. 175-188.

Renk, Herta-Elisabeth: Der Manessekreis, seine Dichter und die Manessische Handschrift. Stuttgart u.a. 1974.

Rettelbach, Johannes: Minnelied und Sangspruch: Formale Differenzen und Interferenzen bei der Tonkonstitution im 13. Jahrhundert. In: Sangspruchdichtung. Gattungskonstitution und Gattungsinterferenzen im europäischen Kontext. Hg. v. Dorothea Klein u.a. Tübingen 2007, S. 153-167.

Rischer, Christelrose: Zum Verhältnis von literarischer und sozialer Rolle in den Liedern Neidharts. In: Deutsche Literatur im Mittelalter. Kontakte und Perspektiven. Hg. v. Christoph Cormeau. Stuttgart 1979, S. 184-210.

–: *wie süln die vrowen danne leben?* Zum Realitätsstatus literarischer Fiktion am Beispiel des ›Frauendienstes‹ von Ulrich von Lichtenstein. In: Grundlagen des Verstehens mittelalterlicher Literatur. Literarische Texte und ihr historischer Erkenntniswert. Hg. v. Gerhard Hahn u. Hedda Ragotzky. Stuttgart 1992, S. 133-157.

Rüther, Hanno: Der Mythos von den Minnesängern. Die Entstehung der Moringer-, Tannhäuser- und Bremberger-Ballade. Köln u.a. 2007.

Ruh, Kurt: Neidharts Lieder. Eine Beschreibung des Typus. In: Studien zur deutschen Literatur und Sprache des Mittelalters. Festschrift Hugo Moser. Hg. v. Werner Besch u.a. Berlin 1974, S. 151-168.

Scheer, Eva B.: *daz geschach mir durch ein schouwen.* Wahrnehmung durch Sehen in ausgewählten Texten des deutschen Minnesangs bis zu Frauenlob. Frankfurt a.M. u.a. 1990.

Schiendorfer, Max: Ulrich von Singenberg, Walther und Wolfram. Zur Parodie in der höfischen Literatur. Bonn 1983.

–: Handschriftliche Mehrfachzuweisungen: Zeugen sängerischer Interaktion im Mittelalter? Zu einigen Tönen namentlich aus der Hohenburg-, Rotenburg- und Walther-Überlieferung. In: Euphorion 79 (1985), S. 66-94.
–: Ein regionalpolitisches Zeugnis bei Johannes Hadlaub (SMS 2). Überlegungen zur historischen Realität des sogenannten »Manessekreises«. In: Zeitschrift für deutsche Philologie 112 (1993), S. 37-65.
–: Ulrich von Baumburg: Trutz, trutz, trutz – ein ›echtes‹ Produkt des Manessischen *von Bûwenburg*? In: *Dâ hoeret ouch geloube zuo.* Überlieferungs- und Echtheitsfragen zum Minnesang. Hg. v. Rüdiger Krohn. Stuttgart, Leipzig 1995, S. 155-176.
–: Walther von Klingen: Vorsitzender eines Basler Sängerkreises? Eine regionalgeschichtliche Fallstudie. In: Zeitschrift für deutsche Philologie 122 (2003), Sonderheft, S. 203-229.
–: Minnesang als Leselyrik – Mouvance – Rollen- und Sprachspiele. Eine Antwort auf Thomas Cramers Umwertung aller Werte. In: Zeitschrift für deutsche Philologie 122 (2003), S. 392-408.
Schiewer, Hans-Jochen: Der ›Club der toten Dichter‹. Beobachtungen zur Generation nach Walther. In: Walther von der Vogelweide. Hg. v. Thomas Bein. Frankfurt a.M. u.a. 2002, S. 249-276.
Schilling, Michael: Minnesang als Gesellschaftskunst und Privatvergnügen. Gebrauchsformen und Funktionen der Lieder im ›Frauendienst‹ Ulrichs von Liechtenstein. In: Wechselspiele. Kommunikationsformen und Gattungsinterferenzen mittelhochdeutscher Lyrik. Hg. v. Michael Schilling u. Peter Strohschneider. Heidelberg 1996, S. 103-121.
Schnyder, André: Das Tagelied Günthers von dem Forste: Ein parodistisches Kunstwerk? In: Jahrbuch der Oswald von Wolkenstein Gesellschaft 10 (1998), S. 327-339.
Schröder, Werner (Hg.): Wolfram-Studien X. Cambridger Frauenlob-Colloquium 1986. Berlin 1988.
Schulze, Ursula: *stube* und *strâze*. Geschehensräume in Neidharts Liedern. In: Die Burg im Minnesang und als Allegorie im deutschen Mittelalter. Hg. v. Ricarda Bauschke. Frankfurt a.M. u.a. 2006, S. 75-91.
Schwarz, Hans: Das Diminutiv mhd. *meinel* beim Tannhäuser und das Grundwort *mein* im Faszschwank. In: Zeitschrift für deutsche Philologie 119 (2000), S. 397-409.
Schwarz, Jan-Christian: *derst alsô getoufet daz in niemen nennen sol.* Studien zu Vorkommen und Verwendung der Personennamen in den Neidhart-Liedern. Hildesheim u.a. 2005.
Schweikle, Günther: Minnesang. 2. Aufl. Stuttgart 1995.
–: Neidhart. Stuttgart 1990.
Spechtler, Franz Viktor: Ulrich von Liechtenstein: Frauendienst. Aus dem Mittelhochdeutschen ins Neuhochdeutsche übertragen. Klagenfurt 2000.
Spechtler, Franz Viktor u. Maier, Barbara (Hg.): Ich – Ulrich von Liechtenstein. Literatur und Politik im Mittelalter. Klagenfurt 1999.
Stackmann, Karl: Mittelalterliche Texte als Aufgabe. Hg. v. Jens Haustein. Göttingen 1997.
–: Philologie und Lexikographie. Hg. v. Jens Haustein. Göttingen 1998.
–: Frauenlob, Heinrich von Mügeln und ihre Nachfolger. Hg. v. Jens Haustein. Göttingen 2002.
Steinmetz, Ralf-Henning: Liebe als universales Prinzip bei Frauenlob. Ein volkssprachlicher Weltentwurf in der europäischen Dichtung um 1300. Tübingen 1994.
–: Weltlich-geistliche Tierallegorese in Frauenlobs Lied 4. In. Archiv für das Studium der neueren Sprachen und Literaturen 153 (2001), S. 260-279.

Stock, Markus: Die unmögliche Empörung des Sängers. Zu Heinrichs von Morungen ›*Ich wil eine reise*‹ und Burkharts von Hohenfels ›*Mich müet daz sô manger sprichet*‹. In: Zeitschrift für Literaturwissenschaft und Linguistik 29 (1999), H. 114, S. 156-166.

–: Männlichkeit in der Lyrik Burkharts von Hohenfels. In: Aventiuren des Geschlechts. Modelle von Männlichkeit in der Literatur des 13. Jahrhunderts. Hg. v. Martin Baisch u.a. Göttingen 2003, S. 77-100.

–: Das volle Wort – Sprachklang im späteren Minnesang. Gottfried von Neifen, *Wir suln aber schône enpfâhen* (KLD Lied 3). In: Text und Handeln. Zum kommunikativen Ort von Minnesang und antiker Lyrik. Hg. v. Albrecht Hausmann u.a. Heidelberg 2004, 185-202.

–: *in den muot gebildet*. Das innere Bild als poetologische Metapher bei Burkhart von Hohenfels. In: Im Wortfeld des Textes. Worthistorische Beiträge zu den Bezeichnungen von Rede und Schrift im Mittelalter. Hg. v. Gerd Dicke u.a. Berlin, New York 2006, S. 211-230.

Stolz, Michael: Die Aura der Autorschaft. Dichterprofile in der Manessischen Liederhandschrift. In: Buchkultur im Mittelalter. Schrift – Bild – Kommunikation. Hg. v. Michael Stolz u. Adrian Mettauer. Berlin 2005, S. 67-99.

Streicher, Gebhard: Minnesangs Refrain. Die Refrain-Kanzonen des Ulrich von Winterstetten. Bauformengrammatik, Aufführungsstruktur, Überlieferungsgebrauch. Göppingen 1984.

Strohschneider, Peter: Tanzen und Singen. Leichs von Ulrich von Winterstetten, Heinrich von Sax sowie dem Tannhäuser und die Frage nach dem rituellen Status des Minnesangs. In: Mittelalterliche Lyrik. Probleme der Poetik. Hg. v. Thomas Cramer u. Ingrid Kasten. Berlin 1999, S. 197-231.

–: The Body of the Singer. Sensory Perception and the Production of Meaning in Steinmar's Song of Singing. In: Modern Language Notes 121 (2006), S. 740-756.

Tervooren, Helmut: Zu Tannhäusers II. Leich. In: Zeitschrift für deutsche Philologie 97 (1978), S. 24-42.

–: Das Spiel mit der höfischen Liebe. Minneparodien im 13. bis 15. Jahrhundert. In: Zeitschrift für deutsche Philologie 104 (1985), Sonderheft, S. 135-157.

–: Säkularisierungen und Sakralisierungen in der deutschen Liebeslyrik des Mittelalters. In: Glaube, Kritik, Phantasie. Europäische Aufklärung in Religion und Politik, Wissenschaft und Literatur. Frankfurt a.M. 1993, S. 213-231.

–: Flachsdreschen und Birnenessen. Zu Neidharts Winterlied 8: *Wie sol ich die bluomen überwinden*. In: *bickelwort* und *wildiu maere*. Festschrift Eberhard Nellmann. Hg. v. Dorothee Lindemann u.a. Göppingen 1995, S. 272-293.

Tervooren, Helmut (Hg.): Gedichte und Interpretationen. Mittelalter. Stuttgart 1993.

Titzmann, Michael: Die Umstrukturierung des Minnesang-Sprachsystems zum ›offenen‹ System bei Neidhart. In: Deutsche Vierteljahrsschrift für Literaturwissenschaft und Geistesgeschichte 45 (1971), S. 481-514.

Tomasek, Tomas: Die mittelhochdeutschen Lieder vom Flachsschwingen. In: Lied im deutschen Mittelalter. Überlieferung – Typen – Gebrauch. Hg. v. Cyril Edwards u.a. Tübingen 1996, S. 115-128.

–: Komik im Minnesang. Möglichkeiten einer Bestandaufnahme. In: Komische Gegenwelten. Lachen und Literatur in Mittelalter und Früher Neuzeit. Hrsg. Werner Röcke u. Helga Neumann. Paderborn u.a. 1999, S. 13-28.

–: Die Kunst der Variation: Neidharts Lyrik am Beispiel von Sommerlied 14. In: Germanistische Mediävistik. Hg. v. Volker Honemann u. Tomas Tomasek. Münster 1999 (a), S. 205-225.

Touber, Anthonius H.: Ulrichs von Lichtenstein ›Frauendienst‹ und die Vidas und Razos der Troubadours. In: Zeitschrift für deutsche Philologie 107 (1988), S. 431-444.

Vögel, Herfried: Erfahrung der Fremde am Hof. Eine Skizze zu Neidharts Liedern unter dem Aspekt ihrer Aufführung. In: Fremdes wahrnehmen – fremdes Wahrnehmen. Stuttgart, Leipzig 1997, S. 167-176.

Volfing, Annette: Die Burgen Ulrichs von Liechtenstein und seine Tagelieder. In: Die Burg im Minnesang und als Allegorie im deutschen Mittelalter. Hg. v. Ricarda Bauschke. Frankfurt a.M. u.a. 2006, S. 63-73.

Vorderstemann, Jürgen: Zu Burkart von Hohenfels *Mich müet daz so manger sprichet* (KLD 6, XVI). In: Beiträge zur weltlichen und geistlichen Lyrik des 13. bis 15. Jahrhunderts. Hg. v. Kurt Ruh u. Werner Schröder. Berlin 1973, S. 40-53.

Wachinger, Burghart: Sängerkrieg. Untersuchungen zur Spruchdichtung des 13. Jahrhunderts. München 1973.

–: Anmerkungen zum Marner. In Zeitschrift für deutsches Altertum und deutsche Literatur 114 (1985), S. 70-87.

–: Hohe Minne um 1300. Zu den Liedern Frauenlobs und König Wenzels von Böhmen. In: Wolfram-Studien 10 (1988), S. 135-150.

–: Die Welt, die Minne und das Ich. Drei spätmittelalterliche Lieder. In: Entzauberung der Welt. Deutsche Literatur 1200-1500. Hg. v. James F. Poag u. Thomas C. Fox. Tübingen 1989, S. 107-118.

–: Frauenlobs Cantica canticorum. In: Literatur, Artes und Philosophie. Hg. v. Walter Haug u. Burghart Wachinger. Tübingen 1992, S. S. 23-43.

–: Vom Tannhäuser zur Tannhäuser-Ballade. In: Zeitschrift für deutsches Altertum und deutsche Literatur 125 (1996), S. 125-141.

–: Liebeslieder vom späten 12. bis zum frühen 16. Jahrhundert. In: Mittelalter und frühe Neuzeit. Übergänge, Umbrüche und Neuansätze. Tübingen 1999, S. 1-29.

–: Kommentar. In: Deutsche Lyrik des späten Mittelalters. Hg. v. Burghart Wachinger. Frankfurt a.M. 2006, S. 609-1060.

Wallmann, Katharina: Minnebedingtes Schweigen in Minnesang, Lied und Minnerede des 12. bis 16. Jahrhunderts. Frankfurt a.M. u.a. 1985.

Walther, Ingo F.: Codex Manesse. Die Miniaturen der Großen Heidelberger Liederhandschrift. Frankfurt a.M. 1988.

Warning, Jessika: Neidharts Sommerlieder. Überlieferungsvarianz und Autoridentität. Tübingen 2007.

Warning, Rainer: Pastourelle und Mädchenlied. In: Festschrift Walter Haug u. Burghart Wachinger. Hg. v. Johannes Janota u.a.. Bd. 2. Tübingen 1992, S. 709-723.

Weber, Barbara: Œuvre-Zusammensetzungen bei den Minnesängern des 13. Jahrhunderts. Göppingen 1995.

Weidisch, Peter (Hg.): Otto von Botenlauben. Minnesänger, Kreuzfahrer, Klostergründer. Würzburg 1994.

Wenzel, Edith: The never-ending Neidhart-Story: Vriderun and her mirror. In: New texts, Methodologies, and Interpretations in Medieval German Literature. Göppingen 1999, S. 41-58.

Wenzel, Edith u. Wenzel, Horst: Die Handschriften und der Autor – Neidharte oder Neidhart? In: Edition und Interpretation. Neue Forschungsparadigmen zur mittelhochdeutschen Lyrik. Festschrift Helmut Tervooren. Hg. v. Johannes Spicker u.a. Stuttgart 2000, S. 87-102.

Wenzel, Horst: Neidhart. Der häßliche Sänger. Zur Ich-Darstellung in den Winterliedern 6 und 11. In: Typus und Individualität im Mittelalter. Hg. v. Horst Wenzel. München 1983, S. 45-75.

Willaert, Frank: *Hovedans*. Fourteenth-Century Dancing Songs in the Rhine and Meuse Area. In: Medieval Dutch Literature in its European Context. Hg. v. Erik Kooper. Cambridge 1994, S. 168-187.

–: Geben und nehmen. Das höfische Lied in den Niederlanden und der deutsche Minnesang. In: Die spätmittelalterliche Rezeption niederländischer Literatur im deutschen Sprachgebiet. Hg. v. Rita Schlusemann u. Paul Wackers. Amsterdam, Atlanta (GA) 1997, S. 213-227.

–: Een dichter de paard. De minnelyriek van Jan I van Brabant. In: Queeste 10 (2003), S. 97-114.

Wolf, Gerhard: Der ›Gegensang‹ in seiner Aufführungssituation. In: Wechselspiele. Kommunikationsformen und Gattungsinterferenzen mittelhochdeutscher Lyrik. Hg. v. Michael Schilling u. Peter Strohschneider. Heidelberg 1996, S. 153-177.

Worstbrock, Franz-Josef: Lied VI des Wilden Alexander. Überlieferung, Interpretation und Literarhistorie. In: Beiträge zur Geschichte der deutschen Sprache und Literatur 118 (1996), S. 183-204.

–: Verdeckte Schichten und Typen im deutschen Minnesang um 1210-1230. In: Fragen der Liedinterpretation. Hg. v. Hedda Ragotzky u.a. Stuttgart 2001, S. 75-90.

–: Die Pastourelle Gottfrieds von Neifen. In: *mit clebeworten underweben*. Festschrift Peter Kern. Hg. v. Thomas Bein u.a. Frankfurt a.M. 2007, 11-17.

Zach, Rudolf-Erhard: Der Kanzler. Untersuchungen zur literarischen Technik eines Spruch- und Lieddichters um 1300. Diss. Graz 1973.

Zeyen, Stefan, ... *daz tet der liebe dorn*. Erotische Metaphorik in der deutschsprachigen Lyrik des 12.–14. Jahrhunderts. Essen 1996.

Bildnachweis

Abb. 1: Große Heidelberger Liederhandschrift (Codex Manesse), Universitätsbibliothek Heidelberg, Cod. Pal. germ. 848, fol. 252r: Herr Hug von Werbenwag; Abb. 2: Große Heidelberger Liederhandschrift (Codex Manesse), Universitätsbibliothek Heidelberg, Cod. Pal. germ. 848, fol. 273r: Herr Neidhart; Abb. 3: Große Heidelberger Liederhandschrift (Codex Manesse), Universitätsbibliothek Heidelberg, Cod. Pal. germ. 848, fol. 110r: Herr Burkhard von Hohenfels; Abb. 4: Große Heidelberger Liederhandschrift (Codex Manesse), Universitätsbibliothek Heidelberg, Cod. Pal. germ. 848, fol. 181v: Herr Engelhart von Adelnburg; Abb. 5: Große Heidelberger Liederhandschrift (Codex Manesse), Universitätsbibliothek Heidelberg, Cod. Pal. germ. 848, fol. 32v: Herr Gottfried von Neifen; Abb. 6: Große Heidelberger Liederhandschrift (Codex Manesse), Universitätsbibliothek Heidelberg, Cod. Pal. germ. 848, fol. 237r: Herr Ulrich von Liechtenstein; Abb. 7: Große Heidelberger Liederhandschrift (Codex Manesse), Universitätsbibliothek Heidelberg, Cod. Pal. germ. 848, fol. 71v: Herr Kristan von Hamle; Abb. 8: Große Heidelberger Liederhandschrift (Codex Manesse), Universitätsbibliothek Heidelberg, Cod. Pal. germ. 848, fol. 264r: Der Tannhäuser; Abb. 9: Große Heidelberger Liederhandschrift (Codex Manesse), Universitätsbibliothek Heidelberg, Cod. Pal. germ. 848, fol. 70v: Herr Heinrich von Stretelingen; Abb. 10: Große Heidelberger Liederhandschrift (Codex Manesse), Universitätsbibliothek Heidelberg, Cod. Pal. germ. 848, fol. 84v: Schenk Ulrich von Winterstetten; Abb. 11: Große Heidelberger Liederhandschrift (Codex Manesse), Universitätsbibliothek Heidelberg, Cod. Pal. germ. 848, fol. 308v: Steinmar; Abb. 12: Große Heidelberger Liederhandschrift (Codex Manesse), Universitätsbibliothek Heidelberg, Cod. Pal. germ. 848, fol. 383r: Meister Konrad von Würzburg; Abb. 13: Große Heidelberger Liederhandschrift (Codex Manesse), Universitätsbibliothek Heidelberg, Cod. Pal. germ. 848, fol. 399r: Meister Heinrich Frauenlob; Abb. 14: Große Heidelberger Liederhandschrift (Codex Manesse), Universitätsbibliothek Heidelberg, Cod. Pal. germ. 848, fol. 371r: Meister Johannes Hadlaub.

Dank

Dieses Buch ist aus einer Reihe von Lehrveranstaltungen an den Universitäten Bamberg und Leipzig hervorgegangen. Dank schulde ich deshalb an erster Stelle allen Studentinnen und Studenten, die Freude am späten Minnesang fanden, weil sie die Anstrengung auf sich nahmen, und die mich zum Nachdenken anhielten. Ohne einen Anstoß von Trude Ehlert wäre aus den Lehrveranstaltungen indes kein Buch geworden. Bei Vorträgen, zu denen mich Stefanie Schmitt nach Frankfurt, Christoph März an die FU Berlin und Ingrid Bennewitz nach Bamberg einluden, durfte ich das Konzept vorstellen und diskutieren. Karolin Freund hat in Leipzig mit bewährter Sorgfalt alle redaktionellen Arbeiten erledigt und meinen Glauben an die Sinnhaftigkeit des Unternehmens in einem manchmal holprigen Entstehungsprozess hochgehalten. Altem Herkommen gemäß ist der Letzte nicht der Geringste: Für Vorablektüre, Berichtigung und Ermutigung danke ich, ungeblümt und herzlich wie früher schon, Burghart Wachinger. Gewidmet sein soll das Buch dem Andenken an Christoph März, dem alle an spätmittelalterlicher Lyrik Interessierte noch viel verdanken hätten können.

Register